供应链视角下电子商务企业物流成本的管理与控制

张远　著

中国水利水电出版社
www.waterpub.com.cn
·北京·

内容提要

本书是在供应链视角下，对电子商务企业物流成本管理与控制理论与实务的集中探讨，是在新常态经济下电子商务企业进行物流成本管理的重要理论指导著作。在内容上，本书主要包括物流成本管理与控制的基础理论、作业成本法的应用、城市共同配送模式的探讨、电子商务与快递的协同发展、物流成本的分析、物流成本的综合控制、物流成本管理的绩效评价、供应链成本管理。本书也对跨境电商、新零售物流等热点问题进行了较为深入的探讨。本书较为适合电子商务企业物流成本管理研究与实践相关人士阅读。

图书在版编目（CIP）数据

供应链视角下电子商务企业物流成本的管理与控制 / 张远著. -- 北京 : 中国水利水电出版社, 2019.2 （2025.4重印）
ISBN 978-7-5170-7436-6

Ⅰ. ①供… Ⅱ. ①张… Ⅲ. ①电子商务－物流管理－研究 Ⅳ. ①F713.365.1

中国版本图书馆CIP数据核字(2019)第029359号

策划编辑：杨庆川　责任编辑：邓建梅　加工编辑：白　璐　封面设计：梁　燕

书　名	供应链视角下电子商务企业物流成本的管理与控制 GONGYINGLIAN SHIJIAO XIA DIANZI SHANGWU QIYE WULIU CHENGBEN DE GUANLI YU KONGZHI
作　者	张远　著
出版发行	中国水利水电出版社 （北京市海淀区玉渊潭南路 1 号 D 座　100038） 网址：www.waterpub.com.cn E-mail：mchannel@263.net（万水） sales@waterpub.com.cn 电话：（010）68367658（营销中心）、82562819（万水）
经　售	全国各地新华书店和相关出版物销售网点
排　版	北京万水电子信息有限公司
印　刷	三河市元兴印务有限公司
规　格	170mm×240mm　16 开本　14.25 印张　269 千字
版　次	2019 年 2 月第 1 版　2025 年 4 月第 4 次印刷
印　数	0001－3000 册
定　价	64.00 元

前　言

近年来，电子商务发展迅猛，其交易范围和交易量都不断扩大，与此同时交易金额也在快速增长，2017 年淘宝“双十一”的销售额达到 1682.69 亿元。不断扩张的领域，不断完善的体系建设以及越来越快的创新步伐都彰显出电子商务已成为经济发展的动力之一。然而，物流的短板严重制约着电子商务的发展，许多电子商务企业因为物流成本过高经济效益受到了很大影响。企业的竞争实质是供应链的竞争，2017 年 10 月国务院办公厅发布了《关于积极推进供应链创新与应用的指导意见》，因此对电商行业而言，在供应链视角下，有效地控制物流成本已成为摆在企业面前重要的问题。

为了强化电子商务企业的物流成本管理与控制意识和提高物流成本管理与控制的水平，本书在吸收国内外企业物流成本管理的精髓理论和实际操作经验的基础之上，系统、完整地分析研究了电子商务企业物流成本管理与控制体系，希望能够为电子商务企业物流成本管理提供借鉴。

本书内容共分 11 章，全面系统地对电子商务企业物流成本管理的理论与实务进行了探索与研究。第 1 章论述了研究背景与意义、研究思路和方法等内容。第 2 章主要阐述了电子商务企业物流成本管理的基本理论体系。第 3 章则对作业成本法在物流成本计算中的应用进行了相关研究。第 4 章则分析了发展城市共同配送模式对降低物流成本的重要性。第 5 章探索了电商与快递协同发展的对策与建议。第 6 章对跨境电商与跨境电商物流的协同问题展开研究。第 7、8 章则对电子商务企业物流成本的预测与决策、预算与分析做了探索。第 9 章重点分析了电子商务企业物流成本综合控制的主要途径。第 10 章则论述了供应链物流成本管理。第 11 章主要阐述了电子商务企业物流成本管理绩效评价的内容。

本书的特色在于：内容丰富完善，理论与实践相结合，具有较强的实用价值；注重对共同配送、跨境电商、电商与快递协同发展等前沿热点问题的研究与探讨，对实际工作有较强的指导意义；本书依据电子商务企业物流成本管理的特点，从物流成本分析、物流成本综合控制等角度进行了深入的分析阐述，清晰地呈现出了企业物流成本管理的体系。

尽管作者做了很多前期工作，但受个人水平的限制，书中难免会有疏漏和不足之处，恳请广大读者和专家批评指正。

本书的相关内容也反映了以下两项教、科研课题的研究成果：①《新旧动能转换背景下应用型物流工程人才培养模式研究》（山东交通学院教研教改课题，编号：2018YB21）；②《中国优秀传统文化视角下物流企业文化的构建研究》（山东省传统文化与社会经济发展专项课题，编号：CZ201810012）。

作 者

2018 年 12 月

目　　录

第 1 章　绪论

1.1　研究背景与研究意义

1.1.1　研究背景

我国电子商务发展在 1998 年以 B2C 电子商务起步，以阿里巴巴为代表的电子商务迅速获得了蓬勃发展。近年来，国内电子商务发展迅速，不断扩大的交易规模、连续高涨的交易金额、不断完善的体系建设以及不断前进的创新脚步，都在说明电子商务已成为经济发展的动力源泉。在电子商务的支持体系中，在线支付已相对完备，物流也取得迅速发展。但物流的短板严重制约着电子商务的发展，许多电子商务企业因为物流成本过高经济效益受到了很大影响。因此对电商行业而言，有效的控制物流成本已成为企业发展亟需解决的难题。

根据电子商务研究中心数据显示，2015 年电子商务交易额达 18.3 万亿元，同比增长 36.5%，其中，网络零售市场规模 3.8 万亿元，同比增长 35.7%。据中国电商消费行为报告数据显示，2016 年我国电子商务交易市场规模稳居全球第一，电子商务交易额超过 20 万亿元。2017 年全国电子商务交易额达 29.16 万亿元，同比增长 11.7%，预计 2018 年电子商务仍会保持高速增长。图 1.1 所示为中国近年来的电子商务市场交易额。

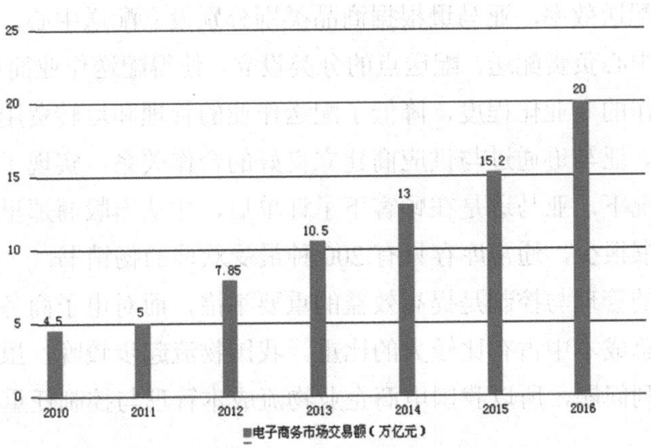

图 1.1　中国近年电子商务市场交易额

1.1.2 研究意义

由于物流被称为“第三利润源”，因此，企业盈利和发展的关键因素就是物流成本的管理与控制。目前，电子商务的市场规模逐年扩大，要想盈利并确保其领先地位，就要把物流成本管理与控制放在首位。区别于传统企业，物流成本控制在电商行业中尤为重要，这是由电商行业的特性决定的。因为电商行业的营销模式一般是薄利多销，所以不能采用提高商品价格的方法来提高利润；并且电商行业实际上采用的是“厂家直销”的经营方式，减少了中间环节，没有代理商、经销商，所以试图降低中间环节成本来增加利润也是不现实的。总之，实现物流成本管理与控制是电商行业提高效益行之有效的方案。应该针对电商行业特点制订专门的物流成本控制方案而不是照搬传统企业的解决模式，这也有利于电商行业的长远发展。

长久以来，很多企业都把提高生产率作为经济发展的重心，而忽视了其他环节，导致物流运行效率低下，总物流费用也在增加，不利于企业竞争力的提高。电子商务在我国发展迅猛，具有无限商机，但实际运作中，人们只关注了其优势而忽视了物流成本，从而使其不能得到有效的管理与控制。可见，物流成本管理与控制与电商企业的效益关联紧密，我们应该选择有效的物流成本管理方法来提高企业效益。例如亚马逊虽然是一个电子商务公司，但它的物流系统十分完善，一点也不逊色于实体公司。由于有完善、优化的物流系统作为保障，它才能将物流作为促销的手段，并有能力严格地控制物流成本和有效地进行物流过程的组织运作。为提高配送效率，亚马逊根据商品类别分别设立配送中心，不同商品由各自对应的配送中心负责配送。配送点的分类设立，使得配送作业简单化、规范化，提高了配送工作的专业化程度，降低了配送作业的管理和运转费用，从而大幅提升了配送效率。亚马逊通过与供应商建立良好的合作关系，实现了对库存的有效控制。一般情况下，亚马逊是在顾客下了订单后，才从出版商那里进货。亚马逊公司的库存图书很少，通常库存只有200种最受欢迎的畅销书。

物流成本的管理与控制是提高效益的重要举措，而对电子商务企业来说，物流成本在企业总成本中占有比较大的比重。我国物流起步较晚，虽然发展较快，但也存在一系列问题，所以我国电商企业物流成本管理与控制任重而道远。

1.2 研究现状

1.2.1 国外研究现状

1. 在电子商务理论方面

2001 年，Michael Rappa 指出电子商务企业是一种虚拟的企业，它以因特网为基础并以网站和网页的形式出现。2005 年奥斯特瓦德针对电子商务下了一个比较全面的定义，即满足消费者和生产者的需要，利用管理降低企业耗费是由一系列的因素及因素之间的关联来体现出来的。随着电子商务的不断发展与完善，电子商务的概念也逐渐变得完整化，在应用网络技术的基础上，电子商务可实现内部信息在企业和信息需求方之间快速而有效的传递，以消除不必要的浪费。

2. 在供应链成本管理方面

2004 年穆罕默德·胡森由成本控制的角度思考，用“成本－收益－利润”这一基本理念，分别介绍了目标成本法、作业成本法等成本控制方法。2005 年马丁·克里斯托夫和 John Qittoma 针对供应链在成本管理领域的应用进行了探讨，并由此提出了供应链成本管理。

3. 在城市配送模式及成本控制方面

国外对城市配送的研究较早，相比国内已经有了较深入的研究和相对成熟的研究成果，西方经济发达国家经过长期的发展，已经形成了适合本国国情的现代城市配送模式，发达国家对城市配送模式的研究和应用已比较成熟，而且不仅是对理论的探讨，还与配送实践紧密结合；随着电子商务的迅猛发展，发达国家对电子商务环境下的城市配送模式研究取得了不俗的研究成果，这使西方发达国家的城市配送呈现出健康的发展趋势。

目前，国外对城市配送的研究主要集中在配送模式、成本、配送中心选址以及配送效率等方面。Dnaztig 和 Ramser（2002）运用运筹学、管理学等知识对城市配送中的车辆网络调度问题进行了深入研究，从而使物流配送业深入到各个领域。Dapiarn Peter、Lieb Robert（2010）从配送的宏观角度入手，研究了澳大利亚的第三方物流配送的发展状况，并得出第三方物流配送可以大大降低企业的经营成本的结论。Lieb Robert、Miller John（2012）通过对美国 500 家大型企业深入调查指出，第三方物流配送的成功开展可以使企业的经营成本节约至少 1/3。Outwater 等人（2013）指出，美国城市配送中心或仓库产生的配送对于城市地区车公里数的影响在所有车辆中最大，占商业车辆车公里数的 80%～98%。

1.2.2 国内研究现状

1. 在电子商务理论方面

2000 年，吕代平指出电子商务不仅仅只是一个网上商店或者网络平台，更是由先进的互联网技术进行商务贸易的一种活动。2012 年，温强认为电子商务实际上是在互联网技术的基础上进行贸易活动的新兴商务模式。学者李玥针对电子商务企业自建物流所面临的困难提出对企业进行自建物流的建议，分别是以主营业务为发展重点、从实际出发制订自建物流建设步骤以及提高企业的管理能力。学者孙晓燕针对我国电子商务企业自建物流现状及对策，总结了电子商务企业自建物流存在的问题并且提出从打造品牌、转变发展方式、电子商务企业与快递企业建立战略合作伙伴关系等方面寻求出路。东北财经大学工商管理学院博士研究生任博华探索了中国电商企业自建物流的动因以及问题分析，专门针对京东商城分析了其自建物流的利弊，并提出了改进建议。

2. 在物流成本管理和控制方面

2012 年，蔡嵌博提出可以通过形成正确的成本控制理念、选择合适的商业模式、加强物流系统建设、提高员工素质等措施完善电商企业的成本控制。2013 年，朱沧海提出企业物流成本的管理对策有：优化物流流程、完善物流途径、选择合理的物流方式、实现供应链一体化、建立物流责任中心。2013 年，李仁飞认为电商企业在成本管理方面存在着物流成本管理不善、成本管理范围小、外部价值链管理缺乏等问题。

3. 在物流成本及其配送模式方面

2011 年，董永茂提出现代物流的核心本质是一种商品和服务流通的经济交易过程，它的目的是将提供商品及服务的对象与需求商品及服务的对象相互连接起来，以消除在范围和时间上的困难，从而使得顾客满意。2011 年，李思丝提出我国电子商务企业发展较为迅猛，但是当下物流已经成为了电子商务企业持续快速的阻碍，所以电子商务企业的物流配送模式设计成为了必要的选择。2013 年，李德库提出应该转变物流的组织结构，使得信息化与国外先进的管理方法结合起来。此外还要加强电商物流活动的规划，完善其配送控制体系等。目的是为了能在电子商务的大环境下更好地做到物流管理方面的创新。2015 年，李小东提出我国电子商务物流配送仍然存在以下问题：管理制度不规范、基础设施不齐全、配送模式不科学。

总结国内学者对于电子商务企业物流的研究可以发现，专门针对电子商务企业物流成本管理与控制的研究较少。因此，本书将针对电子商务企业物流成本管理与控制存在的问题，提出相应的发展建议。

1.3 我国电子商务企业物流成本管理发展现状分析

我国电子商务企业发展迅速，也带来了物流行业的迅速发展。快递市场除中国邮政 EMS 外，还有约 10 万家服务于网络购物的快递公司，并形成“北有宅急送，东有“四通一达”快递，南有顺丰快递”的“三足鼎立”格局，但在成本管理方面还存在以下问题。

1.3.1 存在问题

1. 库存成本控制水平较低

从供应链的成本管控视角来看，供应链节点企业内部成本的主要构成部分就是库存成本，库存成本也是与存货相关的成本，而且库存成本占企业运营总成本的比例很高，所以有效的库存成本管理对于企业的成本管控至关重要。

电子商务企业虽然节省了店面的租金费用，但如果库存水平管理不好，也会增加企业的运营成本。电商企业往往缺乏库存成本管控意识。大部分的电商企业属于流通企业，它们没有对实物进行生产加工，当有产品需求时会直接向上游的供应商购买，再经由第三方物流将商品配送给消费者。电商企业忽视了对库存成本的控制，导致了企业的库存成本的增加。

2. 逆向物流成本控制薄弱

逆向物流成本是相对于传统的正向物流成本提出的，逆向物流是产品从市场流向企业的现象。与传统企业不同，电子商务企业是通过互联网等媒介进行商务贸易活动的。由于网上购物的虚拟性，顾客可以通过购物平台了解到商品的款式、性能以及价格等，但是不可以接触到商品的实体。许多商家的产品不是正品，质量较差但是在网上商品展示时通过美化图片来欺骗消费者，有的商家甚至夸大产品的性能，这样带来的结果就是消费者不满意收到的商品而进行退货。有些则是顾客在挑选商品时选错大小款式或是商家发错货而导致顾客退货。在退货过程中增加了电商企业的配送费、仓储费、员工工资，另一方面较高的退货率会让消费者缺乏信任，不利于潜在客户的形成。图 1.2 所示是 2017 年全国零售电商十大热点投诉原因。

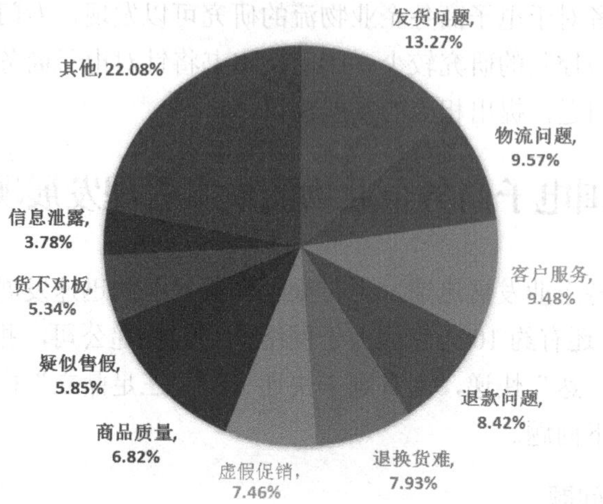

图 1.2　投诉原因

3. 电商物流市场规模小且分散

随着网上电商的不断增多，物流的需求量也逐渐增大。每个网上商店的订单规模较小，而且地域分散，难以形成规模化的物流体系。现在主要是一些民营快递公司（如顺丰、圆通、韵达）作为电商物流的主力，它们占据了将近 50%的市场份额。在实际的物流运营中，订单量小、区域分散所带来的一系列问题，导致物流成本的增加，使得电商企业常常利用与快递公司合作的方式来降低成本。

市场集中度低体现在提供商品和服务的网上电商的数量多，企业规模小但竞争激烈。企业绞尽脑汁的想压缩成本，但是市场集中度低所带来的后果是成本很难降低，在这种形式的逼迫下，企业只有选择了降低价格来取得竞争优势，但是价格降低的代价是服务不到位，这显然是得不偿失的。

4. 人工成本增长迅速

在企业发展中，随着企业规模的壮大，工作人员也在增加。特别是在电商行业中，对于自建物流的电商企业来说，随着业务量增长，一线员工越来越多，例如配送员、仓储员，售后服务人员等。据了解，某电商企业不包括管理层，仅一线员工就高达 5 万人，并且为了留住一线员工，待遇极好：五险一金是标配，享有高额的意外伤害险，还有一定的门诊费、餐补、全勤补贴、夜间补贴等。其他电商企业同样为了留住员工开出极好的待遇条件，特别是在“双十一”“双十二”的高峰期。大量人力、财力的投入会导致企业难以承担。图 1.3 所示是中国近年电子商务从业人员规模增长情况。

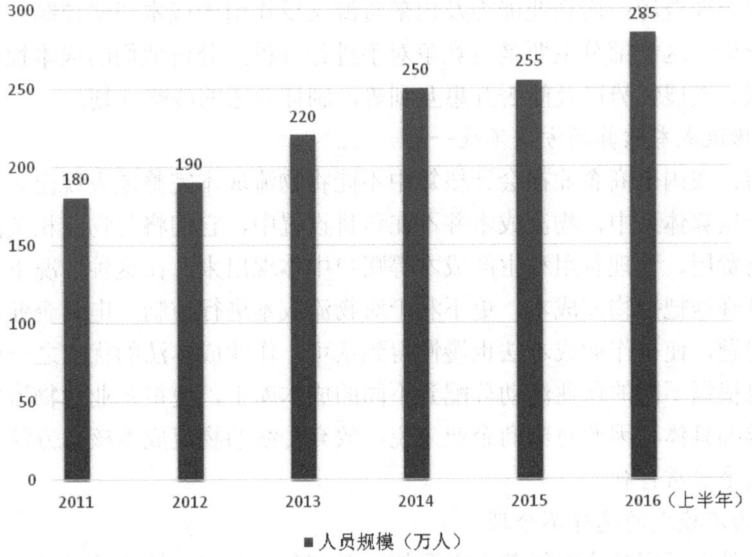

图 1.3　中国近年电子商务从业人员规模

1.3.2　成因探究

1. 战略成本控制思想认识不足

战略成本控制思想是现代成本管理的主要思想之一，战略成本控制是一个动态且长期的管理过程，它可以根据企业内外环境发生的变化从战略上对成本进行控制。电子商务企业更应该重视从战略方面对物流成本进行控制，以取得有效的成果。

首先应对电商企业战略环境进行分析。第一，行业环境分析。行业因素作为直接影响企业成本的影响因素之一，它包含两个意思：一是电商行业作为一个新兴行业，它在全球经济形态中所占据的位置；二是比较传统的行业概念，也就是电子商务企业的行业情况。虽然现在高速发展的互联网技术降低了电商行业的进入壁垒，但是企业想进入一个较饱和的行业是不明智的，企业还应该考虑其他因素，例如同行之间的竞争是否激烈、有无比较有实力的购买方以及来自替代品的威胁等。第二，外部环境分析。外部环境主要包括经济、技术、社会文化等方面。例如在全球一体化中的经济走势、当地政府对企业的支持程度、人们对网购的看法等，只有对这些进行全面分析，企业才能更好地进入市场，得到当地百姓的认可。第三，企业能力及内部资源分析。企业能力及内部资源是企业战略成本控制的关键，两者相辅相成。首先企业进行战略成本控制的最终目的就是提高企业实力，积累企业资源；而企业能力及内部资源又反作用于成本战略控制。第四，竞争环境分析。这一部分主要是对竞争对手进行分析，分析他们的成本控制战略、发展现状、发展优势以及能否互惠互利等，制订合适的战略计划。

2. 物流成本核算的方法不统一

目前，我国电商企业在会计核算中不能将物流成本完整地表现出来，并且在现有会计核算体系中，物流成本并不在科目设置中，它们将与物流相关的成本分别在销售费用、管理费用和生产成本等账户中体现出来，在这种情况下，电商企业很难准确地把控物流成本，更不利于对物流成本进行控制。电商企业逐渐意识到这些问题，使得作业成本法也慢慢得到认可。作业成本法的优点之一就是把制造费用也根据不同的作业活动分配到不同的成本库中，使得企业对物流成本的把控更加详细具体。因此对电商企业来说，放弃传统的物流成本核算方法而使用作业成本法是非常有利的。

3. 物流模式的选择不合理

物流是电子商务企业经营中重要的一个部分，在客户接受的时间范围内，将商品送到客户手中是电子商务企业经营的关键。物流配送的效率是企业盈利的关键，在电子商务企业管理中，物流配送面临着多方面的挑战。企业可以选择自营物流模式，也可以选择第三方物流，甚至与物流地产联盟，企业在选择物流模式时应该考虑自身的特点、经营范围以及战略目标，不能盲目跟风。

4. 信息化水平低

电商企业虽然发展迅猛，但是发展水平却参差不齐，只有少数电商企业拥有先进的信息管理能力和长期且稳定的客户群。了解并满足客户需求是电商企业盈利的关键，所以电商企业要密切关注市场变化来调整自身的战略计划，这也要求电商企业具备完善的电子信息系统，及时获取有效的市场信息并进行整理。但是多数电商企业对电子化、信息化缺乏全面的认识，企业意识不到信息系统的重要性，只是借鉴其他公司的系统，模仿别人的成功经验，引进先进的设施设备，却没有根据企业自身的战略目标进行调整，最后的结果往往是虽然投入大量资金却收效甚微。此外，相对国外而言，我国电商企业对电子信息方面的资金投入较少，其中多数是对电子设备的投入，只有一小部分是对信息系统的投入，对信息化的不重视制约了电商企业的发展。

5. 对人才管理及客户维护重视度不足

电子商务企业是将互联网与传统企业相结合的综合性企业，企业需要既要熟悉互联网计算机技术又要擅长传统贸易理论的复合型人才。与传统企业相比，电子商务企业对于经济管理、金融贸易、财会、互联网技术、政治法律等方面的要求更高。当今社会，拥有创新思维且能将理论与实践完美结合的人才稀缺，这也成为电商企业发展的一个阻碍。在成本控制中，不仅需要了解企业核心业务并下达指令的领导人员，还需要进行成本核算的专业人才。电子商务作为新兴企业，学校教育方面没有比较匹配的培养方案，这也是人才输出不足的原因之一。

随着电商的发展，消费者有更大的选择空间，消费者在购物时不仅关注商品的质量、价格，也开始重视企业的服务能力，例如服务态度、送达效率等。好的服务可以吸引更多的客户，企业应该提高服务能力，为企业带来更多的价值。但是，由于电子商务依赖于互联网，买卖双方缺乏面对面交流，可能会出现诚信危机，有的企业缺乏客户服务意识，利用信息不对称骗取消费者钱财。在这种情况下，消费者会严重质疑企业，导致客户满意度降低，在一定程度上造成了企业的客户流失。

1.4 新零售与新零售物流

2016 年 11 月 11 日，国务院办公厅印发《关于推动实体零售创新转型的意见》（国办发〔2016〕78 号）（以下简称《意见》），明确了推动我国实体零售创新转型的指导思想和基本原则。同时，在调整商业结构、创新发展方式、促进跨界融合、优化发展环境、强化政策支持等方面作出具体部署。《意见》在促进线上线下融合的问题上强调：“建立适应融合发展的标准规范、竞争规则，引导实体零售企业逐步提高信息化水平，将线下物流、服务、体验等优势与线上商流、资金流、信息流融合，拓展智能化、网络化的全渠道布局。”

在我国居民人均可支配收入不断提高的情况下，消费者愈发注重对消费过程的体验和感受。因此，探索运用“新零售”模式来启动消费购物体验的升级，推进消费购物方式的变革，构建零售业的全渠道生态格局，必将成为传统电子商务企业实现自我创新发展的又一次有益尝试。

1.4.1 新零售的定义

在 2016 年的云栖大会上，马云首次提出新零售、新制造、新金融、新技术和新能源的“五新理论”。他指出，线下与线上零售将深度结合，加上现代物流，服务商利用大数据、云计算等创新技术，构成未来新零售的概念。传统零售行业过去受到了电商的巨大冲击，如今纯电商的时代很快将结束。阿里研究院对新零售的定义给出了明确的解释——“以消费者体验为中心的数据驱动的泛零售形态”，其核心价值是最大程度地提升全社会流通零售业运转效率。

1.4.2 新零售物流

在“新零售”的大背景下物流也逐步呈现出新面貌，变身“新物流”。所谓新零售物流，即通过数据算法、智能供应链和人工智能等技术，充分融合重构线上和线下的人货场。线上购物完成后，通过各前置仓、商场门店、便利店发出商品，在 30～120 分钟内送抵消费者手中，从而形成一个 3 公里范围内的理想生活圈。

在新零售业态下，消费者都可以通过线上下单，由系统自动将订单信息发送到离消费者最近的线下门店，由门店完成拣选打包及发货的作业，与此同时，系统还会发送另一条消息通知快递员，最终通过即时物流交付消费者。这里的门店主要有三种类型：商场门店（如盒马鲜生等自营门店、天猫旗舰店商家线下门店等）、便利店（如天猫超市生鲜合作门店）、前置仓库（如快递公司网点等），从而实现新零售物流的快速复制。

从以上发货流程不难看出线下门店的重要性。在新零售模式下，线下门店开始承担着“前置仓”的职能，成为商品发货地。“新零售下，线下实体店会进一步形成 3 公里距离内的供求体系，很多货并不需要在纯电商的仓库里发货，可以从靠近消费者最近的实体店发货，这些实体店会变成未来的物流配送的重要支点。”

随着“新零售”体系的不断庞大，物流行业也会发生根本性的巨大变化。

首先智能化必然是大势所趋。“消费需求和技术创新会是两大驱动力。与此同时，技术不能被简单地理解为提升效率的工具。比如“物流+供应链”的方式，不是一个效率工具，而是整个模式的变化。”未来的物流已不再是简单的“储”和“运”。对消费者而言，最直观的改变是“最后一公里”的变化。“面对线上和线下的融合，面向消费者的物流配送反应将会更加灵敏，零售的配送将可能实现 30 分钟可送达的效果。”而且配送将不仅仅是追求速度，而是准时。”例如盒马鲜生是阿里巴巴对线下超市完全重构的新零售业态。盒马鲜生是超市、是餐饮店，也是菜市场，但这样的描述似乎又都不准确。消费者可到店购买，也可以在盒马鲜生 App 下单。而盒马鲜生最大的特点之一就是快速配送：门店附近 3 公里范围内，30 分钟送货上门。

与传统零售最大区别是，盒马鲜生运用大数据、移动互联、智能物联网、自动化等技术及先进设备，实现人、货、场三者之间的最优化匹配，从供应链、仓储到配送，盒马鲜生都有自己的完整物流体系。

与此同时，物流配送端使用无人机等新工具将不再成为新鲜事，未来智能仓储也将会更加靠近消费者。在目前根据消费者喜好调整货架位置的无人超市、生鲜超市的模式下，未来终端的零售店本身就将成为一个灵活的货仓，它提前储存、调配的商品将是根据用户购买数据分析得出的结论。天猫与菜鸟网络运用大数据，通过分析海量历史数据，选取销量高的爆品，并对爆品在不同城市的销量作出预测，差异化的建立前置仓，提前将商品下沉至离消费者最近的前置仓，从而改变新零售时代商品的物流路径，有效保证了包裹的送达时效。

为了更好地助力新零售物流，菜鸟网络不断对全国的仓库网络进行自动化升级，不仅在全国范围内布局了总面积近1000万平方米的仓储网络，更是在上海、天津、广东、浙江、湖北等重点省市枢纽建立起机器人仓库群。

第 2 章　电子商务物流成本的理论研究

2.1　电子商务的基本理论

2.1.1　电子商务的概念

电子商务通常是指在全球各地广泛的商业贸易活动中，通过电子渠道而进行的生产、分配、市场营销、货物和服务的销售、配送。总之，电子商务是买卖双方之间利用计算机网络，按照一定标准所进行的各类商务活动。电子商务的实现过程中需要对信息流，商流，资金流和物流的整合运作。

电子商务是以商品交换为中心，以信息网络技术为手段的商务活动；通常指在世界各地普及的商贸活动中，通过电子信息渠道，所进行的生产、分配、市场营销、有关货物和服务的销售及配送等。总而言之，电子商务是买卖双方通过互联网，按照一定流程所进行的各类商务活动。如果想要实现电子商务服务过程，就需要对信息流、商流、资金流和物流的信息进行整合。

2.1.2　电子商务的概念模型

电子商务概念模型是对现实世界中电子商务活动的一般抽象描述，它由电子商务实体、电子市场、交易事务和信息流、商流、资金流与物流等基本要素构成，如图 2.1 所示。

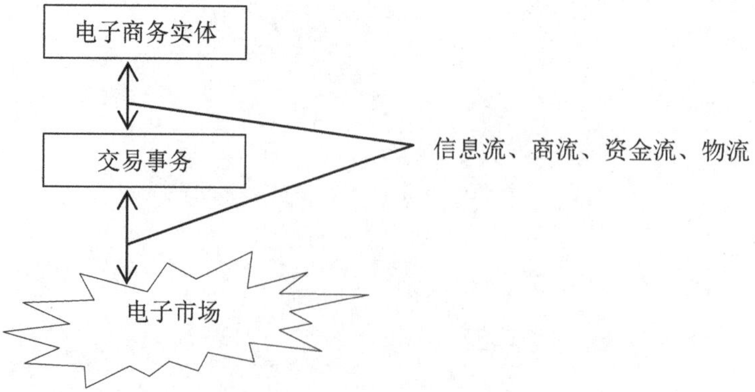

图 2.1　电子商务的概念模型

2.1.3 电子商务企业的概念

要想了解电子商务企业的定义，首先应该对电子商务的含义有清楚地了解。电子商务的含义有广义的和狭义的区分。一般来说，电子商务在狭义上也叫作电子贸易（E-Commerce），只有在互联网上从事的商务活动才称为电子商务；而在广义上，电子商务也称作商务电子化（E-Business），它包括在互联网、企业内部网、局域网等各种网络上从事商务活动，这些商务活动包括企业与企业之间、企业与个人之间以及企业内部之间，范围较广。

目前国内外专家对电子商务企业的定义众说纷纭，没有统一的界定。其中王学东教授在《电子商务管理》中认为电子商务企业是为交易双方提供平台服务和信息平台的企业；秦成德先生在《电子商务法》中认为电子商务企业有广义和狭义之分：狭义的电子商务企业是一种虚拟的企业，在互联网的基础上以网站或网页的形式体现出来；而广义的电子商务企业是一种是实体存在的企业，其通过电子化手段来完成各种商务活动。

2.1.4 电子商务企业的模式

从目前的电子商务企业模式来看，主要有 B2B 模式、B2C 模式、C2C 模式、G2B 模式。具体分析见表 2.1。

表 2.1 电子商务企业模式分析

主要模式	B2B 模式	B2C 模式	C2C 模式	G2B 模式
模式内容	企业和企业通过互联网进行交易。目前运作得较为成功的一种模式，也是电子商务最主要的形式	企业对消费者的一种模式。是电子商务应用最普遍的、发展最快的领域	个人消费者对个人消费者的商务模式。模式的特点是消费者与消费者可以讨价还价	政府对企业的电子商务模式
模式举例	海尔、中远物流、联想上海大众，阿里巴巴、新浪、搜狐、网易等	当当网、卓越亚马逊网、京东商城、红孩子等	淘宝网、拍拍网、TOM 易趣网等	国家工程的竞标、政府部门大宗公共产品的采购等

2.2 电子商务物流的基本理论

2.2.1 电子商务物流的概念

电子商务物流是指直接服务于电子商务企业，在承诺的时限内能够快速完成从而实现电子商务交易过程所涉及的物流。

电子商务物流是物流企业发展到一定阶段的必然产物，物流企业利用自身的核心竞争力进行电子商务相关应用服务，势必会促使“四流”进一步的融合，从而提升企业的竞争优势。电商企业规模小时采取外包模式，等企业规模变大时逐渐自建物流，最终企业自建物流形成全国网络布局，形成规模。

电商物流的发展演变必然要经历螺旋式上升、波浪式前进的过程。在物流方面，企业规模小时采取外包模式，等企业规模变大时逐渐自建物流，最终企业自建物流形成全国网络布局，形成规模。2017 年 4 月 25 日，京东集团宣布，为了更好地向全社会输出京东物流的专业能力，帮助产业链上下游的合作伙伴降低供应链成本、提升流通效率，共同打造极致的客户体验，京东将正式组建京东物流子集团。京东物流子集团未来将为合作伙伴提供包括仓储、运输、配送、客服、售后的正逆向一体化供应链解决方案服务、物流云和物流科技服务（无人机、无人车、无人仓、无人配送站等）、商家数据服务（销售预测、库存管理等）、跨境物流服务、快递与快运服务等全方位的产品和服务，还将联合京东商城共享线上线下渠道资源，并联手京东金融推出创新性的供应链金融产品和保险产品。

2.2.2 电子商务企业常见的物流模式

与传统物流配送相比，电子商务物流环境下物流配送具有信息化、自动化、网络化、智能化和柔性化的特点。传统的物流配送需求多产生于企业与企业之间，而电子商务环境下的物流配送需求则产生于企业与消费者之间，且配送服务大多需要消费者买单。这对电子商务物流配送也产生了新的需求，主要包括价格低廉、物流服务水平高，满足二、三线城市的快递需求。电子商务在中国发展十分迅速。大体上，可以将我国电子商务企业的物流组建模式分成三种：联盟物流配送模式、自营物流配送模式、第三方物流配送模式。

1. 联盟物流配送模式

联盟物流配送是多家物流企业为实现整体的物流配送合理化，以互惠互利为原则，共同出资建立配送中心，并由出资方共同经营管理，为所有出资企业提供统一配送服务的一种协作型物流模式。

2013 年，由阿里巴巴集团牵头组建的 CSN，与“四通一达”、顺丰速运等 9 家快递公司签署了战略合作协议，对电子商务企业物流联盟模式进行了初步尝试，虽然部分地区的末端配送环节出现爆仓，但去年“双十一”期间的配送效率提升明显。

2. 第三方物流配送模式

第三方物流是指有供需双方外的第三方提供物流服务的业务模式。它以签订合同的方式，将企业物流配送业务的部分或全部物流活动委托给专业的物流企业来完成。第三方物流已越来越成为物流市场的主体，在美国有 57%的物流量是通过第三方物流业完成的，在社会化配送发展得最好的日本，第三方物流业占整个物流市场更是高达 80%。从发达国家物流业的状况看，第三方物流在发展中已逐渐形成鲜明特征，突出表现在五个方面。

（1）关系合同化。第三方物流是通过契约形式来规范物流经营者与物流消费者之间关系的。物流经营者根据契约规定的要求，提供多功能直至全方位一体化物流服务，并以契约来管理所有提供的物流服务活动及其过程。其次，第三方物流发展物流联盟也是通过契约的形式来明确各物流联盟参加者之间权责利相互关系的。

（2）服务个性化。不同的物流消费者存在不同的物流服务要求，第三方物流需要根据不同物流消费者在企业形象、业务流程、产品特征、顾客需求特征、竞争需要等方面的不同要求，提供针对性强的个性化物流服务和增值服务。其次，从事第三方物流的物流经营者也因为市场竞争、物流资源、物流能力的影响需要形成核心业务，不断强化所提供物流服务的个性化和特色化，以增强物流市场竞争能力。

（3）功能专业化。第三方物流所提供的是专业的物流服务。从物流设计、物流操作过程、物流技术工具、物流设施到物流管理必须体现专门化和专业水平，这既是物流消费者的需要，也是第三方物流自身发展的基本要求。

（4）管理系统化。第三方物流应具有系统的物流功能，是第三方物流产生和发展的基本要求，第三方物流需要建立现代管理系统才能满足运行和发展的基本要求。

（5）信息网络化。信息技术是第三方物流发展的基础。物流服务过程中，信息技术发展实现了信息实时共享，促进了物流管理的科学化、极大地提高了物流效率和物流效益。

3. 自营物流配送模式

所谓自营物流配送模式，是指电子商务企业着眼于企业的长远发展考虑，自行组建配送系统，并对整个企业内的物流运作进行计划、组织、协调、控制管理的一种模式。

B2C 电子商务企业自营物流就是指企业根据发展需求，为了弥补配套物流的短板而由企业自行建立的物流体系，为了满足客户的需求，以最低的成本，通过运输、保管、配送等方式，实现商品的产地到商品的消费地的计划、实施和管理的全过程。电子商务企业自营物流可以避免向第三方物流公司下达配送任务，减少了物流的环节，保证最短的配送时间，满足消费者即购即得的购物心理。

2.2.3 三种物流模式的对比

表 2.2 阐述了电子商务企业三种物流模式的特点。

表 2.2 电子商务企业三种物流模式对比

物流模式	优势	劣势	适合企业
物流联盟	（1）降低风险和不确定性； （2）获得物流技术和管理技巧； （3）减少投资	（1）更换物流伙伴较困难； （2）联盟管理难度大	业务量大，借助复杂的第三方物流
第三方物流	（1）无初期投入成本； （2）电商企业将力量与资源集中于核心主业； （3）降低经营成本	（1）第三方物流尚未成熟； （2）容易受制于企业	无论业务量大小，客户地域分散
自营物流	（1）服务质量可控； （2）有利于品牌推广； （3）物流资金回收快且安全	（1）物流基础设施投入大； （2）物流管理复杂	业务量大，资金雄厚，客户地域分布不均

2.3 电子商务物流成本理论

2.3.1 电子商务物流成本的概念及特点

企业成本是指企业在生产经营过程中所耗费的人力、物力和财力等资源的货币表现。经济的发展使得科学技术与生产经营日益结合，企业一方面靠科学技术积极开拓市场；另一方面注重管理，挖掘内部潜力，控制和降低成本。

1. 电子商务企业物流成本的概念

电子商务企业物流成本是指在进行电子商务物流活动过程中所耗费的各种活劳动和物化劳动的货币表现。2006 年发布实施的国家标准《企业物流成本构成与计算》（GB/T 20523－2006）中对物流成本的定义是："企业物流活动中所消耗的物化劳动和活劳动的货币表现，包括货物在运输、储存包装、装卸搬运、流通加工、物流信息、物流管理等过程中所耗费的人力、物力和财力的总和以及与存货有关流动资金占用成本、存货风险成本和存货保险成本。"这里的物流成本包括二方面的内容：一方面是直接在物流环节产生的支付给劳动力的成本，耗费在机器设备上的成本已及支付给外部第三方的成本；另一方面是在物流环节中因持有存货等所潜在的成本，如占有资金成本、保险费等。

2. 电子商务企业物流成本的特点

电子商务企业物流具有多品种、小批量、多批次、短周期的特点，从而使得电子商务企业的物流成本在总成本中比例增加，仅次于销货成本。此外，在 B2C 电子商务模式下，消费者往往只能看到商家提供的商品的电子图片或者说明书，不能够了解所购商品的具体特征，导致消费者因买到的商品不符合愿望而引起退换货，导致退换货成本较高。

物流成本和其他成本比较，有许多不同之处，但是最突出的只有两点，这两点被归结为物流冰山现象和效益背反（交替损益）现象。

物流冰山现象本来是日本早稻田大学西泽修教授研究有关物流成本问题所提出来的一种比喻，在物流学界，现在已经把它延伸成物流基本理论之一，把它看成是德鲁克学说的另一种描述。

交替损益现象，是物流成本的另一个特点，物流成本的发生源很多，其成本发生的领域往往在企业里面是不同部门管理的领域，因此，这种部门的分割，就使得相关物流活动无法进行协调和优化，出现此长彼消、此损彼益的现象是经常有的。其实，在任何一个大系统中，系统要素之间经常会出现这种矛盾，系统工程的主要目的，也在于从系统高度寻求总体的最优。

2.3.2 电子商务物流成本的相关理论

1."第三利润源"学说

第三个利润源理论是日本早稻田大学教授、日本物流成本学说的权威学者西泽修先生在 1970 年提出的。

从历史发展来看，人类历史上曾经有过两个大量提供利润的领域。在生产力相对落后、社会产品处于供不应求的历史阶段，由于市场商品匮乏，制造企业无论生产多少产品都能销售出去。于是就大力进行设备更新改造、扩大生产能力、增加产品数量、降低生产成本，以此来创造企业剩余价值，即第一利润。当产品充斥市场，转为供大于求，销售产生困难时，也就是第一利润达到一定极限，很难持续发展时，便采取扩大销售的办法寻求新的利润源泉。人力领域最初是廉价劳动，其后则是依靠科技进步提高劳动生产率，降低人力消耗或采用机械化、自动化来降低劳动耗用，从而降低成本，增加利润，称之为“第二利润源”。然而，在前两个利润源潜力越来越小，利润开拓越来越困难的情况下，物流领域的潜力被人们所重视，于是出现了西泽修教授的“第三利润源”说。同样的解释还反映在日本另一位物流学者谷本谷一先生编著的《现代日本物流问题》一书和日本物流管理协会编著的《物流管理手册》中。

第三利润源是对物流潜力及效益的描述。经过半个世纪的探索，人们已肯定物流是“黑大陆”，虽然对它还不清楚，但绝不是不毛之地，而是一片富饶之源。

这三个利润源着重开发生产力的三个不同要素：第一个利润源挖掘对象是生产力中的劳动对象；第二个利润源挖掘对象是生产力中的劳动者；第三个利润源主要挖掘对象则是生产力中劳动工具的潜力，同时注重劳动对象与劳动者的潜力，因而更具全面性。

对第三利润源的理论最初认识是基于以下4个方面：

（1）物流是可以完全从流通中分化出来，自成体系，有目标，可以进行管理，因而能进行独立的总体判断。

（2）物流和其他独立的经济活动一样，它不是总体的成本构成因素，而是单独盈利因素。物流可以成为“利润中心”。

（3）从物流服务角度来说，通过有效的物流服务，可以给接受物流服务的生产企业创造更好的盈利机会，成为生产企业的“第三利润源”。

（4）通过有效的物流活动，可以优化社会经济系统和整个国民经济的运行，降低整个社会的运行成本，提高国民经济的总效益。

经济界的一般理解是从物流可以创造微观经济效益来看待“第三利润源”的。

2. 物流成本冰山理论

这一理论是由日本早稻田大学的西泽修教授提出的。它的含义是说人们并没有掌握物流成本的总体内容，提起物流成本大家只看到露出海水上面的冰山一角，而潜藏在海水里的整个冰山却看不见，海水中的冰山才是物流成本的主体部分。西泽修教授指出，企业在计算盈亏时，“销售费用和管理费用”等项目所列支的“运输费用”和“保管费”的现金金额一般只包括企业支付给其他企业的运输费用和仓储保管费，而这些外付费用只不过是企业整个物流成本的冰山一角。

“物流成本冰山说”之所以成立，除了现行会计核算制度本身没有考虑物流成本之外，还有三个方面的原因：第一，物流成本的计算范围太大，包括原材料物流、工厂内物流、从工厂到仓库和配送中心的物流、从配送中心到商店的物流、退货物流和废弃物物流等。这么大的范围，涉及的单位非常多，牵涉的面也很广，很容易漏掉其中的某一部分。第二，运输、保管、包装、装卸、信息等各物流环节中，以哪几种环节作为物流成本的计算对象问题。如果只计运输费用和保管费用，不计其他费用，与计算运输、保管、装卸、包装、信息等全部费用，两种计算结果差别相当大。第三，选择哪几种费用列入物流成本的问题。比如，像外部支付的运输费、保管费、装卸费等费用一般都容易列入物流成本，可是本企业内部发生的物流成本，如与物流相关的人工费、物流设施建设费、设备购置费，以及折旧费、维修费、电费、燃料费等是否也列入物流成本中等问题都与物流成本的大小直接相关。因而说物流成本确实犹如一座海里的冰山，露出水面的仅是冰山一角。

3. “黑大陆”学说

由于物流成本在财务会计核算中被分别计入管理费用、营业费用、财务费用和营业外费用等项目，这样，在损益表中所能看到的物流成本在整个销售额中只占极少的比重。因此物流的重要性当然不会被认识到，这就是物流被称为“黑大陆”的一个原因。

由于物流成本管理存在的问题及有效管理对企业盈利和发展的重要作用，1962年著名的管理学家彼得·德鲁克在《财富》杂志上发表了题为《经济的黑色大陆》一文，他将物流比作“一块未开垦的处女地”，强调应高度重视流通及流通过程中的物流管理。彼得·德鲁克曾经讲过：“流通是经济领域的黑暗大陆”。德鲁克泛指的是流通，但由于流通领域中物流活动的模糊性特别突出，它是流通领域中人们认识不清的领域，所以“黑大陆”学说主要针对物流而言。“黑大陆”学说主要是指尚未认识、尚未了解。在“黑大陆”中，如果理论研究和实践探索照亮了这块黑大陆，那么摆在人们面前的可能是一片不毛之地，也可能是一片宝藏之地。

“黑大陆”学说指出在市场经济繁荣和发达的情况下，无论是科学技术还是经济发展，都没有止境。“黑大陆”学说也是对物流本身的正确评价，即这个领域未知的东西还很多，理论与实践皆不成熟。从某种意义上看，“黑大陆”学说是一种未来学的研究结论，是战略分析的结论，带有较强的哲学抽象性，这一学说对于研究物流领域起到了启发和带头作用。

4. “效益背反”理论

“效益背反”理论又称为“二律背反”“交替损益”，是指物流的若干功能要素之间存在着损益的矛盾，即某一功能要素的优化和利益发生的同时，必然会存在另一个或几个功能要素的利益损失，反之也如此。“效益背反”是物流领域中很普遍的现象，是物流领域中内部矛盾的反映和表现。物流系统的效益背反包括物流成本与服务水平的效益背反和物流各功能活动之间的效益背反。

物流成本与服务水平的效益背反是指物流服务的高水平必然带来企业业务量的增加，收入的增加，同时却也带来企业物流成本的增加，使企业效益下降，即高水平的物流服务是由高水平的物流成本作保证的，在没有较大的技术进步情况下，物流企业很难做到既提高了物流服务水平，同时又降低了物流成本。一股来讲，提高物流服务，物流成本即上升，两者之间存在着效益背反的规律。而且，物流服务水平与物流成本之间并非呈线性关系。

物流功能之间的效益背反是指物流各项功能活动处于一个统一且矛盾的系统中，在同样的物流总量需求和物流执行条件下，一种功能成本的削减会使另一种功能成本增加。因为各种费用互相关联，必须考虑整体的最佳成本。

物流的基本功能主要是指对货物的包装、装卸、保管以及运输配送等职能，这些基本职能之间存在着此消彼长的效益背反。例如，从配送中心的数量与运输配送费和保管费的关系来看，一个企业如果在配送范围内建立多个配送中心，运输配送成本必然下降，因为运输距离变短，但是同时，由于单个配送中心必须配备一定数量的保管人员、车辆，且保持一定数量的商品库存，必然导致企业整体的工资费用、保管费、库存资金占用利息等大大增加。也就是说，运输成本和保管费用之间存在着二律背反关系，二者交替损益。

物流系统是以成本为核心，按最低成本的要求，使整个物流系统化，它强调调整各要素之间的矛盾，强调要素之间的有机结合。这要求必须从总成本的角度出发，系统的看问题，追求整个物流系统总成本的最低。企业物流管理肩负着“降低企业物流成本”和“提高服务水平”两大任务，这是一对相互矛盾的对立关系。整个物流合理化，需要用总成本评价，这反映出企业物流成本管理的效益背反特征及企业物流对整体概念的重要性。美国学者用“物流森林”的结构概念来表述物流的整体现念，指出物流是一种结构，对物流不能只见功能要素而不见结构，即不能“只见树木，不见森林”，物流的总体效果是森林的效果。

对这种总体观念的描述还有许许多多的提法，诸如物流系统观念、多维结构观念、物流一体化观念、综合物流观念和物流的供应链管理等，都是这种思想的另一种提法或是同一思想的延伸和发展。

5. *其他物流成本学说*

除了上述较有影响的物流理论学说之外，还有一些物流成本学说在物流学界广为流传。

（1）服务中心说。服务中心说代表了美国和欧洲等一些国家学者对物流的认识。这种观点认为，物流活动最大的作用，并不在于为企业节约了资源，降低了成本或增加了利润，而是在于提高企业对用户的服务水平，进而提高了企业的竞争能力。因此，他们在使用描述物流的词汇上选择了 logistic 一词，特别强调其服务保障的职能。通过物流的服务保障，企业以其整体能力来压缩成本，增加利润。

（2）成本中心说。成本中心说的含义是：物流在整个企业战略中，只对企业营销活动的成本发生影响。物流成本是企业成本的重要组成部分，因而解决物流的问题，重要的是通过物流管理降低成本。所以，成本中心既是指物流是主要成本的产生点，又是指物流是降低成本的关注点，物流是“降低成本的宝库”等说法正是这种认识的形象表述。

（3）利润中心说。利润中心说的含义是：物流可以为企业提供大量直接和间接的利润，是形成企业经营利润的主要活动。非但如此，对国民经济而言，物流也是国民经济中创利的主要活动。物流的这一作用，被表述为“第三利润源”。

2.3.3 社会物流成本的构成

社会物流成本是核算一个国家在一定时期内发生的物流总成本，是不同性质企业微观物流成本的总和。事实上，一个国家物流成本总额占国内生产总值（GDP）的比例，已经成为衡量各国物流服务水平和物流发展水平高低的标志。

美国、日本等发达国家对物流成本的研究工作非常重视，已经对物流成本持续进行了必要的调查与分析，建立了一套完整的物流成本收集系统，并将各年的资料加以比较，随时掌握国内物流成本变化情况以供企业和政府参考。与美国、日本等国家相比，我国对社会物流成本核算的研究较为迟缓，直到 2004 年国家发展改革委员会、国家统计局发布了《社会物流统计制度及核算表式（试行）》的通知后，相对完善的社会物流成本统计计算体系才面世。

1. 美国社会物流成本的构成

美国社会物流成本占GDP的比重在20世纪80年代大体保持在11.4%～11.7%的范围内，而进入 20 世纪最后 10 年，这一比重有了显著下降，由 11%以上下降到 10%左右，甚至达到了 9.9%。必须指出的是，美国物流成本的绝对数量是一直在上升的，但是由于其上升的幅度低于国民经济的增长幅度，所以占 GDP 的比例在缩小，从而成为经济效益提高的源泉。

美国的物流成本主要由三部分组成，一是存货持有成本；二是运输成本；三是物流行政管理成本。比较近 20 年来的变化可以看出，运输成本在 GDP 中比例大体保持不变，而库存费用降低是导致美国物流总成本比例下降的最主要原因。这一比例由过去接近 5%下降到不足 4%。由此可见，降低库存成本、加快周转速度是美国现代物流发展取得的突出成绩。也就是说，利润的源泉更集中在降低库存、加速资金周转方面。

（1）存货持有成本。存货是指企业在日常活动中持有以备出售的产成品或商品、处在生产过程中的在产品、在生产过程或提供劳务过程中耗用的材料、物料等。存货区别于固定资产等非流动资产的最基本的特征是企业持有存货的最终的目的是为了出售。

存货持有成本除了包括仓储成本、残损、人力费用、保险和税收费用外，还包括库存占用资金的利息。其中，利息是当年美国商业利率乘以全国商业库存总额得到的。把库存占用资金的利息加入物流成本，这是现代物流与传统物流费用计算的最大区别，只有这样，降低物流成本和加速资金周转速度才能从根本上统一起来。

全国商业存货总额涵盖了农业、采矿业、建筑业、服务业、制造业、批发零售业等所有行业门类的数据，其数据来自于美国商务部《国民收入和生产核算报告》《当前商业状况调查》和《美国统计摘要》。

仓储成本包括公共仓库和自有仓库成本。公共仓库的成本数据可以从美国商务部《服务业年度调查报告》获取，自有仓库的仓储成本数据则是根据相关资料统计测算得到。

（2）运输成本。运输成本是直接从美国 ENO 运输基金会出版的《美国运输年度报告》中得到的货运数据。分为道路运输费用、其他运输方式产生的费用和货主费用。道路运输费用包括公路运输费用与城市内运输费用。其他运输费用包括铁路运输费用、水运运输费用、航空运输费用、油气管道运输费用。货主费用包括运输管理部门的运作及装卸费用。近 10 年来，美国的运输费用占 GDP 的比重大体为 6%，并一直保持着这一比例，这说明运输费用与经济的增长是同步的。

（3）物流行政管理成本。物流行政管理成本是按照美国的历史情况由专家确定一个固定比例，乘以存货持有成本和运输成本的总和得出的，分别包括订单处理及 IT 成本、市场预测、计划制定及相关财务人员发生的管理费用。美国物流行政管理成本在物流成本总额中的比例约为 4%。

2. 欧洲社会物流成本的构成

物流产业在欧洲已经步入成熟的发展阶段，但社会物流成本的测算尚没有固定的范式，主要是根据调查和预测的相关数据来确定。

从现有的资料看，欧洲社会物流成本的核算并没有把管理费用单列，而是将其分散在仓储、包装和搬运等各个方面，但测算方法基本与美国相同。

3. 日本社会物流成本的构成

（1）运输费。运输费分为营业运输费和企业内部运输费，前者又包括卡车货运、铁路货运、内海航运货运、国内航空货运费用及货运站收入等。

（2）保管费。保管费是将经济企划厅编制的《国民经济计划年报》中的国民资产、负债余额中原材料库存余额、产品库存余额及流通库存余额的总数乘以日本资材管理学会调查所得的库存费用比例和原价率得到的。

（3）管理费。管理费依据《国民经济计划年报》中的《国内各项经济活动生产要素所得分类统计》，将制造业和批发、零售业的产出总额，乘以日本物流协会根据行业分类调查的各行业物流管理费用比例0.5%得出。

4. 我国社会物流成本的构成

根据《社会物流统计指标体系》（GB/T 24361－2009），我国社会物流成本是指我国全部常住单位因社会物流经济活动而发生的总费用。

（1）运输费用。社会物流经济活动中，国民经济各部门由于物品运输而支付的全部费用。包括支付给物品承运方的运费（即承运方的货运收入）；支付给装卸搬运、保管代理等辅助服务提供方的费用（即辅助服务提供方的货运业务收入）；支付给运输管理与投资部门的，由货主方承担的各种交通建设基金、过路费、过桥费、过闸费等运输附加费用。

运输费用=运费+装卸搬运等辅助费+运输附加费。

（2）保管费用。社会物流经济活动中，物品从最初的资源供应地（生产环节、海关）向最终消费地流动过程中，所发生的除运输费用和管理费用之外的全部费用，包括物流过程中因流动资金的占用而需承担的利息费用；仓储保管方面的费用；流通中配送、加工、包装、信息及相关服务方面的费用；物流过程中发生的保险费用和物品损耗费用等。

保管费用=利息费用+仓储费用+保险费用+货物损耗费用+信息及相关服务费用+配送费用+流通加工费用+包装费用+其他保管费用。

（3）管理费用。社会物流经济活动中，物品供需双方的管理部门，因组织和管理各项物流活动所发生的费用。主要包括管理人员报酬和福利、办公费用、教育培训、劳动保险、车船使用等各种属于管理费用科目的费用。

管理费用=社会物流总额×社会物流平均管理费用率。

社会物流平均管理费用率，是指报告期内，各物品最初供给部门完成全部物品从供给地流向最终需求地的社会物流活动中，管理费用额占各部门物流总额比例的综合平均数。

2.3.4 企业物流成本的构成与分类

1. 企业物流成本的构成

物流成本按其所处领域的不同可分为生产企业物流成本、流通企业物流成本和物流企业物流成本。生产企业包括生产企业、制造企业、装配企业等；流通企业包括批发企业、零售企业等；物流企业包括仓储型、运输型、综合型物流企业等。

企业物流成本主要指生产企业物流成本和流通企业物流成本。又称为货主企业物流成本。企业物流成本是将企业因物流活动而引发的成本从企业总体成本中分离出来，即一般企业（非专业物流企业）的物流成本，货主企业物流成本包括自营物流成本和外付物流成本（称为委托物流成本就是第三方物流企业的营业收入）。不同企业物流成本的构成和管理方式是大致相同的。物流企业是为客户提供专业物流服务的，其全部运营成本都可称为物流成本。

根据《企业物流成本构成与计算》（GB/T 20523－2006），企业物流成本构成包括企业物流成本项目构成、企业物流成本范围构成、企业物流成本支付形态构成三种类型，如图 2.2 所示。

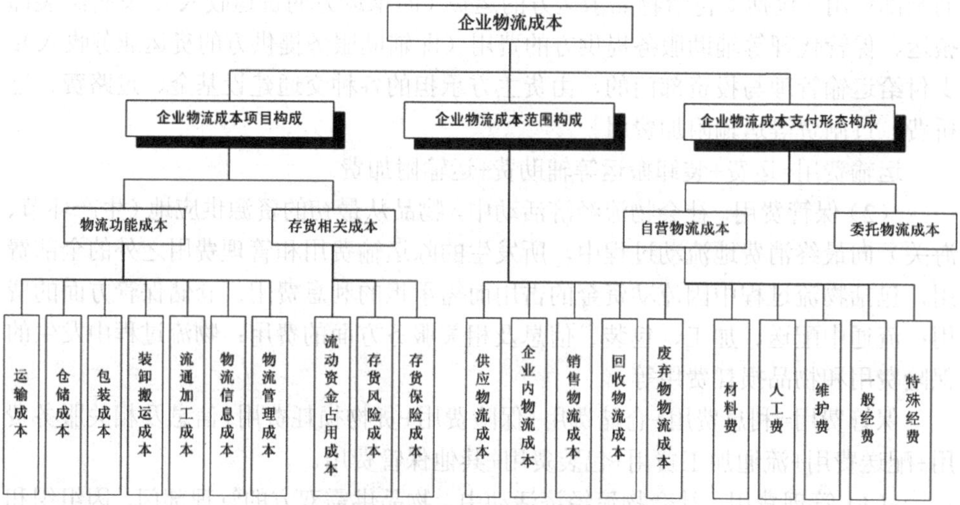

图 2.2 企业物流成本构成

企业类型不同，其物流成本构成内容都会有所不同，但是，从物流功能角度来谈物流成本的基本构成，不同类型的企业基本是趋同的。表 2.3、表 2.4、表 2.5 分别介绍了企业物流成本项目构成、企业物流成本范围构成、企业物流成本支付形态构成的具体内容。

（1）企业物流成本项目构成。企业物流成本项目构成包括物流功能成本、存货相关成本两大类，具体内容见表 2.3。

（2）企业物流成本的范围构成。企业物流成本的范围构成包括供应物流成本、企业内物流成本、销售物流成本、回收物流成本以及废弃物流成本，具体内容见表 2.4。

表2.3　企业物流成本项目构成

<table>
<tr><th colspan="3">成本项目</th><th>构成内容</th></tr>
<tr><td rowspan="7">物流功能成本</td><td rowspan="5">物流运作成本</td><td>运输成本</td><td>一定时期内，企业为完成货物运输而发生的全部费用。包括人员费用、车辆燃料费、折旧费、维修保养费、租赁费、养路费、路桥费、年检费、事故损失费、相关税金等</td></tr>
<tr><td>仓储成本</td><td>一定时期内，企业为完成货物存储而发生的全部费用。包括人员费用、仓储设施的折旧费、维修保养费、水电费、燃料动力费等</td></tr>
<tr><td>包装成本</td><td>一定时期内，企业为完成货物包装业务而发生的全部费用。包括人员费用，包装材料费、设施折旧费、维护费，包装技术设计费等</td></tr>
<tr><td>装卸搬运成本</td><td>一定时期内，企业为完成装卸搬运业务而发生的全部费用，包括人员费用、设施折旧费、维护保养费、燃料和动力消耗等</td></tr>
<tr><td>流通加工成本</td><td>一定时期内，企业为完成流通加工业务而发生的全部费用。包括人员费用，材料消耗、设施折旧费、维护保养费、燃料和动力费等</td></tr>
<tr><td colspan="2">物流信息成本</td><td>一定时期内，企业为完成物流信息的采集、传输和处理而发生的全部费用。包括人员费用、软硬件折旧费，维护保养费、通信费等</td></tr>
<tr><td colspan="2">物流管理成本</td><td>一定时期内，企业物流管理部门及物流作业现场所发生的管理费用.包括管理人员费用、差旅费、办公费、会议费等</td></tr>
<tr><td rowspan="3">存货相关成本</td><td colspan="2">流动资金占用成本</td><td>一定时期内，企业物流的负债融资所发生的利息支出（显性成本）和占用内部资金所发生的机会成本（隐性成本）</td></tr>
<tr><td colspan="2">存货风险成本</td><td>一定时期内，企业物流活动中所发生的物品贬值、跌价、变质、损耗、损毁、盘亏等损失</td></tr>
<tr><td colspan="2">存货保险成本</td><td>一定时期内，企业支付的与存货相关的财产保险费以及因购进和销售物品应缴纳的税金支出</td></tr>
</table>

表2.4　企业物流成本范围构成

成本范围	构成内容
供应物流成本	指经过采购活动，将企业所需原材料从供应者运送到企业仓库的物流过程中所发生的物流费用
企业内物流成本	从原材料入库开始，经过出库，产品制造，产品进入成品库，直到产品从成品库出库为止的物流过程中所发生的物流费用
销售物流成本	从产品出成品库开始，经过流通加工环节，直到运至中间商的仓库或消费者手中完成销售为止的物流过程中所发生的物流费用
回收物流成本	指退货、返修物品，周转使用的包装容器等从需方退回供方的物流过程中所发生的物流费用
废弃物物流成本	将经济活动中失去原有使用价值的物品根据需要进行收集、分类、加工、包装、搬运、储存等，并分送到专门处理场所的物流过程中所发生的物流费用

（3）企业物流成本的支付形态构成。企业物流成本的支付形态构成包括自营物流成本、委托物流成本两大部分，具体内容见表 2.5。

表 2.5 企业物流成本支付形态构成

成本支付形态		构成内容	备注
自营物流成本	材料费	材料费、工具费、器具费等	
	人工费	工资、福利、奖金、津贴、补贴、住房公积金等	
	维护费	土地、建筑物及各类物流设施设备的折旧费、维护维修费、租赁费、保险费、税金、燃料与动力消耗费等	
	一般经费	办公费、差旅费、会议费、通信费、水电费、煤气费等	
	特殊经费	存货资金占用费、物品损耗费、存货保险费和税费	
委托物流成本		企业向外部物流机构所支付的各项费用：包装费、运输费、手续费、保管费、出入库装卸费等	

2.4 影响电子商务企业物流成本的主要因素

1. 物流系统优化程度

物流系统优化是指确定物流系统发展目标，并设计达到该目标的策略以及行动的过程。它依据一定的方法、程度和原则，对与物流系统相关的因素，进行优化组合，从而达到优化的目的。美国领先的货运计划解决方案供应商 Velant 公司的总裁和 CEO-Don Ratliff 博士集 30 余年为企业提供货运决策优化解决方案的经验，提出了“物流优化的 10 项基本原则”，并认为通过物流决策和运营过程的优化，企业可以获得降低物流成本 10%～40%的商业机会。这种成本的节约必然转化为企业投资回报率的提高。物流系统是由运输、仓储各个子系统所构成的，它的优化也涉及各个子系统的优化及整体的优化。例如多式联运作为一种集约高效的运输组织方式，能够充分发挥各种运输方式的比较优势和组合效率，对于推动交通运输行业转型升级、支撑经济提质降本增效意义重大，发展多式联运是运输系统优化的一个重要方面。

2. 物流运作模式

物流运作模式是指企业物流业务是由企业自己来完成还是借助外界力量，这些应从战略层次上来考虑，企业选择的物流运作模式不同，对物流成本的高低也会有影响。目前物流模式通常有以下3种。

（1）第三方物流模式。第三方物流是指由供需双方外的第三方提供物流服务的业务模式。它以签订合同的方式，将企业物流业务委托给专业的物流企业来完成。第三方物流已越来越成为物流市场的主体，在美国有57%的物流量是通过第三方物流业完成的，在社会化配送发展得最好的日本，第三方物流业占整个物流市场更是高达80%。

（2）自营物流模式。所谓自营物流模式，是指企业着眼于企业的长远发展考虑，自行组建物流系统，并对整个企业内的物流运作进行计划、组织、协调、控制管理的一种模式。

自营物流为了满足客户的需求，以最低的成本，通过运输、保管、配送等方式，实现商品的产地到商品的消费地的计划、实施和管理的全过程。自营物流可减少了物流的环节，保证最短的配送时间，满足消费者即购即得的购物心理。

（3）自营与外包相结合的模式。这种模式很好地补充了企业自身能力的不足，同时还能对承包企业起到相当大程度的约束和制衡作用，让外包企业在价格谈判中具有一定优势。同时，在这种比例分摊模式下，外包企业对物流业务和流程非常清楚，在业务改善和提升需求上可以做到应用自如。例如安利公司，将广东省内的业务全部掌握在自己手中，将广东以外的物流业务均外包给其他物流公司，实施省内自营，省外外包的物流策略，各方优势互补和资源整合。这种模式在具体操作和物流的衔接上环节多，对物流的整体管理能力有很高要求。

3. 物流信息化

物流信息化是现代物流的灵魂，也是现代物流发展的必然要求。众所周知物流包括很多方面：运输、仓储、包装，装卸搬运、中途加工、信息处理、客户服务等，要想这些方面的效率最大化，都离不开信息系统，因为信息流贯穿于整个供应链过程。物流信息系统包括物资采购、销售、存储、运输等物流过程的各种决策活动，如采购计划、销售计划、供应商的选择、顾客分析等提供决策支持，并充分利用计算机的强大功能汇总和分析物流数据，在物流管理中选取、分析和发现新的机会，进而做出更好的采购、销售和存储决策，能够充分利用企业资源，增加对企业的内容挖潜和外部利用，从而能降低成本，提高生产效率，增强企业竞争优势。但由于物流信息系统具有信息源点多，分布广、信息量大、动态性强、信息的价值衰减速度快、及时性要求高的特征。因此要求对物流信息的收集、加工处理速度快，种类繁多。

近年来我国公路运输业出现“小、多、乱、散”等局面。我国有90%的物流市场份额被小型物流企业和个体运输商占据；货源、车源在地域上分配不平衡；

这使得货源信息的发布大多处于封闭状态。面对面的熟人交易的方式成为运输交易的主流，车主不能及时接到订单，车主运送完货物后，经常只能空车返回，车与货物的匹配效率不高，导致大幅度的浪费物流成本。为此，国内引进了“无车承运人”概念，以解决“车找货难、货找车难”等问题。2016 年 9 月，国家交通运输部发布了《关于推进改革试点加快无车承运物流创新发展的意见》（以下简称《意见》），该《意见》提出 10 月份将在全国开展无车承运人的试点工作。2016 年 9 月，传化解读“精准运力模式”，并推出了“千·万车队培育计划”，与多家汽车、保险等集团签订战略协议。传化物流培养车队，优化运力资源，建设覆盖全国的信息平台。整合资源是传化发展的重点，通过整合资源而形成规模。借助物流信息平台，传化物流可以满足任意客户的需求，为其定制合适的物流方案，优化路线，节约成功，打造货主一站式发货。目前此项目已经引入 100 多加企业，覆盖全国，为拓展货源、丰富渠道有了保障。

（1）无车承运人政策分析。

为促进我国经济产业健康发展，我国政府高度重视发展物流产业，国家相继出台了一系列政策法规，这些法规为当今物流业正确的发展提供了积极的政策环境。与无车承运人紧密相关的国家政策详见表 2.6。

表 2.6　国家政策文件表

国家文件	主要内容
2014 年 10 月国务院印发《物流业发展中长期规划（2014—2020 年）》	部署加快现代物流业发展转变发展方式，建立和完善现代物流服务体系； 加强物流企业集约化水平，着力降低物流成本； 2020 年，要基本建立布局合理、技术先进、便捷高效、安全有序的现代化物流服务体系，提升物流社会化和专业化水平，提升企业竞争力
2015 年 9 月国务院办公厅发布《关于推进线上线下互动加快商贸流通创新发展转型升级的意见》	提出转变物流发展方式，利用互联网技术大力推进物流标准化； 大力发展智慧物流，利用北斗导航、物联网、大数据等技术搭建智能物流渠道网络； 鼓励依托“无车承运人”的互联网平台，支持综合信息服务平台的建设
2016 年 9 月运输部办公厅发布《关于推进改革试点加快无车承运物流创新发展的意见》	提出“加强信贷建设、规范经营行为、实施税收政策、鼓励创新模式和探索管理体系”五项相关工作； 按照“初选论证、企业实施、过程监督、总结评估”的步骤向前迈进； 规定了规模条件条件、信息条件、安全运行条件、风险补偿条件四个条件

（2）无车承运人物流信息平台概念。随着我国物流业的飞速发展，互联网与物流融合越来越密切。互联网是“物流信息平台”这个关键词的中心，它强调将物流服务搬运到网络平台上，进行销售。这类似于“饿了么”“淘宝”等销售平台，只不过“饿了么”是通过平台卖食物，“淘宝”卖各种实物或者虚拟产品，而物流信息平台销售各种物流服务。

“无车承运人物流信息平台”是以互联网为基础，结合电子商务技术和手机 APP 等将无车承运的物流业务与信息平台相结合。通过手机，车主可以找货，货主可以发布信息联系货车。该平台可以提供查询货物和车辆信息、在线下单及货物在线跟踪等服务给物流公司、车主和货主。

（3）无车承运人物流信息平台业务环节。物流信息平台整合各种货物与车辆的信息，平台为中间商，通过手机 APP 连接货主和车主，运用大数据筛选，形成一体式的物流交易。解决了传统货运模式中的面对面交易，实现了货物可视化追踪，大大降低物流成本，节约人力物力，形成“互联网+物流”的可循环发展。该业务流程有以下几点，如图 2.3 所示。

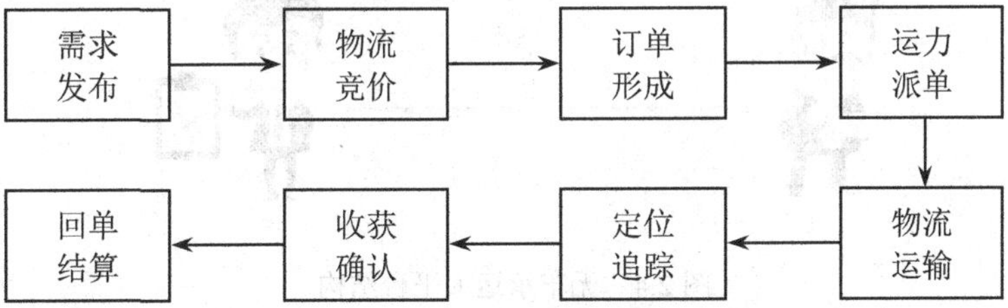

图 2.3　平台流程图

平台服务对象见表 2.7。

表 2.7　平台服务对象表

平台服务对象	服务对象拥有的权利义务
货主	发布货物信息、追踪定位货物、自动对账
物流公司	收集货物和司机信息、融资申请、多式联运
平台运营方	佣金营收、整合资源、政策支持
司机	发布空车、收入查询、到货确认
收货方	定位货物、收货确认、收货记录
运输保障机构	简化运输流程、提升客户体验
金融机构	资金划拨与监管、查看融资人信用、降低信贷风险
税务机关	查看运输合同与运输轨迹、发票统计、资金透明

详细平台结构如图 2.4 所示。

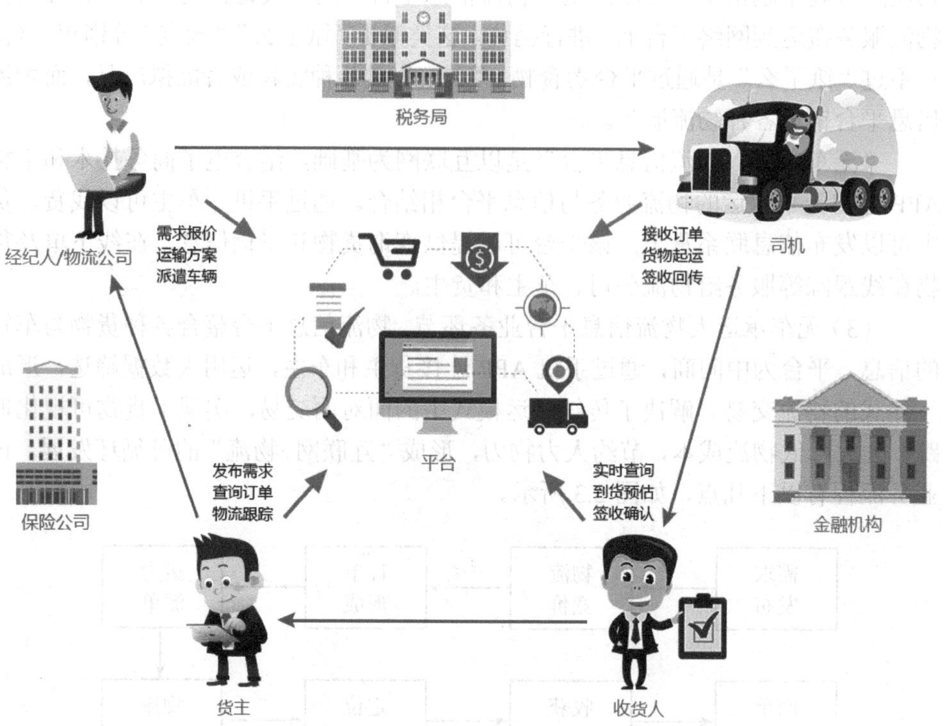

图 2.4　无车承运人平台结构

无车承运人物流信息平台的优势有以下几点。

1）可有效地节省成本。物流公司通过信息平台，借助网络的力量直接查看与物流相关的信息，司机随时方便快捷的作出选择，避免了传统物流模式需要的进驻物流园区所出现的驻扎成本费高和偶尔出现的“黄牛”赚取差价现象，可有效降低司机、物流企业的成本。

2）有利于提高车载率。物流信息平台的投入使用，方便了货主和司机的同步联系。当货物运输到达时，可以利用微信或者 APP 登录平台，即时获得周围货源信息，有效地避免了传统运输模式下司机原地等候和空车返回的现象。减少了能源消耗避免了浪费，节省了双方时间也提高车辆的装载率。

3）货主选择多样化。在需要小件物流运输时，通常选择快递运输，有专门的快递员上门取件，而较大的货物则需要经过物流公司。有时会遇到无人上门取件或者收费取件的情况，让货主陷入难境。物流信息平台的应用可以针对这一问题，让货主足不出户就可以泛获取周围物流公司或货车司机的服务状态，挑选适合自己要求和价位的物流公司来解决难处，也为货车司机减少了费用支出，一举多得。

（5）我国物流信息平台存在的问题及对策。我国物流信息平台发展时间短，比起传统平台，还存在许多不足，简要分析见表2.8。

表2.8 物流信息平台问题及对策表

问题所在	对策建议
（1）操作方式不统一； （2）司机信息录入不全； （3）评价体系不完善	（1）政府介入制定统一操作、信息录入标准； （2）使用积分制，奖励正确的评价； （3）注重保护隐私与资金
（1）功能简单； （2）缺少货物保险机制	（1）发展可视化平台； （2）与保险公司合作
（1）关注度不够； （2）使用率比传统货代低	（1）加大平台宣传力度； （2）提供使用平台优惠政策； （3）提升车主的互联网素质

5. 企业文化

企业文化是在一定的条件下，企业生产经营和管理活动中所创造的具有该企业特色的精神财富和物质形态。它包括文化观念、价值观念、企业精神、道德规范、行为准则、历史传统、企业制度、文化环境、企业产品等。其中价值观是企业文化的核心。

企业文化是企业的灵魂，是推动企业发展的不竭动力。它包含着非常丰富的内容，其核心是企业的精神和价值观。这里的价值观不是泛指企业管理中的各种文化现象，而是企业或企业中的员工在从事经营活动中所秉持的价值观念。例如在支付宝，“信任”是被强调最多的理念。“因为信任，所以简单”，是支付宝打出的响亮口号。这种信任包含着三个层面：打造值得客户信任和托付的产品；营造关系简单、快乐协同的组织环境；尽己所能，打造以信任为基础的社会环境，促进商业文明的开放、透明、分享。

马云一直不厌其烦地对外宣传阿里巴巴的价值排序：客户第一、员工第二、股东第三。在阿里巴巴大家庭内也有一套价值体系，被称为“六脉神剑”，即客户第一、拥抱变化、团队合作、诚信、激情、敬业。这套价值体系是阿里巴巴企业文化的内核，也是企业制定一切业务决策和管理规则的基础。支付宝的价值体系和阿里巴巴集团的价值体系保持一致。

在支付宝，员工已将这些原则自觉转化为日常行为。一次，风险控制部门的员工监测到某个客户的账户被黑客入侵，风控员工马上给这位客户打电话，帮助客户解决了问题，并告诉他未来如何防范这类问题。客户接到电话，深感意外，因为风控人员本没有必要这样做。还有一次，客户满意部的某个员工正接受客户电话咨询，突然，客户话费不足掉线了。客满人员马上给这位客户的手机充值，接着打电话过去，继续接受客户的咨询。

阿里巴巴集团愿景里有一条：做幸福指数最高的企业。这也是支付宝的企业愿景之一。每一个到过支付宝公司的人，大约都会羡慕这里员工的工作环境。办公室边上设有孕妇休息室、理疗室、医务室、儿童玩乐区、台球室、健身房等功能区。公司里有各种各样以共同兴趣爱好聚到一起的“民间帮派”，几乎每天都有自发活动。公司还为员工举行集体婚礼，更推出了一系列让员工生活更有保障的计划，如蒲公英互助计划、彩虹计划等。从设立校友会这个细节中，可以感受到了支付宝对员工的情感投入。再好的企业，也有员工离职，所有从支付宝离职的员工都成为了支付宝“校友会”会员。每当节日或者离职员工的生日，公司会向这些早已离开公司的员工发去节日问候或生日祝福，以此维系情感，纪念曾经共同走过的时光。

第 3 章　基于作业成本法的电子商务企业物流成本核算

3.1　研究背景与研究意义

3.1.1　研究背景

在科学技术水平已经得到了巨大提升，社会生产力已经获得飞速增长的 21 世纪，社会产品越来越丰富，企业之间的激烈的竞争水平也呈现直线上升的趋势。近年来，各个国家和各个行业对可持续发展的意识日益加强，各国愈加重视发展的可持续性，全球经济增长速度也逐渐放缓。企业对于成本的控制成为企业在获得可持续发展的道路上不可忽视的重要问题。企业成本是企业在进行生产和经营过程中所耗费的人、财、物各种资源的总和。减少企业运营所耗费的资源，就是降低运营过程的成本，它能够为企业创造更大的、持久的利润空间取得更大的市场竞争力的重要前提。因此，企业如何科学有效地控制运营成本，促进自身的可持续发展，成为企业日益重视的问题。

当今时代，企业生产技术的日益提高使得企业从提高生产效率方面去创造利润的机会愈来愈少；同时企业管理水平的提升也使得企业在节约劳动力方面获取的利润逐渐减少。各行业的利润空间都由“第一利润源泉”——降低原材料成本和“第二利润源泉”——提高销售量转向“第三利润源泉”——物流领域。根据物流学中的“黑大陆学说”以及“冰山学说”，可以发现在物流领域还存在着巨大的利润空间，等待着物流专业人才和企业去挖掘。

企业所追求的是利用有限的资源创造尽可能大的物流效果。因此，企业做好物流成本控制是其发展的重点，也是企业管理者面临的重大挑战。而选择一个行之有效物流成本核算方法则成为物流成本控制的重中之重。

目前，我国企业对物流成本的核算时缺乏相关可靠依据的，因为我国现行的会计核算制度并没有为对物流成本核算提供参考标准。另外物流成本本身具有的广泛性，隐蔽性，复杂性等特点，也给物流成本核算带来了更多的困难。现在我国的大多数企业还在适应传统的成本核算方法来计算物流成本，其弊端——成本核算内容不够完整，间接费用不合理分配——是显而易见的，这严重地影响了物流成本核算结果的准确性，进而不利于企业管理者进行决策。对物流成本作出正确的核算，是提高物流管理水平，增强企业市场竞争力的重要前提。

时至今日，作业成本法已经在我国经历了接近二十年的发展并且也取得了一定成果。但是，在物流成本控制方面，作业成本法的应用还是比较落后的，目前还处在摸索的阶段，与美国、日本等发达国家相比，作业成本法的应用可以说是相当匮乏。作业成本法应用在核算物流成本方面，与传统核算方式比较下，具有非常显著的优势，这使得各国企业对其的广泛应用达成一致意见。在这种情况下，通过应用作业成本法对物流成本进行重新划分和核算，拓展企业利润空间，提高企业运营质量，增强企业核心竞争力。

3.1.2 研究意义

企业物流成本的有效控制是企业获得更大的市场占有率的重要保障，而在物流成本管理和控制方面，应用作业成本法所具有的优势是其他核算方式无法代替的。作业成本法以“作业”为核心，客观分析企业物流在运营过程中的成本消耗和具体作业之间的关系，对物流作业进行更加有效地计划，组织，协调，控制，对作业流程进行必要而合理的改善，从而达到利用有限的物流资源和较低的物流成本去创造尽可能大的物流效果。因此，本研究具有一定的理论意义和一定的实践价值。

3.1.3 作业成本法的产生与发展

作业成本法的产生，最早可以追溯到20世纪杰出的会计大师、美国人埃里克·科勒（Eric Kohler）教授。科勒教授在1952年编著的《会计师词典》中，首次提出了“作业”“作业账户”“作业会计”等概念。1971年，乔治·斯托布斯（George I. Staubus）教授在《作业成本计算和投入产出会计》中对“作业”“作业成本”“作业会计”“作业投入产出系统”等概念作了全面系统的讨论。这是理论上研究作业会计的第一部宝贵著作。但是当时作业成本法却未能在理论界和实业界引起足够的重视。20世纪80年代后期，随着以MRPII为核心的管理信息系统（MIS）的广泛应用，以及集成制造（CIMS）的兴起，美国实业界普遍感到产品成本信息与现实脱节，成本扭曲普遍存在，且扭曲程度令人吃惊。美国芝加哥大学的青年学者库伯（Robin Cooper）和哈佛大学教授卡普兰（Robert S. Kaplan）注意到这种情况，在对美国公司调查研究之后，发展了斯托布斯的思想，提出了以作业为基础的成本计算（Activity Based Costing，ABC），又称“作业成本计算”，受到广泛的关注，会计理论界对其研究日益深入，实业界对之应用也在不断拓展。理论上，作业成本法已超越了提高成本计算精确性这一最初动机，从成本的确认、计量方面转移到企业管理的诸多方面，深入企业作业链——价值链重构，乃至企业组织机构设计问题，一种以“作业”为中心的现代企业管理思想——作业管理（Activity Based Management，ABM）正在形成和发展。实务中，作业成本法应用的领域已由最初的制造行业扩展到商业、金融、保险、医疗、物流产业等领域，在范围上已由产品制造加工扩展到产品销售定价、零部件设计、物流管理、战略决策等方面，新型的咨询公司已经扩展了作业成本法的应用范围并研发出相应的软件。

作业成本法在西方企业的应用呈飞速发展的趋势。有关学者称："在会计史上，从未有过某个观念是像以作业为基础的成本计算法这样，能迅速地从概念转入应用实施的。" 1992 年，作业成本法还处于实验阶段，而到 1997 年，美国管理会计师协会的成本管理组的一份调查报告表明，到 1996 年美国被调查企业中已有 49% 的企业用了作业成本法。英国、加拿大的调查也表明，作业成本法在这些国家的应用有基本相同的比例。同时，调查也表明绝大多数调查企业对作业成本法应用效果感到表示满意。与作业成本法在西方国家广泛应用形成对比的是，我国企业还没有真正认识到实行作业成本法的重要性，很少有企业在应用和正在考虑应用作业成本法。

目前，作业成本法被认为是确定和控制成本最有前途的方法。

3.2 作业成本法的基本原理

在整个产品的生产过程中，产品会接受各种的不同作业活动，而这些不同作业活动就会消耗不同的资源，各种资源具有不同的费用水平，因此将所耗资源按照产量等因素平均划分到各个产品是不合理的；应用作业成本法按作业活动归集发生的间接费用，然后再根据各自作用活动发生的因素，将资源费用分配到不同的产品，其原理如图 3.1 所示。

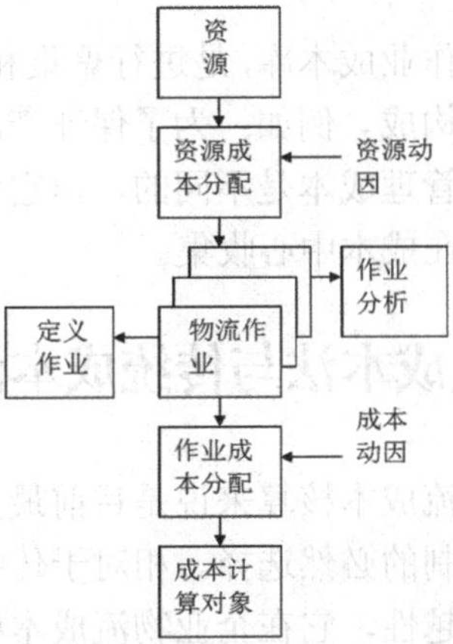

图 3.1 作业成本法基本原理图

3.3 作业成本法的相关概念

1. 作业

企业在向客户提供其所需要的产品或劳务服务的过程中，企业所需要的人、物以及技术等所构成的集合体称之为作业。

2. 物流资源

物流各个作业环节所消耗的所有的成本资源就是物流资源。例如物流活动中的包装环节，包装作业在包装车间进行，那么包装机器、包装工人就是包装作业顺利进行的资源。

3. 成本动因

成本动因也称成本驱动因素。它是引起物流成本形成和发生变动的因素，决定了所发生的成本额和所消耗的作业量之间内在的数量关系。成本动因分为两类，分别是资源动因、作业动因。

（1）资源动因。同时也被称为作业成本计算中的第一阶段动因，主要用于分配每个活动成本库的资源。资源消耗量与工作量之间的关系称为资源驱动因素。例如工作时间消耗直接燃料处理设备和处理设备，装卸时间或数量相关的数量，因此可以将设备的工作时间，装卸时间或装载次数作为资源动因。

（2）作业动因。同时也被称为作业成本计算中的第二阶段动因，主要用于为每个产品分配每个运营中心成本库的成本。例如钻孔机上的作业多少，钻机可以根据实际数量根据包装机械包装服务的运行成本分配给各种产品，因此钻机数量打印机包装运行成本。

4. 作业中心

作业中心同时也被称为作业成本库，是进行聚集和划分作业成本的基本单位，它由一个或一组类似的作业构成。例如：为了保证产品的质量，产品质量管理成本和成本对乙烯产品的质量管理成本是不同的，但它们在管理时间内被消耗了，所以两者的性质相似，可以在成本中心收集。

3.4 作业成本法与传统成本法的比较

作业成本法对于企业物流成本核算来说是目前最为完善和恰当的方式，是企业对物流成本进行管理与控制的必然选择。相对于传统的物流成本核算方式，作业成本法具有非常鲜明的优越性，它在企业物流成本核算中的应用和完善必然使企业成本管控迎来新的篇章。以下分别从传统物流成本核算方法的不足和劣势及作业成本法所具有的优越性两个方面分析，说明企业引入以及推行作业成本法的原因。

1. 传统成本核算方法的缺陷

（1）应用传统方法核算物流成本，会导致“物流冰山说”。因为企业在使用自己的车辆运输，使用自己的仓库存货等方面的所产生的成本，不包括在传统会计中的物流成本科目中，传统会计方法没有对这些费用设立相应的会计科目。因此在物流成本的识别、分类、分析和控制方面存在着许多不合理的地方。

（2）在现代生产方式的特点下，在使用传统成本计算方法下，所获得的成本核算结果一般都是被扭曲的，阻碍了对成本科学的管理和控制。生产经营活动的现代生产方式复杂多样，产品质量结构，生产过程出现了等一系列新特点，使与产量相独立的一些资源也增加。在这种情况下，如果仍然遵循传统的会计方法，大量资源会因为成本的失控而被白白浪费，企业物流服务水平被降低也是无法避免的。

2. 作业成本法的优越性

（1）企业领导层可以基于作业成本核算的信息，为产品和服务制定更合适的价格，使企业的收入和产品成本达到适当的比例。例如，对于大批量生产的标准产品，通过作业成本法可以看出，它们的成本比使用传统的成本核算结果要低一些，因此它们的定价就可以低一些。相反，对于一些小批量生产的特质产品，它们的通过作业成本法计算出的成本要比通过传统计算方法得出的结果要高一下，因此，它们的定价就要高一些，以便使该产品不至于亏损。

（2）企业可以通过作业成本法获得的信息，形成更好的产品组合。现在，当客户选择产品时，他们更加注重产品的多样化和个性化，使企业面临着改变产品结构的问题。越来越多的企业对小批量生产策略，多元化，许多新产品组合由多个具有结构特点的小批量产品组成，因此这些新组合在生产过程中需要更多的功课支持。目前企业没有足够的生产能力来开展这些业务，需要增加相关资源的采购成本。而如果以活动为基础的成本核算管理，管理人员可以更准确地预测每个产品组合的成本，然后做出正确的产品组合决策，增加企业的利润。

（3）企业经理可以利用基于活动的成本核算来计算获得的信息，为企业资源做出合理预算，使资源匹配供需，有利于资源的管理和处置。参考计算提供了有关 ABC 的信息，经理能够在资源所有权的现阶段和未来的时间段内清楚准确地了解企业对资源的需求，并采取措施减少两者之间的差距，进一步保护利润。对于需求高于预期供应的资源，应采取额外措施补充成本；在需求量低于预期供应量的情况下，应采取措施减少企业的资源供应和费用。例如，销售旧机器并停止更换，将员工分配给他们不再需要的工作，或者消除多余的员工。作业成本法与传统作业法的区别分别见图 3.2 及表 3.1。

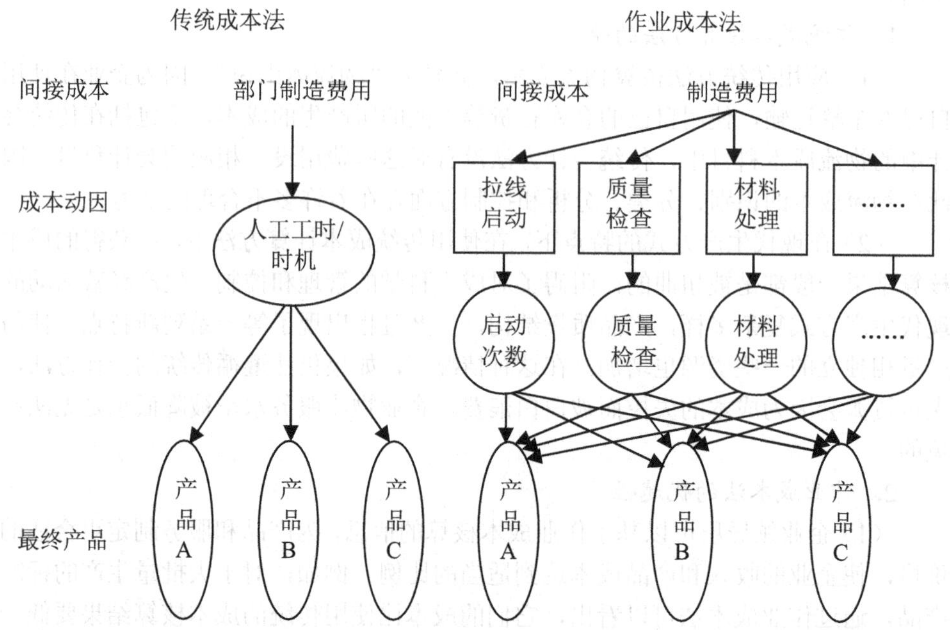

图 3.2　作业成本法与传统作业法的区别

表 3.1　作业成本法与传统作业法的区别

<table>
<tr><th colspan="3">成本核算方法 / 比较项目</th><th>传统成本计算方法</th><th>ABC</th></tr>
<tr><td colspan="3">产生背景</td><td>常规化、批量化生产</td><td>小批量、个性化生产</td></tr>
<tr><td colspan="3">成本内涵</td><td>所耗资金的对象化</td><td>资源的耗用</td></tr>
<tr><td colspan="3">成本对象</td><td>产品</td><td>产品、服务合同、客户、资源、作业、作业中心等</td></tr>
<tr><td rowspan="4">费用分配标准</td><td rowspan="2">直接费用</td><td>直接材料</td><td>直接计入成本对象</td><td>直接计入成本对象</td></tr>
<tr><td>直接人工</td><td>直接计入成本对象</td><td>直接计入成本对象</td></tr>
<tr><td rowspan="2">间接费用</td><td>制造费用</td><td>根据单一标准分配至成本对象</td><td>根据多个资源动因分配至作业，再根据多个作业动因分配至成本对象</td></tr>
<tr><td>期间费用</td><td>不计入产品成本</td><td>根据多个资源动因分配至作业，再根据多个作业动因分配至成本对象</td></tr>
<tr><td colspan="3">成本计算结果</td><td>成本信息不够准确</td><td>成本信息相对准确</td></tr>
</table>

3.5 作业成本法核算物流成本步骤

通过对各个作业环节的成本进行计算可以获得的具体详细的成本数据，可以将物流成本的增加具体反映到某一物流作业环节，进而使得企业在降低物流成本方面找到新的突破点和途径。物流作业成本计算需要以下几个步骤：分析和确定资源，建立资源库；分析和确定作业，建立作业成本库；确定资源动因，分配资源耗费至作业成本库；确定作业动因，分配作业成本至成本计算对象，具体步骤如图 3.3 所示。

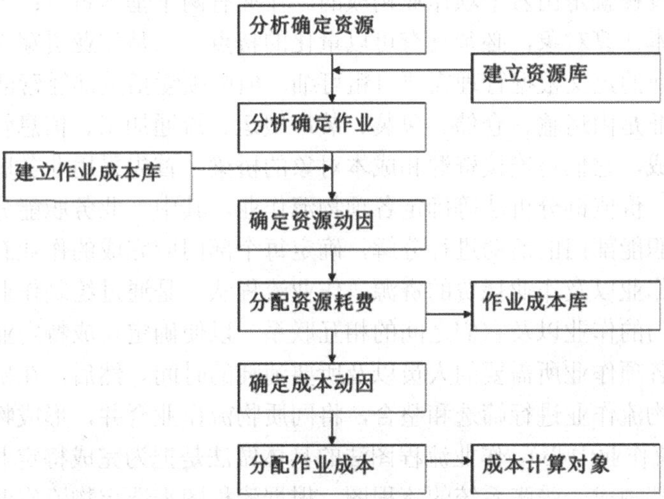

图 3.3　物流作业成本法的计算程序

3.5.1　分析和确定资源，建立资源库

资源指支持作业的成本、费用来源，它是一定期间内为了生产产品或提供服务而发生的各类成本、费用项目。通常在企业会计明细账中可清楚地得到各种资源项目，例如对于装卸作业而言，其发生的装卸人员的工资及其他人工费支出、装卸设备的折旧费、维修费、动力费等都是装卸作业的资源费用。一般说来，资源可分为货币资源、材料资源、人力资源、动力资源以及厂房设备资源等。通常资源的界定是在作业界定的基础上进行的，每项作业必定涉及相关的资源，与作业无关的资源则应从物流成本核算中剔除。这些资源数据可以在企业原有的成本信息系统中提取，经过加工处理后加以利用。资源是物流作业得以进行的基础，是成本消耗的源泉，物流作业成本计算首先要分析各项物流活动都消耗了哪些资

源。企业各项资源被确认后，要为每类资源设立资源库，并将一定会计期间的资源耗费归集到各相应的资源库中。资源库设置时，有时需要把一些账目或预算科目结合组成一个资源库，有时需要把一些被不同作业消耗的账目或预算科目进行分解。例如发出订货单是采购部门的一项作业，那么相应办公场地的折旧、采购人员的工资和附加费、电话费、办公费等都是订货作业的资源费用。

3.5.2 分析和确认企业物流作业，建立物流作业成本库

作业是企业为了某一特定目的而进行的资源耗费活动，是连接资源耗费和成本计算对象的桥梁。企业经营过程中的每个环节或每道工序都可以视为一项作业，企业的经营过程就是由若干项作业构成的。作业有两个基本特点：一是作业作为最基本的成本计算对象，必须具有可以量化的特点；二是作业贯穿于企业经营的全过程，作业的定义根据管理需要可粗可细，但必须囊括全部经营活动。

物流作业是由运输、仓储、包装、装卸搬运、流通加工、信息管理等一系列基本作业构成，它们是连接资源和成本对象的桥梁。首先采用业务职能分析法、作业流程法、价值链分析法等确定各项物流作业，其中，业务职能分析法，是将企业各业务职能部门的活动进行分解，确定每个部门应完成的作业有几种、多少人参与该项作业以及作业耗费的资源；作业流程法，是通过绘制作业流程图来描述企业各部门的作业以及它们之间的相互联系，以便确定完成特定业务所要求的各项作业、各项作业所需要的人员以及所要消耗的时间。然后，在确认作业的基础上对各项物流作业进行筛选和整合，将同质物流作业合并，形成物流作业成本库（又称物流作业中心）。作业流程图法的具体做法是把为完成特定业务所要求的各种作业步骤画成一张张系统的流程图，根据流程图来选定物流作业。在确定作业时，作业既不能过于细又不能过粗，必须把握好作业合并和分解的平衡。作业合并是指把所有性质相同的业务集合起来组成一个具有特定功能的作业的分析过程。以特定功能对作业进行合并，目的在于将单个的、细小的作业组合成可以作为成本计算对象的作业。比如检验发票作业和付款作业就可以整合为会计这一大作业来管理。作业分解是指把一个较大作业分解成为具有不同功能的作业的过程，它与作业合并过程相反，比如运输作业可分解为调度作业、运行作业、到达作业等；获取原材料作业可以分解为购货、验货和收货作业等。该过程的作用就是深入活动内部，分析组成特定活动的作业，分析各个作业的成本动因，选择更合理的成本动因分配作业成本。物流作业经分析、确认后，要为每一项作业设立一个作业成本库，然后以资源动因为标准将各项资源耗费分配至各作业成本库。

3.5.3 确定资源动因，分配资源耗费至作业成本库

资源动因是指资源被各项作业消耗的方式和原因，它反映了作业对资源的消耗情况，是把资源库资源分配到各作业成本库的依据。确认作业、建立作业成本库后，应观察、分析物流资源，为各项物流资源确定动因，以资源动因为标准将各项资源耗费分配至各作业成本库。确定物流资源动因应按资源被消耗的情况而定，主要有以下几种情况：

（1）如果某一项资源能直观地确定被最终的成本计算对象（产品或物流服务）所消耗，如材料消耗，那么资源动因则按传统的方法确定，比如消耗量等。

（2）如果某项资源被某项作业所消耗，这种资源具有专属性，如特定的固定资产折旧被特定的作业所消耗，特定的人工费用被特定的作业所消耗，这种情况下资源动因按作业消耗资源的关系确定，比如按所使用的设备的价值、按人数、按消耗量等作为资源动因。

（3）如果某项资源被多项作业所消耗，如各作业中心发生的信息费、办公费等，按多收益、多分摊的原则确定资源动因。

物流作业资源动因确定之后，各资源库要根据资源动因一项一项分配到各作业中去，形成作业成本库。每个成本库可以归集人工、材料、机器设备折旧、管理性费用等。如设备调整人员的工资、福利，调整所用的物料、工具的损耗等。

例：某企业2017年3月份间接人工费支出为60000元，主要的作业为采购、生产、仓储、装卸搬运，从事上述四项作业的人数分别为4人、7人、5人、6人，计算各项作业耗费的人工费。

人工费支出分配率：60000/22=2727.28（元）

采购作业的人工费：4×2727.28=10909.12（元）

生产作业的人工费：7×2727.28=19090.96（元）

销售作业的人工费：5×2727.28=13636.4（元）

管理作业的人工费：6×2727.28=16363.68（元）

3.5.4 确认成本动因，将作业中心的作业成本分配到最终产品

成本动因是将作业成本库的成本分配到成本对象中去的标准，它反映了成本对象对作业消耗的逻辑关系。由于物流服务过程中所需作业的数量很多，因此，从经济上看，为每一项作业确定一个成本动因是不可行的，反之，将许多作业综合起来，共用一个成本动因又会造成成本计算的误差。所以物流作业成本计算中成本动因的确定，即选择哪些成本动因和确定成本动因的数目需要认真分析。成本动因的选择主要应遵循三个原则：选定的成本动因与实际作业消耗之间的相关

性较强，应从现有资料中易于分辨；选择容易获得信息的成本动因，以降低获取信息的成本；为避免作业成本计算过于复杂，要筛选具有代表性和重要影响的成本动因。而对于成本动因数量的确定，取决于其要达到的成本核算结果的准确程度及物流的复杂性，管理所需信息越准确、物流越复杂，物流成本动因数量应越多；另一方面，成本效益原则决定了作业成本库并非越多越好，相应地限制了成本动因的数量。

3.5.5 计算物流成本

根据计算出的成本动因分配率和产品（或服务）所消耗的作业动因种类、数量可计算出该产品（或服务）的物流作业成本，即将作业成本库归集的作业成本按成本动因率分配到各个成本计算对象上。将成本对象中分摊的各项物流作业成本相加，即是该成本对象应负担的间接物流成本，再加上直接物流成本，就是各成本对象的物流总成本，并可以计算单位物流成本。

例：某企业采购作业的人工费为 10909 元，该企业生产甲、乙、丙三种产品，三种产品当月的采购次数分别为 2 次、3 次、4 次，将采购作业成本分配到各产品。

成本动因分配率=10909.12/9=1212.12（元）

甲产品应分配的采购作业成本=2×1212.12=2424.24（元）

乙产品应分配的采购作业成本=3×1212.12=3636.36（元）

丙产品应分配的采购作业成本=4×1212.12=4848.48（元）

3.6 物流作业成本法的优势及适用条件

3.6.1 物流作业成本法的优势

物流作业成本法的优势主要表现在以下几方面：

（1）体现了现代物流价值链的形成过程。作业成本法不仅揭示了成本的经济实质（价值消耗）和经济形式（货币资金），而且反映了成本形成的动态过程。其中，作业推移的过程也是价值在企业内部逐步积累、转移，直到最后转移给顾客的总价值（即最终产品成本）的过程。作业成本法通过作业这一中介，将费用发生与产品成本（服务）形成联系起来，形象地揭示了成本形成的动态过程，使成本的概念更为完整、具体。

（2）能够真实计算物流成本。物流作业成本的计算步骤分为两阶段。第一阶段是将物流费用根据资源动因分配到同质的作业成本库；第二阶段是根据作业动因，把各作业成本分配到各物流成本对象，计算出各物流成本对象的成本。由于物流作业大多数属于支持性作业，其物流费用大多数是间接费用，利用作业成本法计算物流作业时，以作业为中心，着眼于分析物流费用产生的原因，采用多样化的分配标准。物流费用产生的原因不同，归集和分配费用的方法也不同，这样，就大大提高了物流费用的可归属性。有利于克服物流费用归集分配标准不相关的缺陷，从而能够较准确地确认物流费用，并且能较容易地实现按照商品、顾客、销售地区、营业部门等不同物流作业对象来计算物流成本。因此，物流成本不再“不可捉摸”，而是比较客观、真实、准确。

(3)反映出了现代物流作业为满足顾客需要而建立的一系列有序的作业集合体。现代企业观认为，企业是由一系列作业组成的作业链，每完成一项作业都要消耗一定的资源，产品成本实际上就是制造和运送产品所需要的全部作业所消耗的资源成本，作业是资源与产品之间的桥梁。作业成本法根据作业消耗资源、产品消耗作业的指导思想，将成本计算的重点放在作业上，以作业作为核算对象，这相对于传统的成本计算方法就发生了一次根本性的变革。

(4)作业成本法可以增加物流服务价值。作业成本法不仅可以提供相对准确的成本信息，还可以通过作业链和价值链分析，进行作业管理。物流作业管理一方面，通过对所有与物流相关联的作业进行追踪分析，尽可能消除“不增值作业”，改进“可增值作业”，优化物流作业链和价值链，为降低物流成本，增加物流服务价值提供相当大的可能；另一方面，通过落实物流作业成本控制目标，计量实际物流作业成本水平，进行物流作业绩效评价等控制物流成本，从而实现降低物流成本，增加物流服务价值的目标。

3.6.2 作业成本法的适用条件

作业成本法创始者 Cooper 与 Kaplan 提到，虽然作业成本法源起于制造业，但它更适合应用在服务业，主要原因是服务业的间接成本占了总成本的绝大部分，且这些间接成本非常不容易追踪，而唯有采用作业成本法的观点来做从头到尾的流程分析，服务业才能掌握每个顾客服务的真正成本。根据作业成本法的特点，理论界较为一致的观点认为，具有下列特性的企业较适合采用作业成本法。

1. 企业自动化成本高，间接费用在成本结构中的比重大

间接费用在成本结构中占的比例越大，采用传统成本法分配间接费用，越会使成本信息受到严重的歪曲，进而影响到成本决策的正确性。如果采用作用成本法，将会提高间接费用分配的精确性。

2. 企业规模大，个性化生产，产品种类繁多

产品种类繁多的企业，通常存在间接生产费用在不同种类产品之间进行分配

的问题，传统成本计算法笼统地将不同质的间接生产费用统一的分配率作为标准进行分配，显然会使成本信息不可靠。而作业成本法以作业为中心，区分不同质的费用采用不同的动因进行分配，能准确地将成本追溯到各种产品。

3. 竞争激烈

因为越是竞争激烈的产业越需要有正确的价格策略，而正确的成本信息正是制定价格策略不可缺少的工具。

4. 日常订单流失

这可能表示该企业的成本分析出现盲点，以致失去竞争力，需要利用 ABC 来确立正确的成本。

5. 企业信息化水平高

采用以计算机技术为主要技术支持和处理的系统，能够更好地满足作业成本计算所需的数据收集、信息提供和程序运行等技术性条件，使作业成本法的实施符合成本一效益原则，并进一步促进这一更为先进的成本管理方法的使用。

6. 具有较高业务水平的管理人员，尤其是高素质的财务人员

具有高素质的财务人员，为作业成本法的顺利实施打下了良好的基础。

3.7 采用物流作业成本法的必要性及可行性分析

在间接费用高、产品品种复杂的情况下，传统成本法提供的信息严重扭曲了产品的实际成本，误导了企业的经营决策，而作业成本法对企业中发生的所有成本都进行了追溯，有效避免了成本核算的疏漏，对企业经营者确定成本经营策略提供了依据，因此企业应考虑采用作业成本法。同时又从物流系统营运成本的特点（即营运间接费用在营运成本中所占比例很大）来看，更应考虑采用作业成本法。必要性主要表现在以下几方面。

3.7.1 采用物流作业成本法的必要性分析

（1）电子商务企业物流成本中间接费用在总成本中的比例较高，适合采用作业成本法。电子商务企业的营运间接费用包含的项目范围很广，种类很多，在营运成本中所占比例也很大。例如运输车辆的营运、维护，仓库的折旧，装卸、搬运、升降设备的折旧、维修，水、电、物业管理及信息系统的开发维护等。

（2）作业成本法能有效解决物流产品定价难的问题。由于物流服务产品存在无形性、瞬时性和多样性的特点，导致电商企业对其产品的定价比较困难，传统成本法对此无能为力，而作业成本法能有效地解决这一问题，它可以将作业分析

的观点应用于物流服务产品的定价决策。作业成本法不仅将成本的计算深入到作业的层面，分别对每一项作业进行价值确认，从而计算出整体物流服务的成本，而且还能准确计算出每个客户的服务成本及客户间的成本差异。这样，企业就可以获得可靠的产品成本信息。而产品的价格建立在产品成本的基础上，因而物流企业或部门可以利用作业成本法合理制定出产品的价格，有效解决产品定价难的问题。

（3）电子商务企业可以通过运用作业成本法来对企业的作业流程进行改造。物流企业或部门建立在供应链、服务链等作业链的基础上，而在企业中，并非所有的作业链都能创造价值，因而物流企业或部门有必要通过运用作业成本法来对企业的作业流程进行改造。因此，物流企业或部门是最需要采用作业成本法来进行管理的企业类型之一。

3.7.2 采用物流作业成本法的可行性分析

物流作业成本法能很好地应用于物流成本管理，主要表现在以下几方面。

1. 物流运作方式与作业成本法的思想有相似性

（1）作业成本法体现了现代企业物流成本管理的理论与价值观念。作业成本法适用于产品（服务）品种结构复杂，工艺多变，经常发生调整生产作业的情形中，而物流企业提供的是无形的服务，其物化表现为与客户签订合同，每个客户所要求的服务都是不一样的，这与作业成本法能很好地应用于物流成本管理是相适应的。作业成本法能辅助企业准确掌握提供物流服务的成本，进而辅助产品定价、客户赢利性分析以及物流流程改进等。在企业的物流成本管理中应用作业成本法不但可以去除无效成本，而且还可以再造整个物流管理过程。

（2）作业成本法使成本计算、控制和分析更具科学性，对物流成本中间接成本的分配更为合理。作业成本法正是针对制造费用（生产企业）、间接费用（生产和服务企业）比例很高的企业而提出的。物流企业提供物流服务的过程以及生产企业的物流活动过程中，涉及的间接费用比例很高，且都不能直接归入直接成本。随着时间的推移，间接费用的重要性大大提高，在许多企业，间接费用占产品成品的比重比直接人工大得多，并且许多间接作业与产品产量并不相关，即产品对这些间接作业的消耗比率不同于产量相关间接作业。由于这一原因使用传统成本计算的方法可能扭曲产品成本。

（3）作业成本法使企业更加利于绩效评价与考核。作业成本法通过建立的作业中心也就是各个责任中心，可以真实核算各种产品生产经营过程的资源消耗，从而比传统成本方法更容易发现具体问题和进行改进工作。因此，在市场机制下使各部门、各环节管理人员对成本费用责任更加明确，更有利于业绩的评价与考核。绩效评估是一个有效的管理工具，建立绩效评估的主要目的就是使物流系统不断地得到改进。绩效评估系统通过不断地衡量各项作业的效率，不断地改进物流系统。一个好的绩效评估系统应该能够减少订货至交货的时间，降低物流成本，提高物流作业的效率，改善物流的服务水平。

2. 电子商务企业信息化水平不断提高

由于企业的物流活动要形成完整的物流链过程，一般包括的环节主要有运输、仓储、装卸搬运、包装、配送、流通加工以及物流信息服务等。而在每一环节，都会涉及若干不同的作业流程及大量的作业信息数据，毫无疑问，应用作业成本法进行计算是比较复杂的，为了解决此问题，这方面的软件工具要求非常成熟，而电子商务企业信息化水平的不断提高能很好地满足这已要求。例如，独立的作业成本核算软件能够从现在的信息系统中抽取相关运作数据，用于成本核算，所需要做的只是把作业成本软件系统与现行的信息系统建立数据联系。

3. 电子商务企业财务及管理人员整体素质不断提高

从作业成本法的可行性角度出发，要对企业的成本运用作业成本法进行控制，需要有高素质的人员进行配合。随着电子商务企业财务及管理人员整体素质的不断提高，将为作业成本法的顺利实施打下了一个良好的基础。

3.8 作业成本法在电子商务企业的实施案例

3.8.1 情况简介

2016 年 3 月，W 电子商务企业物流公司与 A、B 两厂分别签署了物流服务合同。

1. 合同内容

（1）与 A 厂签订 A 合同，内容是：由该公司将 3000 件货物从石家庄运至青岛，之后将全部货物每两天送一次，每次送 200 件至 A 厂。

（2）与 B 厂签订 B 合同：由该公司将 3000 件货物从石家庄运至青岛，之后将全部货物每五天送一次，每次送 500 件运至 B 厂。

2. 物流方案

（1）将 A 厂的 3000 件货物从石家庄运送到青岛的仓库 A（仓库 A 的面积为 100 平方米），以每次 200 的货物量分 15 次运至 A 厂。

（2）将 B 厂的 3000 件货物从石家庄送到青岛的仓库 B（仓库 B 的面积为 150 平方米），以每次 500 的货物量分 6 次运至 B 厂。

3.8.2 公司物流成本核算的现状

1. 成本结构方面

一系列先进的自动化设备已经被引进，主要目的是为了适应现代物流的快速发展，自动分拣设备，自动包装设备以及自动化立体仓库等的引进是的企业的物流效率得到了很显著的提升。在这种情况下，公司的直接劳动力成本进一步下降，直接成本的比例正在下降。另外，随着物流业务范围的不断扩大，客户需求的个性化，企业信息通信和物流管理的重要性越来越突出。因此，公司领导层的人数越来越多，物流信息处理等方面的成本持续增加，而传统的物流作业环节如运输，仓储等的成本所占比例相应下降。

2. 成本核算方法方面

公司现在主要采用传统方式核算物流成本核算，直接成本直接纳入成本，间接成本分配给配置标准，纳入物流成本。按照这种方法，间接成本分配的标准是单一的，很明显不适用于物流。物流企业间的间接费用将导致“物流冰山”问题。

3. 会计科目设置方面

按照我国现行会计准则严格按照会计准则进行会计处理，在企业内部没有开展物流成本分开核算。提取和计算物流成本更为困难，会计结果的准确性较低。

4. 组织机构方面

公司金融财务相对完善和详细，但以财务管理为基础，以作业为基础的成本核算管理小组成立。该组织的建立表明，企业经理已经发现并开始解决物流成本会计结果的扭曲，可以使用基于活动的成本核算来替代原有的会计方法。目前，基于活动的成本核算管理团队的责任是在传统会计结果的基础上对业务进行优化。

3.8.3 应用作业成本法核算的具体过程

建立作业中心。

根据合同，这两项物流服务可分为七个作业环节，基本流程如图 3.4 所示。

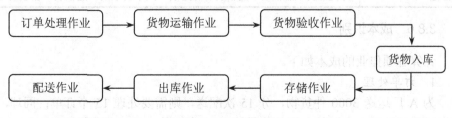

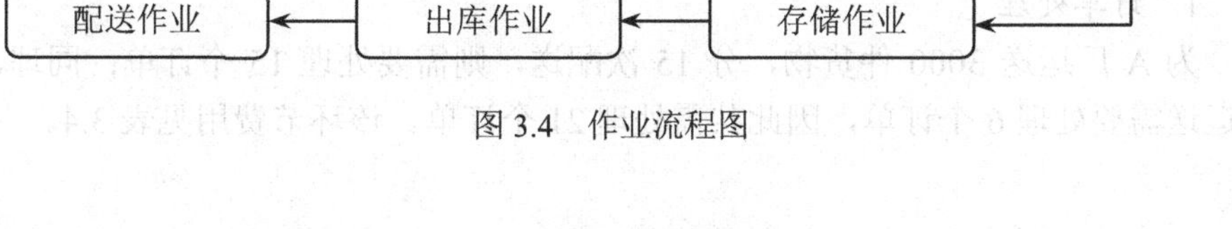

图 3.4 作业流程图

3.8.4 确定成本动因

以物流各作业中最关键的因素作为成本动因。例如，对于订单处理作业环节，成本的数量取决于该时间段内的订单数量，所以订单数量是订单处理作业环节的成本动因；以同样的道理得到以下作业动因表，见表 3.2。

表 3.2 作业动因表

作业中心	成本动因
订单处理	订单数
运输	运输距离
验收	托盘数
入库	入库次数
存储	货物件
出库	出库次数
配送	配送数

3.8.5 确定作业中心所耗费的资源

分析得到各物流业务过程中消耗的资源，见表 3.3。

表 3.3 各作业所消耗资源表

作业名称	耗费的资源
订单处理	人员工资、通信费等
运输	司机工资、燃油费、路桥费、养路费、汽车折旧费、通信费、轮胎费等
验收	人员工资、通信费等
入库	司机工资、叉车折旧费、燃油费、搬运工工资等
仓储	人员工资、通信费、仓库租金等
出库	司机工资、叉车折旧费、燃油费、搬运工工资等
配送	司机工资、燃油费、路桥费、养路费、汽车折旧费、通信费、轮胎费等

3.8.6 成本识别

计算各项作业的成本如下。

1. 订单处理

为 A 厂运送 3000 件货物，分 15 次配送，则需要处理 15 个订单；同理，B 厂运送需要处理 6 个订单，因此共需处理 21 个订单。该环节费用见表 3.4。

表 3.4 订单处理作业成本明细表

成本类别	两名订单处理人员工资/元	通信费/元	合计/元
成本费用	6000	300	6500

2. 货物运输

选择载重量为 600 件的运输车辆进行运送，A、B 两厂各需要 5 辆运输车运送所有货物，共需要发车 10 次。此环节有有直接成本和间接成本两部分。直接成本与运输里程有关，相对地，间接成本与运输次数相关。司机工资 4000 元/月×人，共需 4 名，计入间接成本。核算过程如下。

（1）间接成本。间接成本具体明细见表 3.5。

表 3.5 货物运输作业间接成本明细表

成本类别	成本费用/元
车辆折旧	3000
修理费	500
车辆保险费用和事故花费	3000
轮胎费	500
通信费	200
年审费	200
合计	7400

由上表得出改环节，车辆的间接成本为 7400 元/辆。本月需要 3 辆运输车，则运输车辆总间接成本：7400×5=22200 元；另外，3 名司机工资总额：4000×3=12000 元。因此本月间接作业费用为 22200+12000=34200 元

（2）直接成本。直接成本包括燃油费和路桥费。

本月柴油的平均价格：5.80 元/L，运送车辆的油耗量：0.15L/km，车辆来回一趟的距离：700×2=1400km

燃油费是 5.80×0.3×1400=1218 元/车×次。

路桥费：1.0 元/km，路桥费是 1.0×1400=1400 元/车×次。

并且，本月共需要运输车辆发车 10 次。因此本月直接变动费用为(1218+1400)×10=26180 元。

3. 货物验收

该环节成本都计入间接成本，具体明细见表 3.6。

表 3.6 货物运输间接成本明细表

成本类别	一名验收人员工资/元	通信费/元	其他费用/元	合计/元
成本费用	3000	300	200	3500

4. 货物入库

入、出库环节成本都计入间接成本。在出入库的环节中需要叉车作业，且同一批人员和叉车对同一货物作业，所以成本平均分摊到入库和出库两个环节。

入、出库环节需要 2 名叉车司机，工资 2000 元/人×月；本月此辆叉车燃油费为 1500 元，购置成本为 25 万元，使用期 10 年，残值 1 万元，所以每月计提折旧费（250000–10000）/10=2400 元。入库间接成本见表 3.7。

表 3.7 货物入库成本间接成本明细表

成本分类	司机工资/元	叉车折旧费/元	燃油费/元	合计/元
成本费用	4000	2400	1500	7900

入库作业成本为 7900/2=3950 元。

5. 货物存储

该环节成本分为直接成本和间接成本。

（1）直接作业成本为仓储作业环节中公司临时雇佣 2 个人员进行仓储作业，每人工资 1500 元，合计 3000 元。

（2）间接作业成本明细见表 4.7。

表 3.8 货物成本存储间接成本明细表

成本类型	两名仓库管理员工资/元	仓库月租金/元	通信费/元	其他费用/元	合计/元
成本费用	6000	5000	400	400	11800

6. 货物出库

货物出库成本与入库成本相同，即 3950 元。

7. 货物配送

（1）直接成本。配送环节的直接作业成——燃油费，可以直接计入直接变动成本。耗油量 0.3L/km×车，维修费为 0.1 元/km×车，柴油的平均价格为 5.80 元/升，仓库到工厂的往返距离为 20km，选用装载量 200 件的配送车辆，共需司机 3 名，配送车量 3 辆，出车 23 次。所以直接变动成本为（0.3×5.8+0.1）×20×23=846.4 元。

（2）间接成本，配送司机工资计入间接成本，见表 3.9。

表 3.9　货物配送作业间接成本明细表

成本类型	车辆折旧费/元	车量管理费/元	保险费/元	审车费/元	司机工资/元	通信费/元	合计/元
成本费用	7500	3000	900	120	12000	600	24120
备注	购置成本 20 万，可使用 6 年，用后残值 2 万	12000 元/年/车	3600 元/年/车	480 元/年/车	4000 元/人/月 需要 3 名	300 元/人/月	

对以上核算结果进行汇总，得到成本汇总表，见表 3.10。

表 3.10　成本汇总表

作业	作业成本		合计/元
	直接作业成本/元	间接作业成本/元	
订单处理		6500	6500
货物运输	26180	34200	60380
货物验收		3500	3500
货物入库		3950	3950
货物存储	3000	11800	14800
货物出库		3950	3950
货物配送	846.4	24120	24966.4
合计	30026.4	88020	118046.4

计算作业动因量。

得出作业总成本后，汇总各作业耗费的作业动因量，见表 3.11。

表 3.11　AB 两份合同所耗费的作业动因量

作业	单位	作业动因量		合计
		A	B	
订单处理	个	15	6	21
货物运输	公里	3500	3500	7000
	次	5	5	10
货物验收	次	1	1	2
货物入库	次	1	1	2

续表

作业	单位	作业动因量		合计
		A	B	
货物存储	平方米	100	150	250
货物出库	次	15	6	21
货物配送	公里	300	360	660
	次	15	18	33

3.8.7 作业成本分配

1. 确定作业动因分配率

计算得出作业动因分配率。具体见表 3.12 所示。

表 3.12 作业分配率表

作业	资源动因	资源数/元	作业动因	作业动因量	作业动因分配率
订单处理	人工工时	6500	订单数量	21	309.5 元/个
运输	运输车辆数	34200	运输次数	10	3420.0 元/次
验收	人工工时	3500	验收次数	2	1750.0 元/次
入库	叉车数	3950	入库次数	2	1975.0 元/次
存储	货物数	11800	货物面积	250	47.2 元/次
出库	叉车数	3950	出库次数	21	188.1 元/次
配送	配送车辆数	24120	配送次数	33	730.9 元/次

2. 根据作业动因分配率，将作业总成本分配到两项合同

①合同 A 成本见表 3.13。

表 3.13 A 合同成本表

作业	作业动因分配率	作业动因量	间接作业成本/元	直接作业成本/元	总成本/元
订单处理	309.5 元/个	15	4642.9		4642.9
货物运输	3420.0 元/次	5	17100.0	13090	30190.0
货物验收	1750.0 元/次	1	1750.0		1750.0
货物入库	1975.0 元/次	1	1975.0		1975.0
货物存储	47.2 元/次	100	4720.0	1500	6220.0

续表

作业	作业动因分配率	作业动因量	间接作业成本/元	直接作业成本/元	总成本/元
货物出库	188.1 元/次	15	2821.4		2821.4
货物配送	730.9 元/次	15	10963.6	423.2	11386.8
合计			43972.9	24573.2	58986.1

根据上表可知合同 A 的总成本是 58986.1 元，所以合同 A 的单位成本是：58986.1/3000=19.687 元/件。

②合同 B 成本见表 3.14。

表 3.14 B 合同成本表

作业	作业动因分配率	作业动因量	间接作业成本/元	直接作业成本/元	总成本/元
订单处理	309.5 元/个	6	1857.1		1857.1
运输	3420.0 元/次	5	17100.0	13090	30190.0
验收	1750.0 元/次	1	1750.0		1750.0
入库	1975.0 元/次	1	1975.0		1975.0
存储	47.2 元/次	150	7080.0	1500	8580.0
出库	188.1 元/次	6	1128.6		1128.6
配送	730.9 元/次	18	13156.4	423.2	13579.6
合计			44047.1	24573.2	59060.3

根据上表可知合同 B 的总成本是 59060.3 元，所以合同 B 的单位成本是：59060.3/3000=19.662 元/件。

3.8.8 传统成本法的核算结果

根据案例，仅考虑本月内 W 物流向 A、B 提供的服务，按照传统方式核算，两项合同产生的总成本为 118046.4 元，那么两个合同的成本为总成本的 1/2，即 59023.2 元。并且每件货物的物流成本没有差别，为 118046.4/6000=19.6744 元/件。

3.8.9 两种核算方式结果的比较

在两种计算方式下，可以发现，运用传统的计算方法得到的结果中，A 的成本被高估，B 的成本被低估，并且每件货物的物流成本也出现不合理的结果。对比见表 3.15 所示。

表 3.15 传统成本法与作业成本法下物流成本对比

成本对象	物流成本	
	作业成本法/元	传统计算方法/元
A	58986.1	59023.2
B	59060.3	59023.2
合计	118046.4	118046.4

通过分析和对比两种成本核算方法下的结果可以得出，在两个合同中，运输作业成本所占比重较大，约占总成本的 40%。对于合同 A 来说，所占总间接成本的比重较大的依次是运输作业、存储作业、配送作业、其次是订单处理作业、出库作业、入库作业，所占比重最小的是货物验收环节。对于合同 B，各个作业环节占总间接成本比重最大的是运输作业，其次是配送作业、存储作业、入库作业、订单作业、验收作业，最小比重的是出库作业。具体作业的成本比重，见表 3.16。

表 3.16 各作业的成本比重表

成本类别	合同 A		合同 B	
	A 成本费用/元	比重/%	B 成本费用/元	比重/%
订单处理	4642.9	10.56	1857.1	4.22
货物运输	17100	38.89	17100	38.82
货物验收	1750	3.98	1750	3.97
货物入库	1975	4.49	1975	4.48
货物存储	4720	10.73	7080	16.07
货物出库	2821.4	6.42	1128.6	2.56
货物配送	10963.6	24.93	13156.4	29.87
合计	43972.9	100.00	44047.1	100.00

分析上表可以看出，货物运输在这两项合同中都是关键环节，所占总的间接成本的比例都比较高，所以，可以说在两项合同中的成本主要来自于运输作业。从表中可以看出合同 A 在订单处理和环节和货物出库环节与 B 相比是较为复杂的，所以这两个环节成本所占比重就大于合同 B。而在货物配送环节，合同 B 则较为复杂。这是由于合同 B 要求每次配送 500 件货物，选用的配送车辆的载货量

为200件，只就意味着需要三辆配送车为装满，为实现价值最大化，所以这一物流作业环节是有待于改进和完善的。

根据以上计算过程以及计算结果，充分的说明了作业成本法完全适用于W物流的所有物流作业环节，并且可以精确的为公司提供物流成本相关数据，以此作业成本法在W物流是完全可以应用和推广的。通过分析和总结W物流此项物流业务，为进一步将作业成本法推广到公司的其他物流业务直至全部业务范围，在此提出以下3点建议。

（1）在与企业签订合同时可以与企业进行协商调整每次向其配送的货物数量，另外提供物流服务的企业还可以选择更加适合的车型进行配送，以最大化地实现这一物流作业环节的价值。通过恰当的方式实现各作业环节的价值最大化就是为企业创造及利润空间的过程。

（2）鉴于企业的有关部门设立了作业成本管理小组，并且对一项物流业务应用成功，说明作业成本法在电子商务企业的物流业务中的应用是恰当的，对于准确核算物流成本，提出控制物流成本的措施是非常重要的。电子商务企业应加大推广力度，将作业成本法尽快应用到其他相关部门。

（3）应当尽快组织相关财务人员对进行作业成本法的学习，深化他们应用作业成本法的意识。同时可以向外聘请作业成本法的专业人士对企业财务人员进行培训，为电子商务企业制订出符合公司实际情况的作业成本法推广的相关措施。

3.9 实施作业成本法的对策建议

1. 加大员工培训力度，培养复合型人才

各部门人员都具有强烈的成本意识和管理意识是保证作业成本法实施的重要因素，高素质复合型人才更是不可或缺的实施保障，所以企业应当对企业员工进行有针对性的培训是非常必要的。

2. 聘请外部专业咨询人员

由于企业未涉及过作业成本法的应用，冒然实施是不可行的，所以企业可以咨询专业人员，保证项目顺利推行。另一方面，企业员工长期运用传统的核算方式进行物流成本的计算，可能已经形成了思维定式，难以接受新的核算方式，以此聘用外部专业人员是帮助企业尽快接受和实施作业成本法的一个有效途径，因此应该聘请外部人员进行引导。

3. 由点及面，逐步推广

企业实施作业成本法之初，可以选取一适合的部门进行试推行，在该部门找到合适的方式后再逐步向其他部门推行。选取一个部门先实行作业成本法，有助于发觉效果，平衡效益，并且可以做到对意料之外的问题进行合理、及时的处理。

4. 企业应用作业成本法时应充分考虑自身特点

企业特征各有不同，对企业运作有着不同的影响，不同的特性一般不会直接对企业造成巨大影响，如果各因素之间能够相互配合，相互协作可以为企业带来良好的发展效果。所以，实际需求是企业实施作业成本法的为主要导向，根据企业自身特点制订恰当的推行方式才能保证实施的顺利。

第 4 章　创新共同配送模式　降低电商物流成本

4.1　研究背景与意义

4.1.1　研究背景

城市配送又被称为“最后一公里”，是面向城镇居民以及各类企业的终端物流活动，同时也是现代社会连接消费、实现商品交换的关键物流活动。城市配送业可以有效促进各类制造业、流通服务业和电子商务产业的发展。近年来我国的城市配送发展迅速，作为一种新兴的物流服务方式，构建合理高效的城市配送体系对于缓解城市道路拥堵、提高城市道路的通行能力、构建现代化的物流系统具有积极的意义。同时，电子商务在国内的蓬勃发展极大提升了城市配送的需求量，城市道路压力的不断加大，科学发展观、节能减排的需要和绿色观念的深入人心也迫切要求城市配送体系合理化的建设。

共同配送又叫作协同配送或联合配送。共同配送这一概念诞生于 20 世纪 60 年代中期，由日本和一些发达国家提出，并且得到了物流企业的广泛应用，已经具有较大影响力。商务部流通业发展司发布的数据显示，截至目前，国内已有城市共同配送试点 22 个。

共同配送的出现具有以下三个主要原因。

（1）自由竞争的市场经济。日本自由竞争的经济政策，会存在多个配送企业同时存在的情况，在各个企业扩大市场份额的过程中，都会建立自己的设施和运输网络，如此一来，物流设施的重复建设在所难免，所以共同配就应运而生。

（2）环保的需要。随着物流企业的发展和人们对物流的需要，运输车的数量和运输频率大大增加，这就不可避免的对环境和交通带来了许多压力，例如交通拥挤、空气污染、噪声污染，而实施联合配送则可以很大程度上减少这些情况的出现。

（3）高效率、低成本。随着社会商品生产规模的扩大和货物运输量的不断增加，导致货物流通规模也相应的扩大，运输能力得到了相对应的增加，冲击了不少独立配送的企业，造成物流成本的上升以及损失的增加，出于对低成本、高效率配送方式的客观需求，形成了共同配送。

4.1.2 研究意义

根据多项调查数据显示，通过共同配送模式企业可以实现经济效益。20世纪末，根据可靠数据可以得出，在实施共同配送之后，可以极大的减少运输车辆的行程，而且可以提升六到七倍的单车配送效率。

伴随着全球经济一体化进程的不断推进以及国际间的经济合作越来越频繁，共同配送的管理需要信息技术的支持。在共同配送的引领下企业之间的已经不单单是竞争，更多的是相互整合资源通力合作，不仅可以降低物流成本，更能大大提高企业的核心竞争力。物流企业为了最大程度整合配送资源，对整个物流系统进行系统分析规划，所以随着共同配送对这些企业关系的影响，企业之间的合作越来越紧密。为了达到全面提高企业竞争力的目的，共同配送链条上的各参与企业注重培养自己的核心竞争力，一个协调发展的有机体在共同配送的促进下蓬勃发展。

实施共同配送管理是新经济时代的要求，必将成为现代物流的发展趋势，这对提高我国各行业的整体竞争力，应对全球经济一体化带来的更为激烈的市场竞争，有着重要的意义。虽然共同配送带来的经济效益非常可观，推广应用时却难免遇到阻碍，这就需要领导决策机构、参与企业、政府部门的通力的合作，才能摸索到适合我国国情的共同配送模式，从而创造良好的社会效益。

4.2 国内外研究现状

4.2.1 国外研究现状

国外研究现状见表4.1。

表 4.1 国外研究现状

国家	研究成果
日本	共同配送这一先进配送方式是由汤浅和夫在2002年提出，打破原有的物流合理化的局限，并且与其他的物流公司结合，形成一个更深层次的合理化。共同配送的核心目的就是以高度集中的配送方式来提高配送货车的利用率
德国	Nuernberg Fraunhofer 运输物流应用研究中心对于汤浅和夫提出的配送方式启动了一项研究，旨在全面的评估共同配送对现在物流市场的影响。这项研究选择了一个庞大的运输网络，通过优化虚拟网络，对当前的配送中心进行一个全面的优化，同时也使综合的运输成本得到了显著的降低。该项研究还指出，这一配送方式的关键在于配送中心的选择

4.2.2 国内研究现状

虽然共同配送的推进在国内产生了不小的关注热度，但仍处在刚刚起步阶段。相关研究已经取得了一些进展，依旧需要对其进行深入研究，根据我国实际情况探索出可行的方案。

1. 共同配送的概念和内涵研究

共同配送这一概念最早由日本和一些发达国家提出，并且在日本得到了进一步的发展。日本对共同配送这一概念的研究和理解较为深刻，在理念上也较为先进。我国在引进了日本共同配送的理念后，许多学者对共同配送这一概念给出了自己的观点，也作出了自己的研究，具体见表4.2。

表4.2 共同配送概念与内涵国内研究现状

学者	研究成果
张悦来	认为共同配送是为了提高物流服务质量，降低物流成本，使配送及时高效，集多家配送网络为一体，即连锁企业、工业制造业企业和农业生产商等企业对多项物流配送功能优化组合
左　鹏	认为共同配送可以整合资源，高效管理供应链，多家合作配送企业，在整合自身物流资源的前提下完成配送任务
牛东来	认为共同配送是以独自进行配送的若干企业，通过共同化将配送的商品集中汇总后进行配送的方式，它是共同物流的一个方面

2. 共同配送的社会经济效益研究（见表4.3）

表4.3 共同配送社会效益国内研究现状

学者	研究成果
周　敏 彭育松	认为实施共同配送对企业和社会都存在好处，企业配送作业规模化，物流作业效率提高，企业运营成本降低，企业资源节约，市场范围和销售网络扩大。社会车辆装载率提高，交通状况改善，物流处理空间和人力资源节省
杨　飞	阐述了城市社会效益共同配送研究进展进程，以及国外学者对共同配送社会效益的相关研究，并阐述了共同配送的社会效益，资金投入回收状况，激励体系的建立情况等
胡小文	计算研究共同配送效益情况，运用有无对比法对减少环境污染的效益、节约货物在途时间的效益，降低交通事故的效益，减少工作人员的效益、减少固定资产投资的效益、减少配送车辆无效里程的效益、扩大覆盖面和提高市场份额的效益进行了计算

3. 连锁零售企业共同配送模式研究

很大一部分学者持有观点，即共同配送模式主要有水平共同分布和垂直共同分布两种。其中水平分布和垂直分布也可以进行细分，水平共同分布包括同行业和不同行业的共同配送与集配。而垂直共同分配可分为各批发商之间的物流共享和零售商与批发商之间的物流共同化，见表4.4。

表4.4 共同配送模式国内研究现状

学者	研究成果
王　健 罗娟娟	认为我国连锁企业共同配送模式可分为：以一家企业为主导进行横向和纵向整合的共同配送、多方整合的共同配送、物流企业的共同配送
张长森	认为连锁企业的实施模式为：连锁企业与厂商共建配送中心、第三方物流企业共同配送、多方共同配送、合资共建型共同配送
章懿程	认为共同配送可分为系统优化型、车辆利用型、接货场地共享型和配送中心、配送机械等设施共同利用型，这种共同配送模式的分法与大部分学者按共同配送经营主体的分法相比有一定的独特性

4.3 城市共同配送的功能

共同配送从提出后发展一直很迅速，越来越多的学者也都对共同配送进行研究，究其原因是因为共同配送具有以下两点功能。

1. 从多点到一点

目前许多物流公司都可以提供共同配送服务，在配送过程中将有效消费者的相应和连续补货两种方法相结合，使得这种配送方式更有独特性。由于零售业在运输时具有种类繁多的特点，所以共同配送对于零售业来说是一个更好的配送方式，在实际工作中，一个零售商往往需要好几个供货商为其供货。

虽然共同配送有许多优点，但是实际运行起来也十分复杂，除了将几家货物装在一个车上之外，在技术上也有很多讲究。它需要第三方物流商提供更多的技术和管理系统来对由多个供应商所提供商品组成的订单进行优化从而形成整车运输。除此之外，共同配送得以还有一个前提条件是物流商需要在同一行业拥有大量的客户。

2. 可以做到最小风险，最大柔性

共同配送在技术和实用性上已经大大超越了整合配送，而且已经成为一种潮流，随着经济的发展，势必还会有许多的公司想要发展更多的客户、扩大自己的市场，或者是进入其他的商品市场发展。但是，企业在投资新行业时都希望尽可能的减小自己的风险，先在新行业站稳脚跟，因此，许多企业就采取了共同配送这一风险更小的方式。共同配送还有一个特点就是可以帮助企业对市场做出快速的反应，比如，药品与保健品在销售点上空间很小，因此他们要在一些比较重要的销售点准备一些的货物，这样一来就可以快速地完成订单，要保证在有限的空间内存放更多的商品，就无法保存太多的库存量，因此时用共同配送的方法及时对仓库进行补货是非常合适的。而对于其他的行业比如电子产品和汽车生产商来说，公司往往会因为库存空间的狭小和产品短暂的生命周期而浪费更多的资金，这时使用共同配送就可以减小相关风险。因为对于厂商来说采用共同配送所需的成本只是实际的货运量带来的变动成本，节省了固定成本，因此他们可以用节省下来的资金投资于自己的核心业务活动如产品开发、市场营销以及其他创收活动。

共同配送受到广大的公司喜爱的另一个重要的原因就是共同配送自身的柔性。一般来说，大客户都会与一个物流企业长期合作，来换取较低的物流费用，与之相比，共享对象往往倾向于签订短期合约，通常是一个月签订一次合同。比如，客户与物流企业在上一个月签订了500平方米的库房合同，到了下个月就可能变成1000平方米，从这个角度来看共同配送可以给客户提供更大的柔性，给予客户更多的选择。而且在当客户希望按照单位产品来进行收费，物流上也可以按照他们的实际运货量来进行收费。

4.4 实施共同配送的原因

归纳起来，企业开展共同配送的原因主要有以下6点。

1. 利益的驱使

最大限度的降低配送成本，是企业大力推动共同配送发展的最根本原因。但是由于客户对物流服务提出越来越高的要求，物流配送成本也随之相应大幅度攀升，这就给企业带来了非常大的压力，迫于降低配送成本压力，企业必须寻求尽可能多的方法，而其中的可以降低成本的方法之一就是实施共同配送。

2. 市场的需求

多频次、多品种、小批量和及时性已经成为当前越来越多物流配送的突出特点，这种现象产生的原因无异于得益于人们日益提高的生活水平，这也是对物流配送企业提出的更新更高的要求。然而为了达到客户的满意，依靠各个企业“单打独斗”地进行组织协调是难以是这些要求得以满足的，最重要的是成本也会大幅度升高，所以这就催生了共同配送的出现。

3. 环境保护的需求

交通污染已经成为了危害人类环境的罪魁祸手。作为人类社会的成员，我们有责任也有义务来保护我们的生存环境。

4. 拓展经营范围的需要

物流需求量在地域上分布极不均匀，有需求相对集中的地方，就存在需求量小并且涉及范围广的区域，后者配送平均费用成本相对很高，利润非常微薄。所以只有组织协调多家企业，共同整合营销渠道行程比较系统完备的配送网络也就是开展共同配送，才能实现在大幅降低配送成本的基础上扩大经营范围。

5. 突破物流资源局限的需要

开展共同配送不仅是为了使企业自己的物流资源得到充分利用，而且可以弥补自身资源不足，整合社会资源，最大限度的突破资源局限的限制，从而帮助企业节约成本共享资源。

6. 提高配送效率的需要

当前物流的配送效率比较低，难以满足日益高涨的消费需求。然而共同配送可以通过社会个物流企业取长补短的合作将物流资源进行充分整合，在突破企业之间各自局限的基础上，对物流配送渠道进行进一步的优化整合，大幅提高配送效率，节约社会资源。

4.5 共同配送的优缺点分析

4.5.1 共同配送的优点

由于共同配送是共同化的，所以可以实现物流资源的共享与功能的互补，以此来减少物流成本，同时增加企业的经营利润，提高企业竞争力。同时，共同配送可以减少运输车的使用数量，极大的缓解了交通压力，对空气和环境的污染也带来了很大的正面作用，由此可见共同配送不仅仅可以减少费用、提高效率，还是一种绿色物流，创造社会价值。因此，共同配送的优势可以概括为以下几点。

1. 降低物流成本

首先，共同配送可以提高运输效率，增加每辆车的载货数量，减少空驶率，使运输成本下降；其次，共同配送使运输频率提升，也伴随着仓储成本的降低，仓库、配送中心等物流设施的共享使相关费用有所降低；再次，供货商和销售商交易次数的减少，会带来交易费用的降低。

2. 提高物流效率

在配送时将不同企业的零散的货物进行集中配送，同时优化运输路线，集约配送货物，简化验货手续，这些手段都有利于配送效率的提高。

3. 提高服务质量

共同配送对于物流效率的提升同时也使那些生鲜果品、冷鲜肉等物品更及时的运送到零售商手中，保证了食品的质量；除此之外，还可以实时监控物流的服务质量，提高服务水准；专业化的分拣、拣选，最佳配送路线的制定还有利于作业水平的提高，来满足客户各种各样的需求。

4. 优化资源配置

共同配送的开展可以对物流的功能、设施、网络、信息等资源进行合理的整合，优化资源配置，改善诸如交通拥堵、缓解污染等问题，促进社会的和谐发展。

5. 促进信息基础设施的建设

共同配送可以加强企业之间的信息互通和联系，通过信息共享与反馈来进行相互沟通，最终达成共识。

6. 提高科技含量

开展共同配送，可以促进自动化立体仓库、自动拣货机器人、EDI技术（电子数据交换）、GPS（全球定位系统）、GIS（地理信息系统）、RF（射频技术）等现代化装备和高新技术在物流领域中的应用，实现物流的标准化、规范化和自动化。

7. 提高企业应变能力

企业的服务对象非常广泛，客户对时间、空间和数量的要求大多是随机变化的，采用共同配送，可以使优势互补，大大提高企业的应变能力。

8. 有利于企业物流系统的优化

共同配送不仅需要对社会物流系统进行优化，同时也需要对企业内部系统进行优化。

4.5.2 共同配送的缺点

参与共同配送的企业的产品类型、企业规模、客户种类、经营意识等各方面存在的着不同程度的差异。组织协调不完善、费用分摊不均匀、商业机密泄露等问题是也我国发展共同配送经常会遇到的问题。因此具体的共同配送模式的缺点可以概括为以下几点。

1. 协调工作比较困难

不同的零售企业在经营理念、企业规模等方面存在差距，具体到配送上，各个企业对自己货物的具体要求要各不相同，因此协调工作比较困难。

2. 容易产生成本收益分配的纠纷

由于涉及不同的企业，共同配送企业的利益分配、成本费用分摊就会成为影响共同配送组织长期稳定运行的关键问题。

3. 信息保密工作不到位

因为共同配送企业拥有共同的运送业务，共享配送信息，所以企业的经营机密例如订单资料、客户分布、进货渠道以及经营业绩容易泄露。这种不到位的信息保密工作在共同配送时产生的不利影响不容忽视。

4.6 我国推广共同配送的必要性

结合我国国情，我国推广共同配送的必要性主要有以下两部分。

4.6.1 国内外环境的促进

我国承担商品物流配送的主体还是企业本身，外包给专业物流公司及通过物流协作实施配送所占的比例还很小，物流共同化程度相当低。在美国、日本等一些发达国家共同配送的应用已经很成熟，物流共同化的站物流配送业务总数的比例往往达到 80%以上。共同配送企业通过合作建立的这种战略联盟已经成为国外物流产业向集约化、协同化方向发展的一个具体形式。

伴随着国际化进程的持续深入，国内物流领域也在努力跟随国际化的脚步接受先进的物流意识，不断增强物流社会化、共同化的认可程度。政府也在推动配送共同化进程中采取相关措施推广共同配送，即国家确定今后流通产业将向“专业化分工重效率”“同业或异业合作重互补”“聚集合作经营重综效”等三大趋势发展。

4.6.2 优势决定的必要性

从共同配送的优势来看，我国同样具有发展共同配送的必要性有以下几点。

1. *发展共同配送是经济发展的客观要求*

随着物流网络和信息技术的不断开发和运用，共同化配送的发展已具备了相当的基础，它的建设将充分贯彻物流的合理化、标准化、系统化及物流现代化发展战略、有利于建立与国家经济、金融、贸易发展相适应得高效率、低成本、集约化、多功能的现代化物流体系。

2. *加快共同配送的发展将有利于进一步深化国家流通领域的体制改革*

改革现有的商品流通体制，实现企业群体分工已是当务之急。共同配送的发展进一步深化了这个改革思路，使生产企业，销售企业与流通职能相分离，集中精力搞好自身的建设。共同配送联盟与生产销售企业之间通过产权机制和利益机制实现联合，提高流通组织化程度，降低流通成本，形成总体规模效应。

3. *共同配送将促进电子商务的进一步发展，有利于实现新一轮的经济腾飞*

截至 2004 年，我国 60 岁以上人口已占总人口的 10.96%，65 岁以上人口比例也达到了 7%，超过国际通行的老龄化社会评判标准，已经进入老龄化社会，且处于继续加速的阶段。在从人口发展趋势来看，中国老龄化最高峰还没到来，大约在 2030 至 2040 年之间，那时老年人口将有可能占到全国总人口的 25%～28%。

电子商务将是老年化社会所需要的一种消费方式，可以让人们足不出户即可购买生活所需。但电子商务发展也受困于物流末端的配送机制和模式。

4.7 城市共同配送的模式分析

共同配送实际上是一种分散式交付货物的集中交付，指多个配送企业一起合作，为提高对某一区域的客户进行配送时的物流效率，在配送中心的统一安排和调度下开展的配送。在这种配送模式下，各个企业互相协作配合，能够丰富和深化配送的功能；有利于实现配送资源的合理有效配置；同时能够弥补单一快递企业功能的不足。共同配送模式能够是快递企业扩大配送的规模，更好地满足消费者日益增长的配送需求，有效规避了重复投递的风险，并且可以最大限度地降低劳动力成本，从而降低整个末端物流配送的成本，对快递企业来讲是十分具有吸引力的。这种模式的局限性在于不同企业的商品是不相同的，可能会从另一个方面带来阻碍如不同的管理和经营意识，相互的猜忌等。另外，因为客户需要自己提货，所以提货点一般要设立在消费者工作和生活的地点附近，可供提货的时间也应该尽量长，以方便客户提取货物。

共同配送可以分为同产业、异产业见的共同配送、共同集配和快递末端共同配送的四大类。

4.7.1 同产业间的共同配送

在相同产业的生产或经营企业就是同产业，同产业之间为了提高物流效率，采用集中运输货物的手段，进行共同配送，分为委托统一配送、完全统一配送两种具体方式。

1. 委托统一配送

在企业各自分散拥有运输工具和物流中心的情况下，根据运输量的大小，各企业之间使用委托的方法来进行配送，统筹规划各企业间的货物运输量，并实行统一配送，使配送更有效率，如图4.1所示。

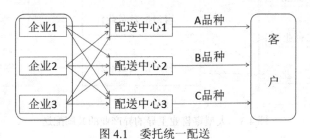

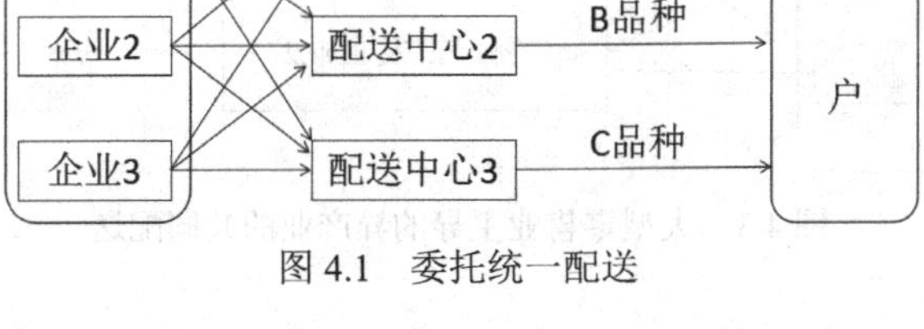

图4.1 委托统一配送

2. 完全统一配送

在企业间开展合作时，还要对包装的规格进行统一，建立共同的配送中心和共同购置运输工具，企业间的业务都由配送中心进行统一配送，如图 4.2 所示。

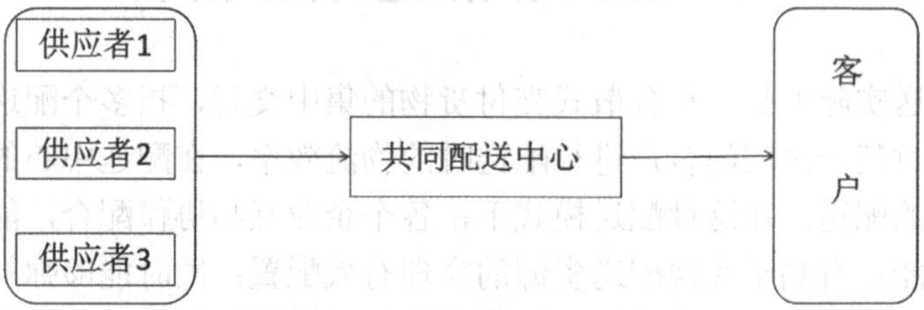

图 4.2 完全统一配送

对比起来，两种形式后者比较经济，但是对于单个企业来说，受相对独立性的限制，这种形式不是很适用。通常情况下，前一种形式在百货企业较为常见，后者在生产企业较多。但是这种配送模式也同时存在着一个缺陷，那就是由于信息的公开化，单个企业的某些商业机密容易泄漏给其他企业，从而对企业竞争战略的制定和实施产生不利的影响。

4.7.2 异产业间的共同配送

这是一种将不同企业的产品进行集中的一种配送方法，经由配送中心统一调度，与图 4.2 相似，这种方法可以使配送商品更加多样化。

1. 大型零售业主导的异产业的共同配送

该种共同配送模式以客户的不同要求做出相应的安排，保证企业提供的服务能够满足各种各样的客户的需求，同时也加强了物流效率，建立一种窗口批发制度，由其中一个企业来管理一种或几种商品，集中管理，统一运输，如图 4.3 所示。

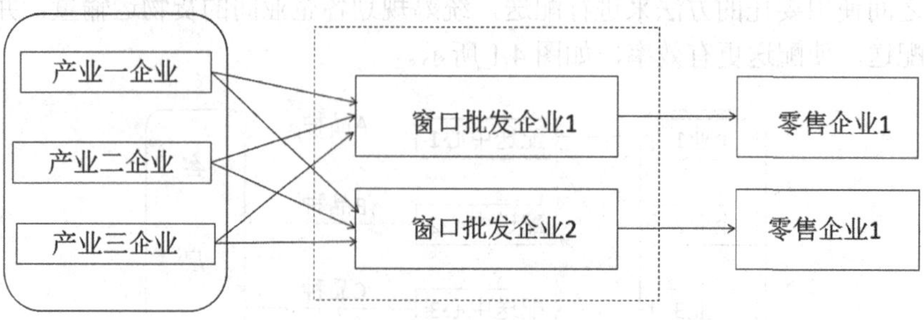

图 4.3 大型零售业主导的异产业的共同配送

2. 以地域中间批发企业为主导的异产业共同配送

这是一种针对中小零售企业的配送方式，以不同企业为基础的共同配送中心，如图 4.4 所示。

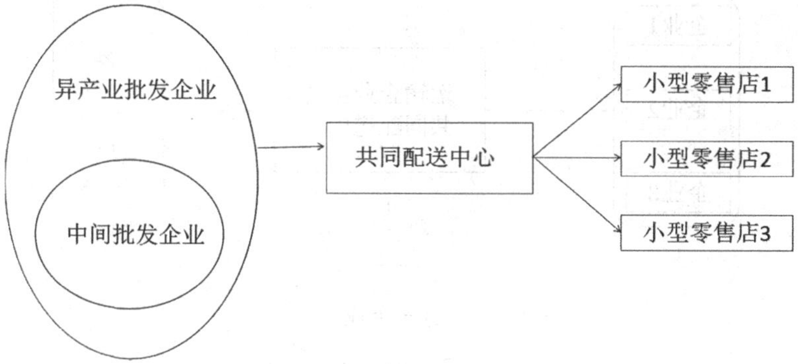

图 4.4　以地域中间批发企业为主导的异产业共同配送

3. 产、批组合型异产业共同配送

这种模式主要是针对生鲜果品，它具有小批量、高频率的特点，由生产商和物流企业来建立统一的配送中心进行配送，如图 4.5 所示。

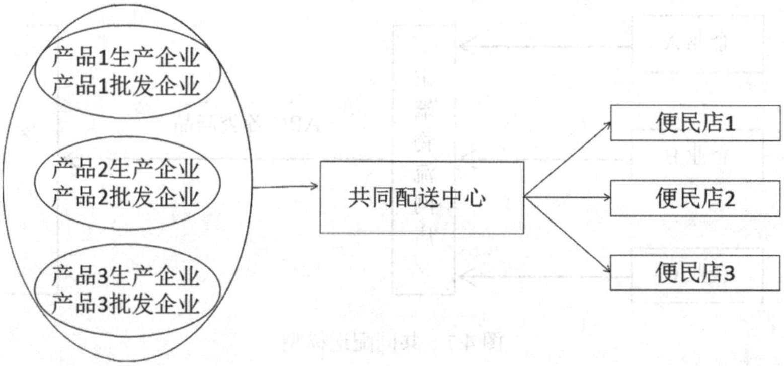

图 4.5　产、批组合型异产业共同配送

异产业间的共同配送没有同一企业配送的缺点，而且还可以保证运输效率，在战略发展上也有重要的意义。但是这种方法也有一定的弊端，就是各企业间物流成本的分担会存在分歧，这也将成为各企业之间谈判的成本。

4.7.3 共同集配

共同集配是以大型运输企业为主导的合作型共同配送，即由大型运输企业统一集中货物，与企业合作，将商品配送到指定运输业者，再由各运输企业分别向全国配送。不同于上述模式的是，运输企业发挥着组织、管理、调度的领导作用，并非隶属于配送中心，如图 4.6 所示。

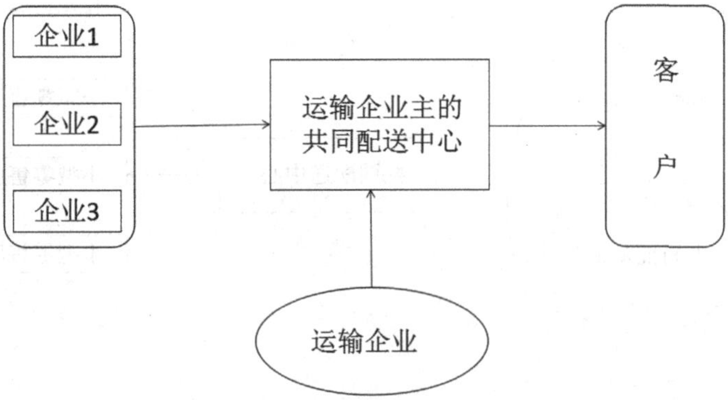

图 4.6 共同集配

4.7.4 快递末端共同配送模式

快递末端共同配送模式，如图 4.7 所示。

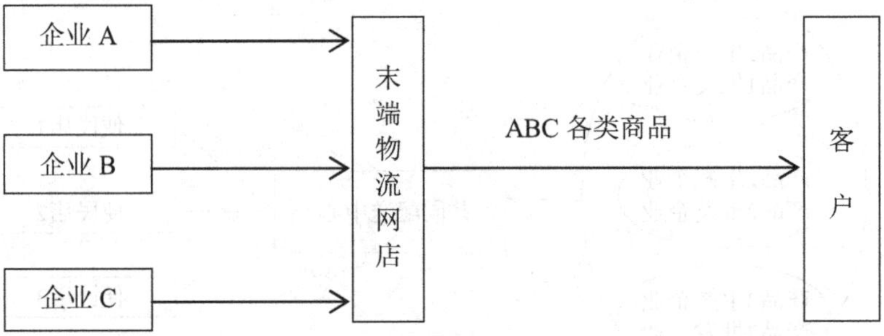

图 4.7 共同配送模型

共同配送模式能够是快递企业扩大配送的规模，更好地满足消费者日益增长的配送需求，有效规避了重复投递的风险，并且可以最大限度的降低劳动力成本，从而降低整个末端物流配送的成本，对快递企业来讲是十分具有吸引力的。这种模式的局限性在于不同企业的商品是不相同的，可能会从另一个方面带来阻碍如不同的管理和经营意识，相互的猜忌等。另外，因为客户需要自己提货，所以提货点一般要设立在消费者工作和生活的地点附近，可供提货的时间也应该尽量长，以方便客户提取货物。

共同配送的模式主要有社区商店模式、共同配送门店模式、智能柜模式和第三方代收平台共享模式四种。

1. 社区商店模式

（1）模式概述。社区商末端物流的配送网点来实现收货和发货的的功能，快递企业将社区的货物送至商店，顾客可在接收到消息后的一天内自行到商店取货。这种模式的实质是拓展便利店的服务范围，不仅能为客户提供便利的生活用品，还能够与网络购物相结合，为客户提供收发店的模式即社区商店作为快递服务、充当网购的物流配送点等，将单一功能的配送网点整合到商店中，使得快递企业、商店都能够在这种模式下获得利润，消费者也能从中得到好处。

（2）典型实例。日本的快递公司长期以 seven-eleven 来作为自已末端物流的配送网点，顾客可以选择到最近 seven-eleven 进行取货，同时还能顺便购买一些生活用品；西班牙 B2C 物流公司 Kiala 也长期与靠近居住区且营业时间长的商店合作，它首先对网购的订单进行收集，然后第二天将同一区域的快递送至地理位置优越的商店，再通过短信或邮件的形式通知顾客。Amazon 在英国推出的“Collect+”计划：街头小商店和报刊售卖店的“包裹暂存服务”，客户可以更容易的将不满意的网购商品通过街头小商店或者报刊售卖店寄回商家，提供了非常方便和灵活的邮包收寄服务。在我国，这种模式常见于居民较多的社区商店。

（3）模式特点。随着便利店本身的逐步扩张，面临日益加剧的竞争压力，缺乏消费需求等问题。同时，如果便利店和网上购物物流对接，可以有以下含义：一方面可以实现便利店本身升级，扩大业务范围，提升竞争力，便利店也能从该模式中获利。同时便利店与电商平台相结合，不仅能够节省宣传成本，还可以带来大量客户，品牌的知名度也可以随之提高。另一方面，连锁便利店因其所拥有的许多优势，可以在一定程度上来解决现在末端配送所面临的一些问题：便利店 24 小时的营业形式可以满足网络购物者的需求，提供全天候的服务，可以满足客户在任意方便的时间内取货，取包裹的时间可以变得更灵活，可以选择在非工作时间领取包裹；同时靠近住宅区，客户可以在最短的时间内取货，有效解决网络购物配送延误的问题和网购购物分布问题的负面影响。最后，便利店在完成配送的同时，还可以帮助电子商务网站收回客户钱款，并承担处理退换货和更换的责任，这在一定的程度上消除了顾客群对网络购物在配送方面以及售后服务方面的顾虑，有效解决了网购配送回收困难的瓶颈。快递企业通过这种方式能够规避重复投递的风险，同时可以加强对整个供应链的整合；电子商务企业则能利用这种商店模式来近似尝试实体店模式，增强客户体验。而以上这些优越性都是单纯的电子商务企业和快递配送企业所难以企及的。

2. 共同配送门店模式

（1）模式概述。这种门店模式在我国具有规模的还较少，此模式的运行是指由第三方来构建服务一定区域范围配送门店，整合各个不同快递公司的货物，集中培训自己的快递人员、调整运输车辆等，为快递企业破解社区、高校等配送难题带来希望。

（2）典型实例。我国采用这种方式的典型是北京市联合推出的“城市100—共同配送”项目，这个新型配送项目有机的整合了物流从业人员、网店等终端资源。项目初建立了十五个服务网点，能够实现13万余居民，100多个社区的居民的配送服务。快递公司将包裹送到“城市100”后，服务站通过短信平台通知客户，客户可以随时到店自取快件，或选择由服务站负责送货上门。“城市100”门店的快递员每天可以做到“5派”“6派”等频次，而按照快递企业的常规运营模式，快递员最多才可以做到一天“2派”；因为距离短，而且目标消费者明确，与快递企业实现系统对接的基础上，每次派送的分拣成本与时间成本也大大降低，快件可以随来随走就不会造成积压。另外，互联网思维在不断的发展，不同种类的电商开始细化，比如有的服装电商要求提供退换货的服务，于是“城市100”索性就在部分门店里开设了试衣间，消费者收到衣服后可以直接到门店试穿，不满意直接调换货。除了送货上门、门店自取业务外，“城市100”还陆续引入生鲜冷链配送，将最新鲜的瓜果蔬菜及时送到消费者的手里。

（3）模式特点。这种共同配送体系模式高效地整合了快递行业末端资源，避免了重复建设，可以降低行业运营成本、有效提高运营质量，从而改变快递行业高成本、低效益的状况。同时，作为开放的共享平台，这种合作共享机制有效地避免了快递行业内部只有竞争没有合作，甚至是纯粹的基于价格的低水平竞争的恶性循环，能够实现行业的良性竞争，有助于行业的健康发展。而且，实体门店的建立，还将有利于接受客户、行业主管部门和社会各界的监督，有助于建立快递行业社会认同感、健全行业规范，以统一的开放式门店为平台，解决了高校、社区送件难顽疾，改善投诉率居高不下的问题，助力电子商务高速发展，支撑民众日益增长的个性消费，有利于实现高品质社区建设。

3. 智能柜模式

（1）模式概述。快递智能柜一般设立在社区或高校等方便取货的场所，一般这种智能柜都有监控系统，能够保证顾客货物的安全性。快递企业将包裹放入智能快递柜，由快递人员通过短信告知顾客取货的的唯一密码，保证隐私性，顾客可凭唯一的密码到快递柜取回自己的包裹。目前，智能快递柜被认为是一种较为经济有效地解决快递“最后一公里”问题的方式。目前许多小区的物业是十分乐意引入这种自提柜的，首先能够使物业从繁杂的快递收寄中跳脱出来，也对小区的安全增加了保障。目前智能快递柜的安装成本达到五万元一台，相对而言比较高，但这并没有阻挡快递企业的安装热情，它们都希望能够提前在各社区布局智能柜，赢得先机。

（2）典型实例。Bufferbox 是 Canada 的一家专门针对于电子商务末端物流配送服务的公司，与联合包裹等大型快递企业建立合作关系，与 Amazon 的储物柜服务类似，用户只要在网站上注册就能够获得一个离自己最近的箱子地址，然后根据这个地址收取快件。包裹放进储物柜后，顾客会收到能打开箱子的唯一密码，凭这个密码顾客可以取回快件，快递成功到达顾客后，会根据快递的数量向商家收取一定的服务费用，消费者并不需要缴纳任何钱。

顺丰快递早在 2013 年就在北京的中央商务区投放了数百台智能快递柜；京东更是在全国范围内的近 40 个城市的小区中设立了数千台自提柜。

（3）模式特点。因为劳动力的成本逐渐上涨，由此看来如果快递柜的投放能达到一定的程度，那么这种模式的成本将会远远小于传统的模式。尽管智能快递柜已经在一线城市推出一段时间，但目前还并未达到完全普及的程度，推广起来难度较大，仍然需要有关部门来协助主导完善，把末端配送设施的构建放到城市规划中去，这也是阿里巴巴推出菜鸟驿站和超市代收件体系的原因，解决收件人为了一个快件而不得不随叫随到的难题。现如今，智能快递柜并未大量投放覆盖到所有地方，消费者大多数时候取快递仍然是随着快递员的电话呼之即去。《2016－2020 年中国智能快递柜市场前景及投融资战略研究报告》显示，目前快递柜的需求还是以发展较快的大城市为主，但在不久的将来一定会蔓延到中小城市，估计到“十三五”完成时，快递柜将超过五万组，今后的发展潜力巨大。

4. 第三方代收平台共享模式

（1）模式概述。第三方代收平台共享模式是将不同快递企业或电商公司投送的物品集中配送到固定的收货站点，由该平台化的站点统一进行物品再分配。第三方代收平台一般由一些具有发展实力和运营水准的平台负责，多设立在高校等人员密集的单位。

（2）典型实例。在我国，比较知名的第三方代收平台有菜鸟驿站、熊猫快收等，尤其是菜鸟驿站作为中国最大的社区、校园物流服务平台，它已在我国二百多个大中城市和近两千家高校开设了五万家代收站点，通过资源的有效整合，极大降低了末端重复配送成本；它所独有的快递收发系统实现了末端快递的有效整理。熊猫快收是一家基于“社区物流最后一百米”的互联网服务公司，也是国内最早从事快递代收、发的独立第三方企业之一，目前在华东、华中等地区已建立五千多家站点。

（3）模式特点。第三方代收点目前广泛开设于住宅小区、商业中心、学校、企事业机关，客户与快递员之间没有了物流交接的顾虑。传统配送中经常会出现家中无人等原因导致二次配送，而第三方代收平台共享的模式，对消费者来说可以在方便的时候自取货品，提供了很大的便利性，有助于提高消费者的满意度；对快递企业来说，不仅避免了重复投递所带来的成本问题，又提高了配送效率。但因为不是当面交付，这种模式的责任容易划分不清，常常因出现货品遗失、破损等情况而产生纠纷。

四种模式的优越性与局限性见表 4.5。

表 4.5　末端物流共同配送模式比较

模式	优越性	局限性
社区商店店模式	开放时间长，提货随意； 投递失败率低，退货易操作； 运营和劳动力成本低； 增加商店营业额； 减少对交通的压力和环境的破坏	营业利润需要和商店共分； 快递储留区域较少； 需要对商店人员进行培训； 快递二次委托权责不清
共同配送门店模式	配送距离短，频次多； 减少社区空间浪费； 高校配送，减少投诉； 能够完成多种类、少数量、高频率配送； 减少对交通的压力和环境的破坏	初期建设投资大； 营业利润需要和门店共分； 快递二次委托权责不清
智能柜模式	使用智能化系统，占地少，隐私性好，能二十四小时运营； 按消费者出行路线安放，提货方便； 快递公司能灵活选择配送时间，规避密集阶段，减少运输成本； 减少对交通的压力和环境的破坏	安全性无法保障； 大件包裹无法投递，不具备普遍性； 快递存放量较少； 对技术和信息安全有更高要求
第三方代收平台共享模式	开放时间长，提货随意； 快递公司能灵活选择配送时间，规避密集阶段，减少运输成本； 投递失败率低，退货易操作； 运营和劳动力成本低	快递存放量较少； 快递二次委托权责不清； 营业利润需要和平台共分

4.8　共同配送的实施步骤

共同配送的实施步骤主要有以下几方面。

1. 成立共同配送开发小组，制定共同配送的战略规划

共同配送可以最全面的体现物流配送的优势。就以零售业为例，因为实施共同配送可以大幅度降低物流成本，物流服务水平也可以得到全面提高，对于我国广大的中小连锁企业来说通过实施共同配送可以在国际竞争的舞台上占有一席之地。正式因为如此，一定要把共同配送的实施拉到全局战略的高度，也就是说组织高层领导通过成立战略规划小组实施。共同配送具有一定的复杂性，一是因为组织协调好各方是一各复杂的过程；二是以免遇到阻力，需要各参与企业对自己的经营管理制度、工作流程、人员分工等做出调整或改变。

2. 选择共同配送方式

连锁超市、便利店、会员店、专业店和百货商店是我国连锁零售企业界存在的几种主要方式。根据企业经营范围选择相应的共同配送方式，才能选定最符合自身情况的共同配送方式。不同的经营方式商品品种不同，因此需要不同的配送方式。

3. 选择共同配送合作伙伴

配送客户分布范围、商品特性、保管装卸搬运、运输等特征以及经营系统等方面是否相似是选择共同配送的合作伙伴时考虑的几个重要因素。当各参与企业利益与目标相同，客户分布、商品特性、物流作业特性、经营系统等方面相似性越高，商讨共同配送合作协议越容易达成一致，进而也会更方便组织管理，沟通协调起来也更加简单，利益分配是的分歧也会降到最低。

4. 建立共同配送中心

共同配送中心是在整合社会资源理念下，形成规模化竞争优势，优化配送运输，提高企业的经济效益。因此，共同配送中心不仅是提供供应性服务，更是物流渠道中最有发展潜力的途径之一。

5. 设定及优化共同配送线路

在共同配送活动中，配送线路设定是否合理起着至关重要的影响。参与共同配送企业的门店分布比较分散，因此制定较合理的配送路线以及共同配送线路优化涉及车辆线路安排、车辆调度等问题可以使物流决策部门或物流规划人员充分利用企业物流资源。

6. 评估共同配送效果

共同配送实施一定时期之后，从共同配送实施前后物流成本的投入、物流服务的水平、商品缺货率、破损率等方面评估，可以及时发现不足，不断改进，最大限度地发挥共同配送的优势。

4.9 城市共同配送发展存在的问题及对策研究

4.9.1 城市共同配送发展存在的问题

实行共同配送时济南市城市共同配送体系面临很多问题，总结有以下几点。

（1）配送各环节组织协调工作难度大。实施共同配送环节回涉及多个货主，由于货主对货物配送需求因人而异，包括时间、数量、车辆、仓储要求等方面都各不相同，因此统一协调起来相当有难度。

（2）参与各方存在利益分配上的矛盾。由于共同配送所实现的利益或节约的成本在各货主之间进行分配时缺乏客观标准，难以做到公平，合理地分配；这也是因为共同配送作业的共同性所导致的。

（3）各经营主体的商业秘密（如顾客、价格、经营手段等）由于共同配送不易保密，有些货主不愿参与共同配送也是出于对自己公司商业秘密保密的考虑。

（4）实施共同配送过程中，需要有共同配送中心进行调度工作；而调度工作能否顺利的开展，很大程度上受制于信息交流系统；各个企业可能在其内部有良好的沟通系统，但企业间的沟通系统能否兼容或者如何使之衔接好，而使得调度工作能顺利迅速的开展，同样是一个需要克服的障碍。

（5）由于共同配送涉及多个企业的合作，而各个企业可能均有各自的办事风格，如何协调好来自各个企业的文化差异，也是共同配送开展的障碍之一。

（6）物流人才的缺乏。由于共同配送联盟需要运作多种货物的配送，而联盟中原有的物流人才只是熟知其行业的配送运作，而对其他行业的货物的配送运作可能不是很熟悉，因此这就面临跨行业物流人才缺乏的问题。

（7）共同配送若想产生较大的成本削减，物流标准化也是重要的因素；但企业产品包装、体积、重量等方面的差异，使得对货物堆垛、摆放等处理上也会面临很大的困难。而物流标准化也会涉及物流标准的选择与参照问题，这也是共同配送联盟需要克服的障碍。

（8）共同配送联盟按照各企业的不同配送要求在统一协调、兼顾各方利益的原则下安排计划，因此计划的制定本已很困难；若某个企业途中因各种原因需更改配送计划，此时产生的捣箱费、计划更改费用也是一笔不小的费用。

（9）各级地方政府对城市物流在集约化道路方向上发展的重要性还存在认识不足的问题，对共同配送的重视程度还不够，往往较重视物流能力上的建设，而对物流潜力上的发掘较为忽视。

4.9.2 城市共同配送发展对策研究

针对我国当前物流发展现状，在推动配送共同化进程中应采取的对策有以下几点。

1. 业层面

（1）紧跟市场需求，顺应市场变化。从客户物流和需求的角度来看，从具体方案中选择最佳配送方案。今天的大型零售业发生着巨大的变化，其势头向以实需型销售为中心的连锁化、网络化、单品管理化发展，应及时遵守零售行业的这种变化趋势。并通过对客户，能力和信息三方整合，与客户充分沟通，评估目标市场的能力，运用更强大的功能和优势，配合市场需求。

（2）提高企业自我认识与合作意识。企业应该意识到，双赢才是共同配送的发展策略，参与者第一点需要明白清楚本身的相关情况如：自身条件、角色定位、自身需求及发展方向，其关键点是增强几方体系的经营模式管理与物流模式设计，预防共同配送模式发生意外。第二点，行业内各个企业内部应一致认同，只有合作才可以共赢，明白这样一个理念，即同行之间的竞争仅仅是一种销售上的竞争，大家完全可以相互合作来完成物流配送，通过合作实现物流供应链积极促进作用，最终实现共赢。

（3）提取诸多配送任务的共同之处。因为共同配送业的行业特征和物流产品差别比较大，再加上货物物理特征、运输要求、接运详情等也各有不同，所以在异产业以及同行之间的合作中，倘若调整与准备的不精心，共性没有被全面运用，就会带来物流相关费用剧增，配送效率急剧降低的后果。因此要致力于了解掌握相对比较稳定的配送业务，从而了解和寻找它们的共同之处，为达成良好的合作基础提工便利。

（4）统一联合体内的信息处理过程。把不同货主的货物装到同一个配送车辆上只是对共同配送表面的理解，实际上还需要配套的技术支持以及完善的管理系统，通过相关系统来达到订单收发系统和单据填报格式统一，以实现标准的基本信息传输，这样最终才能实现组合优化多笔订单任务，确保共同配送组织得方便快捷。与此同时，一些辅助措施可以帮助提高运作效率，可以列举出几种比较可行的措施：搭建信息平台，推进增值网；引进办公自动化系统。除上述之外运用标准化的的条形码技术和自动拣选技术应用商品处理链，将无线手持终端配备在运送车辆上，配送过程电子信息化等措施也很有借鉴意义。

（5）强化领导决策机构的统率能力。共同配送是在汇合采纳综合各方不同意见的前提下，配送作为推动主力通过综合分析选择出用于实施的最优方案。共同配送的决策层需要获得参与企业的充分信赖和拥护，因为决策机构的主要任务就是调动整个团体，让团队发挥最大的作用。熟练掌握相关的全部主要物流业务，有丰富的共同配送方面的运作经验是人事组织部门工作人员所必须具备的。此外，在人员方面具有创造革新意识的人对系统来说必不可少。

（6）避免同行企业间商业机密外泄。同产业之间的共同配送合作中，一定要注意保密性避免不必要的损失，例如共同配送中参与企业的客户详情、方案详情、价格列表等敏感信息。因此共同配送的企业需要在系统的规划评价合作之后产生的相关影响，但是因为异产业间的共同配送间的竞争不易重叠利益不容易冲突，所以已经是风险比较小的一种选择。另外，保守共同配送合作各方的各自机密，严格管控系统是作为共同体的领导决策机构应该具备的基本素质，方便引导各合作方明确各方的义务。

（7）维护每家参与企业的切身利益。现在偶尔会出现个别组织制造虚假信息"吃大锅饭""搭便车"等不良风气，这些信息严重损害了其他成员的利益，阻碍了整体合作效率。所以要加强内部资产投资使用，保障分工和监督透明度，提高和开放共享机制的成本和利益分配原则。此外要求参与单位一定要签订共同配送合作协议，责任分工要明确严格，合作成员必须共同承担责任共同遵守协议。

（8）保证共同运送货物的安全性。用于共同配送的相关车辆可能携带不同目的地的不同类型的货物，除了考虑货物是否可以在时间性质上相互混合以外，还要考虑交付货物的安全性。特别是和单独分配相比，让公司将货物的原始承运人安全地纳入合作制度，以其他货物单位的价值运输货物，我们必须采取完美的保障措施，避免货物损坏出现欺骗现象。使用一定数量的抵押贷款并签订完善的合同，保证相应的货物运输保险避免事故的发生，因此企业加盟的资质或其车辆的安全管理必须严格执行。解决这些关注的有效途径还有运用 GPS 技术、自动定位跟踪系统。

（9）重视员工培养和人才引进。对于企业共同配送来说一定要重视员工的综合素质的培养，很多环节都需要掌握具有专业技能的相关熟悉业务的人才，这些环节包括原始资料整合、模拟仿真测试、建造相关设施、编制相关配送计划、构建信息平台、财务报表计算等。伴随着共同配送的不断完善和规范化，以及相关规章制度变化的需求，因此必须重视引进高层次人才，更新知识结构提高整体素质，可以分别从短期培训和长期教育两个方面着手。

2. 政府层面

针对我国具体国情和物流发展现状，在推动共同配送进一步完善的进程中政府应采取的措施有如下几点。

（1）加强观念宣传和技术辅导。①相关部门通过考察后引进国外先进、成功的共同配送经验。为了建立共同配送执行规范与体制，可以通过采用专业研讨会、专家座谈会和相关典型专案分析等多种方式宣传共同配送的理念，也可以多接触了解我国相关企业切实需求。②成立专业有针对的共同配送技术辅导机构，通过相关机构制定一套完备的应对措施并给予不同企业真真切切的有关技术指导。这样一来既可以让想要实施共同配送的单位有可靠的技术指导，获得适当的补助与优惠，带给企业进一步跟进的动力。二来可以通过选取的这些有代表性的企业建立共同配送试点的方法，充分发挥典型示范作用，带动更多企业加入到共同配送的队伍中。

（2）修订与完善相关法规。①针对相关土地征用的法律法规相关机构部门要重新审订，就行政审批、税费征收方面针对共同配送参与企业出台一定的鼓励政策。②切实加快物流共同配送行业标准的制定工作的脚步，通过建立标准化体系，从而为参与方构建公平公正的良性生存竞争环境。③进一步贯彻执行交通法规的落实工作，在对社会有益处的前提下，做到最大程度方便企业进行共同配送工作的开展。以改善车辆停、驶状况；建立健全信誉制度与合同管理办法，进一步增强责任追究机制的监督力度与违约处罚力度，解除共同配送参与企业的后顾之忧；加强主管部门的统一协调，一起促进共同配送体系的健康蓬勃发展。

第 5 章　电商与快递协同发展，降低物流成本

5.1　研究的背景与意义

5.1.1　研究的背景

近几年，我国的电子商务与快递物流发展速度较快，不仅为消费者提供了多样化的服务，还给很多人提供了创业就业的机会。电子商务与快递物流之间相互依存、相互促进，电子商务和物流的协同发展，将大大推动物流的升级与转型，成为了国民经济发展的新动力。物流企业的服务质量会直接影响到电子商务企业的质量，突出表现在价格、交货期、服务质量等方面。如何使电商与物流协同发展，是需要我们去深入研究和探讨的一个重要课题。

5.1.2　研究的意义

电子商务的发展带动了整个物流行业的发展，如今，我国的快递行业以顺丰和“三通一达”为首，占据着快递的绝大部分市场；而淘宝、京东商城、亚马逊、当当网等一些知名的电商企业又依赖于这些快递得以快速发展，二者之间是密不可分的。而现在的物流业也正呈现出井喷式的发展，但是这种迅速的发展所带来的问题也是极其严重的，最典型的就是“双十一”的爆仓和配送时超高的货物破损率。由于客户对电子商务企业服务要求的提高，相应地，电商对快递的要求也随之提高。快递企业面临巨大压力的同时又苦于找不到合适的解决办法，所以在一些节日来临时，货物堆积、货物破损已成为非常常见的现象。这也使电商与快递企业之间的矛盾日益加深，严重影响了二者的发展。

虽然电子商务企业与快递物流企业是两种结构形式不同的企业，但二者之间有着密不可分的关系。在 21 世纪乃至未来的市场竞争中已不再是单一企业之间的竞争，共同发展才是王道，任何一个企业想要发展就必须有其忠实的合作伙伴，所以电商与快递必须协同好相互之间的关系，共同发展，所以说二者之间的协同发展是势在必行。

5.1.3　研究范围

就目前国际大市场电子商务发展的形式来看，主要有三种模式，即企业间交

易模式（B2B）、企业与个人之间交易模式（B2C）、个人之间交易模式（C2C）。电子商务企业与快递物流企业之间的相互关系如图 5.1 所示。

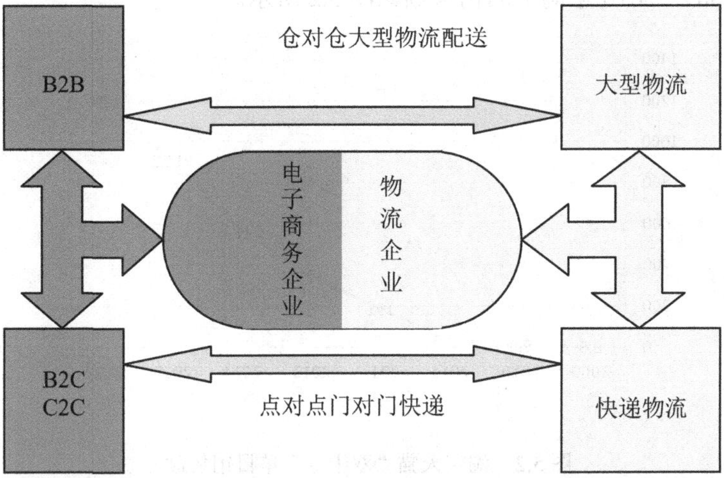

图 5.1 电商企业与快递企业相互关系图

5.2 国内外电子商务与快递物流的发展现状

2017 年不仅是我国实施“十三五”规划的重要一年，同时也是实施《物流业发展中长期规划 2014－2020》的重要一年。快递物流业是如今支撑国民经济的基础性产业，发展机遇很多。但是影响物流运行的因素还是相对较多，除了我国经济运行的问题和矛盾，还有世界经济发展的不确定性。

5.2.1 我国电子商务与快递物流的发展现状

（1）我国的电子商务虽然起步较晚，但是发展速度较快。2015 年提出了“互联网+”的概念，很多企业都投入了大量的人力和物力，进一步的探讨了如何和互联网融合。这就进一步的推动了电子商务的发展。随着电子商务的飞速发展，一些典型的电子商务企业在向着三、四线城市及农村发展，尤其是农村电商的发展，有着很大的发展空间。

2009 年淘宝、天猫创办了“双十一”购物狂欢节，2009 年的销量不容乐观，但在 2010 年销售额就接近 10 亿元，截至 2016 年，“双十一”的销售额一直是爆发式的增长，很多电商企业看到了商机，纷纷都加入了这个大阵营，这就更进一步推动了“双十一”的发展。2015 年，“双十一”的交易额就高达 912.2 亿元，2016

年更是创造历史新高度突破 1000 亿元。现如今，“双十一”已经成为了年度最盛大的购物节，更进一步勾起了消费者购物的欲望，同时也给电商带来了大量订单的压力。2009－2016 年淘宝的销售额如图 5.2 所示。

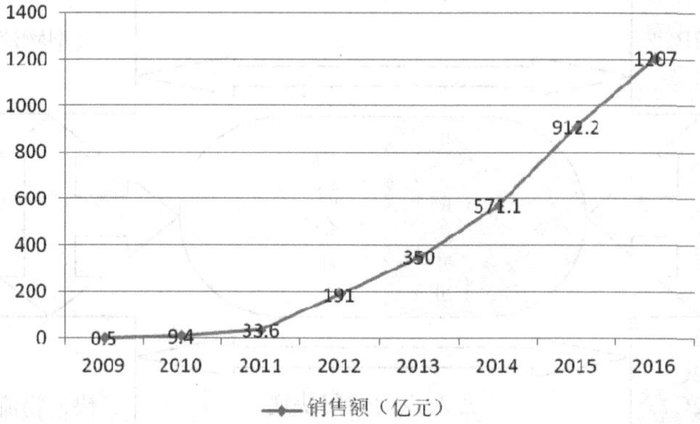

图 5.2　淘宝天猫“双十一”单日销售额

随着互联网的的高速发展，使用互联网的人越来越多，电子商务的规模也在不断地扩大。根据国际电信联盟 2016 年 9 月份发布的《宽带状况报告》，2017 年底，全球使用互联网的用户可高达 35 亿人，将近全球人口的一半；在中国，2016 年上半年，网民数就达到了 7.1 亿人，互联网商务普及率高达 51%。

（2）物流过程实际上是一个实体流动的过程，快递是一种物流活动，会提供跟踪定位（GPS 或外星定位）服务，以防止快件的丢失，不同规模的物流企业有着不同的运作形式，小至乡镇，大到国际以及全球，物流在电商企业降低成本方面起着很大的作用。物流是货物流通的一个基础，可以降低交易成本，提高企业的利润。从 2011 年开始，我国的快递业就是一路飙升，全国的快递业务量一直呈现持续增长的趋势，增长率高达 50%，在 2007－2015 年间，全国的物流业务量呈复合增长，增长率 42.7%。2016 年的快递业务量更是突破新高，前 9 个月就高达 211 亿件，同比增长 47%。我国 2007－2016 年间规模以上快递业务量如图 5.3 所示。

我国 2007－2016 年规模以上快递业务的增长速度如图 5.4 所示。

近两年，快递物流业进入了新的改革，进入了智慧物流时期。在 2017 年智慧物流峰会上马云表示：“在十年之内，中国的快件将进入一天 10 亿的时代。”落后就要挨打，物流企业如过不进行组织、人才、技术上的改进，那么就可能面领着淘汰。如果第三次世界大战在电商行业，那么智慧物流是这些电商企业的决胜武器，因为现在拼的是服务和售后。

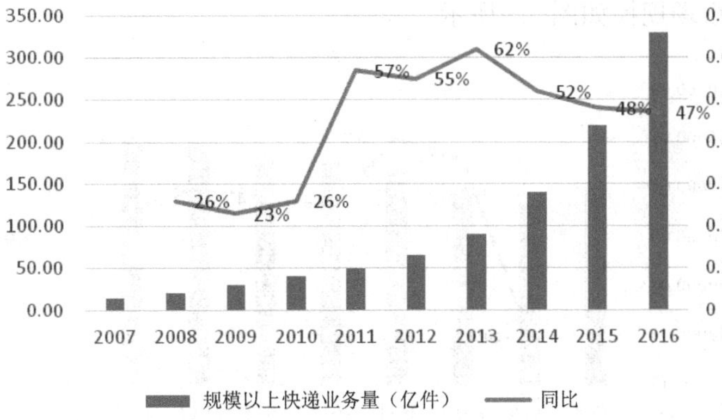

图 5.3　规模以上快递业务量

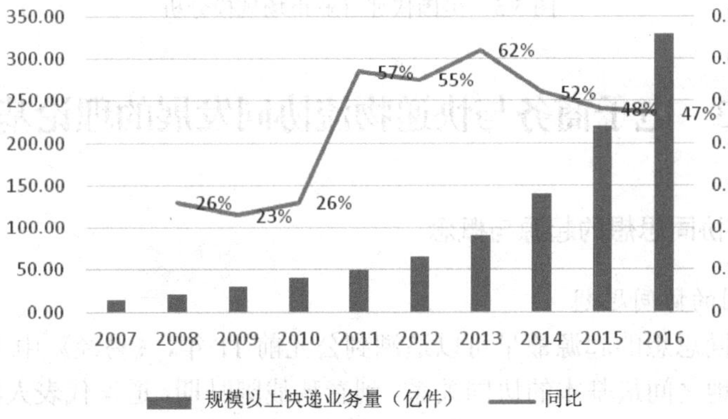

图 5.4　规模以上快递业务收入

5.2.2　国外电子商务与快递物流的发展现状

（1）电子商务起源于西方国家，国外的电商发展较为迅猛，在法国和德国等欧美国家，电子商务的的营业额占商务总额的比重为 25%，在美国，电子商务的营业额占商务总额的比重为 34%以上。在 1995 年创立的美国在线（AOL）、雅虎、电子港湾等著名的电子商务公司，自创立之后就开始盈利，经过 5 年的成长，在 2000 年就创造净利润为 7.9 亿美元，还有亚马逊书城、戴尔电脑、沃尔玛超市等电商也是迅速发展，在各自相应的领域也是获利颇丰。2015 年，美国的电子商务规模就高达 2631 亿美元。

（2）2015 年，美国的快递业务量规模已经达到了 2337 亿美元，在 2016 年美国的快递市场规模达到 2532 年增长率为 6%。基本趋于稳定。美国 2008—2015

年快递行业市场规模如图 5.5 所示。

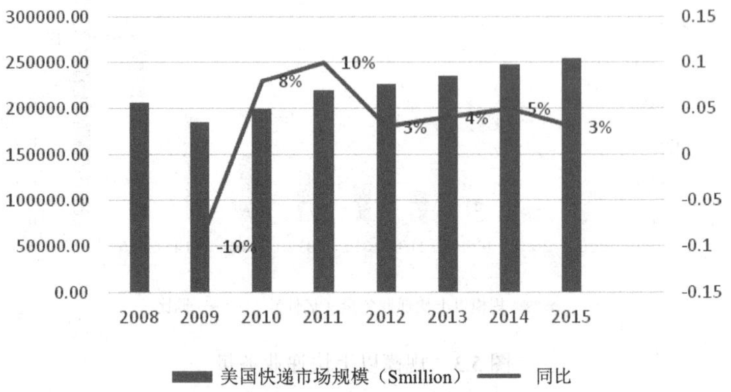

图 5.5　美国快递行业市场规模分析

5.3　电子商务与快递物流协同发展的理论基础

5.3.1　协同思想的起源与概念

1. 中国的协同思想

我国协同思想的起源最早可以追溯到公元前 11 年，《易经》中天人合一所讲述的就是天地之间最基本的协同关系。到春秋战国时期，道家代表人物庄子的“天地万物与我为一”观点认为：万物相互依存，相互之间协调作用，共同构成一个整体。其代表作《逍遥游》中也记载了大量有关协同的文章。

2. 西方的协同理论

在 19 世纪 70 年代哈肯在对激光系统的研究中提出协同概念，创立了协同学，与此同时在 1973 年出版《协同学》一书，这就标志着协同学问世。紧接着，哈肯又在《高等协同学》和《协同学导论》中对协同理论作出了更加详细具体的论述，总结出了协同学的最初定义：在一定条件下，一个以复杂的方式构成的复合系统，所包含的大量子系统之间通过非线性的作用，产生协同现象和相干效应，使系统形成有一定功能的空间、时间或时空的自组织结构。

5.3.2　序参量的引入

协同学中一个核心的概念是序参量。在大系统内部，每个子系统有着独立的无规则的运动，各个子系统之间同时还存在着相对运动，在大系统前提下，各个子系统之间形成协同运动。协同运动的控制参量比较多，但是占据主导地位的还是序参量。当控制参量临近系统平衡点时，子系统之间的关联作用表现的很强烈。此时，序参量控制着系统同的发展方向，它是系统由无序到有序的标志。序参量在系统平衡时的支配作用是人们研究事物之间协同的重要依据，通过平衡时序参量对其他参量的影响的研究，使序参量的支配原理成为研究的理论基础。

协同学中的序参量有以下特点：

（1）强调描述整个系统，是一种宏观的研究行为。

（2）系统运动的核心参量，是整个系统平衡的标志。

（3）控制整个体系的演变，支配着子系统之间的运动。

5.3.3 快递和物流之间的密切关系

1. 电商是物流发展的驱动力

（1）物流观念的转变：电商为物流创造了一个虚拟的运动空间，在交易的过程中，物流的各种职能及功能就可以通过虚拟的方式表现。在虚拟的交易中，人们可以通过各种方式，加快货物在虚拟与实体之间的转化。

（2）物流运作形式的改变：通过电商实现物流网信息的的实时监控。传统物流的运作过程是以商流为中心。然而电子商务的运作过程是以信息为中心，其中，在电子商务过程中信息决定了物流的运作方向与运作方式。电商通过信息的传递来有效的实现对物流全程监控。

（3）外部设施和物流技术的转变：首先，物流外部设施得以完善，快捷性与广泛性是电商交易主要特征，为了更好地符合电商的需求，就需要先进的物流设施与设备与之匹配，畅通的交通与信息网络是维持好二者关系的前提。其次，物流专业技术得到长足进步，在电商的刺激下，物流企业在物流技术方面做出很大的努力，物流效率有了大幅度的提高，也可以使得整个电商的运行效率也有较明显的提高。最后，有效的提高物流的管理水平，电商以网络为载体，运作效率较高，物流企业也应该提高其管理水平、采取科学有效的管理方式，这样才能满足电商的发展需求，促进电商的进一步发展。

2. 物流是电商的重要保障

物流活动一般都伴随着商流，即将实体商品按消费者的需求由供应商以合适的方式转移给消费者。物流活动都伴随着商流，即按照消费者需求实体商品由供应商以适当的方式向消费者转移。而在电子商务活动中是很容易实现的，消费者只需浏览网页，就能完成商流活动。就能完成商流活动。但是商务活动并没有结束，因为还有通过物流将商品送到消费者手中才算是结束。在整个电子商务交易活动中，物流是虚拟转化为现实的桥梁，如果没有物流作保障，那么电商给消费者带来的便捷都是空谈。

3. 物流的发展是电子商务的利润源泉

电子商务有效的提高了物流信息的传递效率，在给消费者节省时间的同时，也使得整个物流运输环节的科学化、最简化。物流的基础是商流和信息流，能有效的加快资金的周转，减少质押来实现资金的增值作用，是企业的一个新的利润增长点。

电子商务与快递物流相互依存，二者之间无论哪一个环节出现问题，都会影响整个电商交易，二者之间的关系也可以用如图 5.6 的关系框架图来说明。

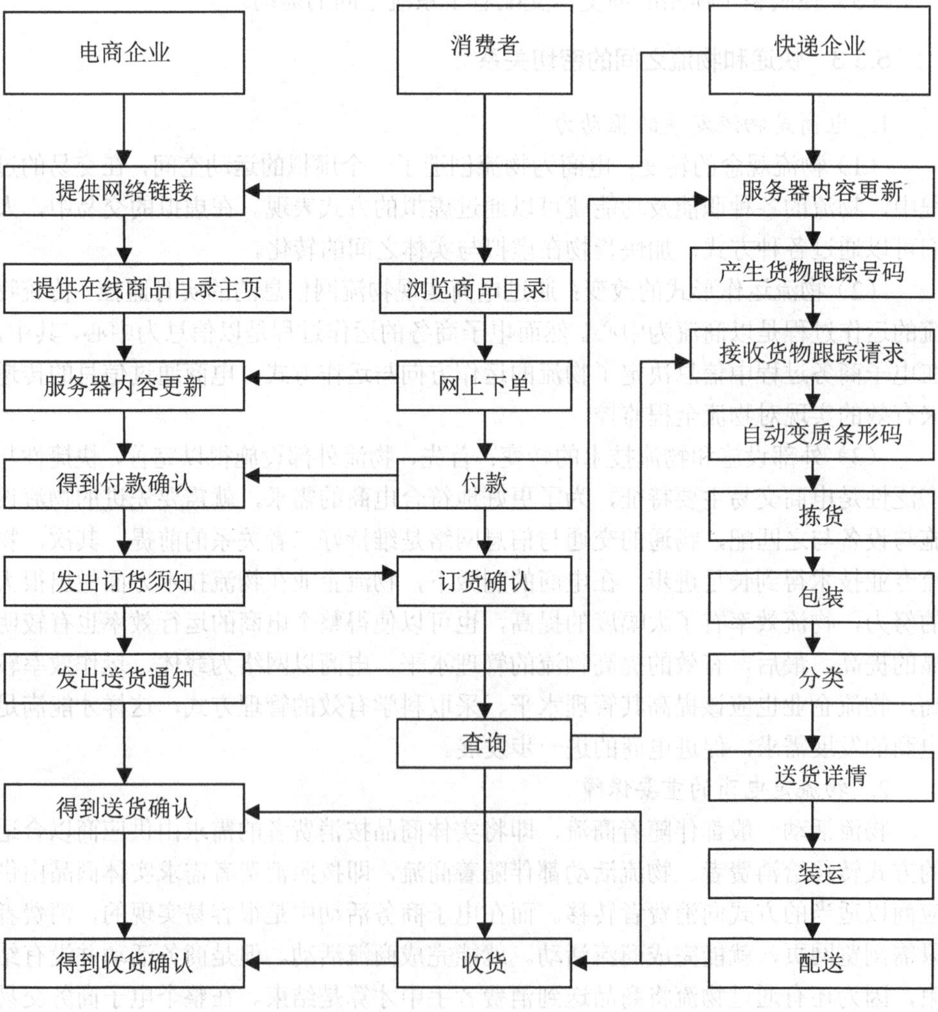

图 5.6 电子商务与快递物流的关系图

5.4 案例分析：济南电子商务与快递物流发展现状

济南市是山东省的政治、经济、文化中心。“打造四个中心，建设现代泉城”这句标语是济南市政府为了能够推动区域性物流中心的建设，因而才出台的新政策。在 2016 年的 7 月 21 日，山东省济南市政府正式发布《济南市加快物流发展若干政策》这一项政策。根据《济南市加快物流发展若干政策》，济南市政府将要在物流企业的政策上给予一定的加强扶持策略，有一部分物流企业已经被国家入选为示范性物流园区，或是已经被国家评定为 5A 级称号的物流企业，政府会一次性给予物流企业最高 100 万元的补助。济南市既是环渤海经济区的重心城市，又是作为在京沪经济轴上的一座核心地位的城市，能够为快递物流企业以及电子商务提供了强有力的发展平台。但济南的受地域位置的影响，水路的运输还欠发展，济南高密度的人口也给快递配送带来了严重的影响，诸多因素的限制了济南市电商与快递的发展。

5.4.1 发展现状

1. 电子商务的发展现状

根据在济南市商务局所统计的有关电子商务交易额的数据，并进行相关的分析得出，在 2017 年 1 月至 3 月济南市的电子商务交易额已经是 270 亿人民币，与 2016 年的同比增长率是 23.9%; 而在 B2B 电子商务模式的总交易额已经是 157 亿人民币，它的同比增长率为 19.7%；而在网络零售这种模式的总交易额是 113 亿人民币，是 2016 年网络零售总交易额的 2.97 倍。在当今这个经济增长速度迅速的背景条件下，我国的电子商务行业都在不断的增长，已经能够起到带动经济发展的作用，成为了我国又一项新利润增长点。

电子商务在资产较小的企业中迅速得到推广。小额网络交易也快速增长，“十二五”期间，年均增速率突破一百个百分点，所占网络市场的份额也逐年上升，已经成为完善消费结构，拉动内需的重要手段。电子商务的支撑水平在不断地提高，信息化的网络交易以及现代化的电子商务服务水平都在不断地完善，进而电子商务企业结构也更加趋于完善。各种电子商务服务企业陆续的出现在人们的视线中，不管是电商交易平台还是电商信息平台都在向集成化的方向发展。随着相关法律法规的持续完善，在电子商务行业中，它在社会上的信用程度已经有了很大的改善，可以为创建安全的电子商务环境以及建设绿色的电子商务环境起到了创造性的条件。物流业能够如此高速快捷的发展，已经可以作为电子商务最主要的支撑力量。

济南市在电子商务企业所用到的技术水平以及相关的信息基础设施等，在国内已经处于先进的行列了，以光纤通信为主要城市通信设施，并将卫星通信与移动通信作为辅助通信设施，已经构建出大体上的城市信息高速公路。

现如今济南市的市民使用手机的用户已经达到了857万户的数量，而且还将不断的逐年递增，在全市里面的普及程度也已经是有了137%的普及程度，安装了互联网宽带的也已经有了117万户的数量，普及程度达到了47%。在互联网出口的宽带已经达到了400G，而上网的人数有293万人的数量，不断提高济南市的网络服务水平，促使我国居民在日常生活中使用电子商务的意识以及习惯都在随着时间不断的加强，同时也在不断的提高居民对于互联网以及电子商务方面的应用技能。而济南市出台的相关政策以及一系列的法律法规等，更加保障了电子商务在我国这个大环境下的发展。

2. 快递物流的发展现状

济南市作为我国重要的交通枢纽之一，不仅经济发达，还具有一定的经济基础优势以及优越的地理位置，被列入国家《物流业调整和振兴规划》的21个全国性物流节点城市之一。近几年，济南市物流发展迅猛，很多物流业的国模也不断扩大，信息化水平都在不断提高，出现了一些优秀的物流企业，成为了全市一道风景线，是全市新的经济增长点。

济南市物流业的发展有以下几个特点：

（1）物流总额呈直线上升。在最近这几年里，在济南市的社会物流所占有的总金额年均增长是13.4个百分点。在2015年的时候，济南市全市在物流上面占有的资金总额是1.8万亿人民币，这基本上是山东省社会物流资金总额的9.4%，排在山东省各市中的第四名，青岛排在第一位，其次是烟台，临沂是山东省排在第三位的市。其中，济南市有关农产品的物流资金总额已经达到了397.8亿人民币，是去年物流资金总额的1.4%；而在有关进出口货物的物流资金总额达到了272.7亿人民币，比去年的同类物流资金总额高了7.8%；在工业品方面，有关物流资金总额是5488.3亿人民币，比去年的同类物流资金总额高了11.6%；在再生资源方面是9.7亿人民币，比去年的多了5.1%；在出口货物的上面是497.6亿人民币，比去年多了31.3%；在外地货物上为10411.2亿人民币，比去年的多了15%；在居民与单位上有241.2亿人民币，比去年多了9.8%。将上面的数据汇总分析可以得出，在工业物流资金占有总额是31.6%，而在外地货物流入的资金占有总额是61.1%，所有的都在随着时间而快速的增长着，趋势更加激烈的是货物过境的物流资金所占的资金总额。

（2）物流业相关投资加速增长。2015 年，济南市有关物流产业的固定资产总额达到了 228 亿的高度，相对于 2014 年增长了 42.9%，然而物流投资额占全部投资额的 7.4%，比 2014 年提高了 1.4 个百分点。可以看出投资在物流业的资金还是相对较少。在交通运输方面，投资额为 153.2 亿元，比上一年增长了 63.2%；仓储邮政业投资额为 22.7 亿元，比上一年增长了 14.1%；在批发零售业的投资资金相对较少为 53.2 亿元，相比上一年增长了 13.2%。济南市 2012－2015 年全市物流相关行业投资构成图如图 5.7 所示。

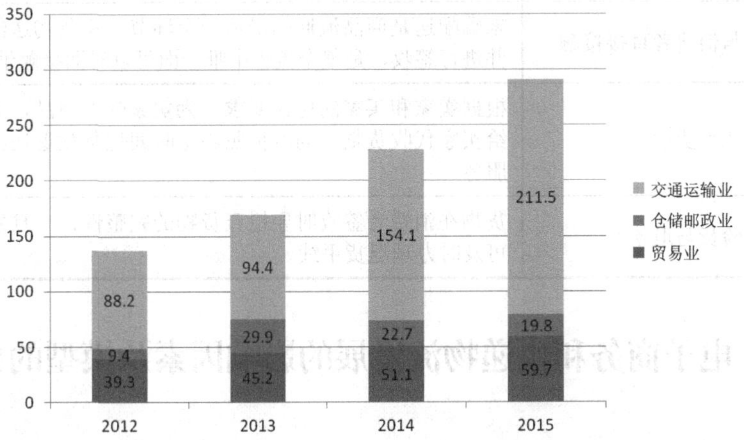

图 5.7　物流相关行业投资构成图

5.4.2　快递末端的物流配送现状

电子商务物流的末端配送又称为“最后一公里”配送，是指从集散中心的最后一个环节配送货物到消费者手中的物流过程。“最后一公里”在配送的及时性与准确性方面仍有待提高。有不少企业陆续的加入到了末端配送中，比如说，顺丰 APP 在 2016 年的 7 月推出了“自营加外包”模式，用来解决顺风自己的末端配送。随着我国各快递公司在物流业行业中的迅速发展，就现在来说，末端配送已经是物流行业中新兴的一个物流市场，是能够提高企业利润以及拓展企业发展的新方向，也是各行各业强占新市场先机的新方向，比如顺风“嘿客”以及圆通快递的“妈妈驿站”等，但是在配送的过程中，前端配送一般情况下都会影响到“最后一公里”配送的模式，因此，今后在物流发展的主要目标会逐渐转移到改善物流配送的干线运输上去。电子商务物流末端配送的特征概括起来主要包括以下几点，见表 5.1。

表 5.1　电子商务末端配送的特征

序号	特点	描述
1	配送里程短	快件到分拨中心的最后一个环节时，就进入了末端配送，即“最后一公里”
2	消费者不集中	消费者 所在的地理区域分散，且地点和时间比较随机，增加了配送的难度
3	多品种、小批量	由于消费者需求的多元化，导致网购的商品的多元化，货物进入末端配送时主要表现为规格、尺寸及体积的多元化
4	与消费者直接接触	末端配送是商品流通的最后一个环节，将货物送给消费者并进行签收，是整个流程中唯一面可以对面接触消费者
5	代收货款	根据卖家和买家的协议要求，为卖家邮寄商品，并代卖家给买家代收货款，同时按照约定时间把货款返还给卖家的服务
6	验货与退款	货物在消费者签收时要检查货物的完整性，一旦发现破损可及时办理退货手续

5.5　电子商务和快递物流发展的影响因素及模型的建立

5.5.1　影响因素

当前，制约快递业发展的因素主要有以下几方面。

1. 服务水平低，人员素质差

现如今由于我国快递行业的服务水平还比较低，它是制约着电子商务正常发展的关键因素，阿里巴巴之前做过一些针对用户的网上调查报告，据调查到的数据统计分析，有 90%以上的阿里巴巴顾客会认为，能够影响到广大消费者对于阿里巴巴上的销售商满意度的主要因素都是各快递企业的服务水平很低的缘故。电子商务的高速发展，为快递公司的服务业范围的扩张力度提供了很大的机会，与此同时，有很多服务水平较低以及资质水平也很低的快递公司应时而生，也会产生出一部分资质条件很差的快递企业，而这些新生的快递公司对于建设自身企业的重视程度还远远不够，导致员工的素质不高、网点建设不完善、服务水平较低等一系列的问题。货物破损、货物的丢失及延迟配送这一系列的问题导致了顾客投诉物流企业。我们可以从上面分析出的数据信息能够得出，我国目前在快递企业中的物流行业还需要提高自身的服务水平以及强化服务的规范化程度。

2. 管理不规范且规模较小

在我国物流快递业的入门门槛低，涌现出了很大一部分小规模的快递企业，它们缺乏完善的管理机制，运作流程不规范，快递跟踪机制不完善，不能抵抗大的风险，以至于交易风险大大增强。还有一部分快递企业的覆盖范围较小，不能满足消费者的需求，现有的电子商务企业想要完成货物配送的整个过程的话，一般情况下都需要选择很多不同的物流公司还有可以与其他的物流公司形成联盟的关系才能达到目标，因此，在电子商务想要完成物流管理工作的困难度会逐渐增加，需要的物流成本也会更高。此外，不同的物流企业之间的竞争程度都会很激烈，这就导致物流企业为了能够有货可运而选择压价的策略，导致企业的利润较低，一些企业则是实施裁员，有的企业甚至倒闭，这样就造成了社会得一部分资源的闲置。

3. 相关法律法规不健全

在我国，虽然说快递物流行业和电子商务行业的发展速度都比较快，但是一般情况下都是由于相关法律法规定制的很不完善，从而导致我国政府在监管电子商务以及快递物流企业的力度很小，在“3·15”消费者电子投诉网上面显示的相关数据来分析，在最近的这几年里，在消费者投诉网上接到有关快递行业投诉信息的增长速度都在逐渐增长，但是相比起电子商务所接到的投诉信息就比较少了，从而可以想象的出有关电子商务的投诉信息有多少。需要不断改善电子商务以及快递物流企业的相关机制，能够做到提供给顾客更加到位的服务。目前在我国已经制定出的相关法律法规有《快递市场管理办法》《邮政法》以及《快递服务标准》等这几类，实行以及制定由工商等部门对网上的虚拟交易进行有关监督，但目前为止还没有明确完善的监管条例。

4. 企业的技术水平较低

国际上的一些大型的物流企业都有着先进的设施设备和技术，然而我国大多数的快递企业的设施设备合技术都比较落后，在信息技术这方面尤为突出，这些企业没有建立专门的管理系统，不能及时准确的进行信息处理等，造成了成本的浪费和资源的浪费。

5.5.2 模型的建立

通过上述对电子商务与快递物流发展的影响因素的概述，可以总结为服务质量、企业规模、相关法律法规、企业技术。

在整个矩阵中，用 E 表示电子商务，L 表示快递物流，S 表示协同能力，P 表示企业利润，而四个因素服务质量、企业规模、相关法律法规、企业技术分别

用 A、B、C、D 表示。选取 S、P 作为序参量，A、B、C、D 作为变量，E 和 L 分别作为两个相互独立系统，建立两个相互独立的体系 $E=\{S_E, P_E, A_E, B_E, C_E, D_E\}$，$L=\{S_L, P_L, A_L, B_L, C_L, D_L\}$。通过逻辑代数运算规则来建立矩阵模型，进而探索两个系统相互影响的关键因素。矩阵模型如下：

$$\begin{array}{ccccccc} & S_E & P_E & A_E & B_E & C_E & D_E \\ S_L & a_{11} & a_{12} & a_{13} & a_{14} & a_{15} & a_{16} \\ P_L & a_{21} & a_{22} & a_{23} & a_{24} & a_{25} & a_{26} \\ A_L & a_{31} & a_{32} & a_{33} & a_{34} & a_{35} & a_{36} \\ B_L & a_{41} & a_{42} & a_{43} & a_{44} & a_{45} & a_{46} \\ C_L & a_{51} & a_{52} & a_{53} & a_{54} & a_{55} & a_{56} \\ D_L & a_{61} & a_{62} & a_{63} & a_{64} & a_{65} & a_{66} \end{array} \tag{5.1}$$

接下来引入逻辑运算二进制中的逻辑“1”和逻辑“0”，对（5.1）赋值，建立相关矩阵。并定义：$a_{ij}=\begin{cases}1\text{时，两元素之间有影响}\\0\text{时，两元素之间无影响}\end{cases}$，其中 i，j=1，2，3，4，5，6。

计算中主要运用逻辑加法与逻辑乘法，其运算法则如下：

逻辑加法：1+1=1，1+0=1，0+1=1，0+0=0

逻辑乘法：1×1=1，1×0=0，0×1=0，0×0=0

（1）当单一要素之间相互作用时，矩阵如下：

$$G_1=\begin{bmatrix}1&0&0&0&0&0\\0&0&0&0&0&0\\0&0&0&0&0&0\\0&0&0&0&0&0\\0&0&0&0&0&0\\0&0&0&0&0&0\end{bmatrix} \tag{5.2}$$

$$G_2=\begin{bmatrix}0&0&0&0&0&0\\0&1&0&0&0&0\\0&0&0&0&0&0\\0&0&0&0&0&0\\0&0&0&0&0&0\\0&0&0&0&0&0\end{bmatrix} \tag{5.3}$$

$$G_3=\begin{bmatrix}0&0&0&0&0&0\\0&0&0&0&0&0\\0&0&0&0&0&0\\0&0&0&0&0&0\\0&0&0&0&0&0\\0&0&0&0&0&1\end{bmatrix} \tag{5.4}$$

其中（5.2）为电子商务与快递物流企业之间的协同能力相互作用的矩阵、（5.3）位企业利润相互作用时的矩阵，也就是序参量相互作用时的矩阵，（5.4）是变量相互作用时的矩阵。经过运算发现：

$$G_1\times G_1=G_1 \tag{5.5}$$

$$G_2\times G_2=G_2 \tag{5.6}$$

$$G_3\times G_3=G_3 \tag{5.7}$$

通过对（5.5）、（5.6）、（5.7）进行分析发现，单一元素之间的相互作用对整个电商与快递体系并没有什么影响，也就是说，当电子商务企业与快递企业之间如果仅仅实现同一元素之间的协同时，是无法实现整个体系的协同发展的。

（2）多要素之间相互作用时，矩阵如下：

$$G_4=\begin{bmatrix}0&0&1&1&1&1\\0&0&0&0&0&0\\1&0&0&0&0&0\\1&0&0&0&0&0\\1&0&0&0&0&0\\1&0&0&0&0&0\end{bmatrix} \tag{5.8}$$

$$G_5=\begin{bmatrix}0&0&0&0&0&0\\0&0&1&1&1&1\\0&1&0&0&0&0\\0&1&0&0&0&0\\0&1&0&0&0&0\\0&1&0&0&0&0\end{bmatrix} \tag{5.9}$$

$$G_6=\begin{bmatrix}0&0&0&0&0&0\\0&0&0&0&0&0\\0&0&0&1&1&1\\0&0&1&0&1&1\\0&0&1&1&0&1\\0&0&1&1&1&0\end{bmatrix}\tag{5.10}$$

其中（5.8）为协同能力与电商及快递发展影响因素相互作用矩阵，（5.9）为企业利润与电商与快递发展影响因素相互作用矩阵，（5.10）为三个因素分别与电商及快递相互影响。经过运算发现：

$$G_1\times G_6=G_6\times G_1=0\tag{5.11}$$

$$G_2\times G_6=G_6\times G_1=0\tag{5.12}$$

由（5.11）和（5.12）知，获利及协同能力只有作用在影响要素上才有效。所有要素之间要实现协同，需要获利及协同能力的同时运用才有意义。

$$G_1\times G_4=G_4\times G_6=\begin{bmatrix}0&0&1&1&1&1\\0&0&0&0&0&0\\0&0&0&0&0&0\\0&0&0&0&0&0\\0&0&0&0&0&0\\0&0&0&0&0&0\end{bmatrix}\tag{5.13}$$

$$G_2\times G_5=G_5\times G_6=\begin{bmatrix}0&0&0&0&0&0\\0&0&1&1&1&1\\0&0&0&0&0&0\\0&0&0&0&0&0\\0&0&0&0&0&0\\0&0&0&0&0&0\end{bmatrix}\tag{5.14}$$

通过（5.13）、（5.14）得到，电子商务与快递企业获利能力、协同能力与多个影响因素相互作用时，结果都会呈现出代表协同能力与盈利能力的序参量对战略资源要素的影响状态。由以上分析可以看出，序参量在供应链系统中的地位是无可替代的。

经过上述的分析与计算，可以得出这样的结论：保证电商与快递盈利的同时，以协同能力为主导地位，积极促进四个影响因素之间的协调，使之共同发展。

5.6 协同发展中存在的问题

2017 年 5 月阿里要求顺丰等快递企业将一些物流数据上传到菜鸟平台，包括海淘和快递柜等。顺丰没有答应阿里的要求，由此，阿里在 2017 年 6 月 1 日发出声明，要去阿里平台的商家不能和顺丰合作，还将顺丰及顺丰旗下的快递柜服务“丰巢”剔除出了平台；顺丰作出回应，在当天就切断了上传给淘宝和菜鸟的物流数据接口。

就阿里巴巴而言，他们希望能够将所有的淘宝物流订单或者是其他非淘宝的物流订单都交给菜鸟驿站来做，如果菜鸟驿站能做到这一步，那么在阿里巴巴这个平台里面拥有的用户数据肯定就不止淘宝网上面的那些用户数据信息了，会不断扩充其他的快递方面的用户数据，还会有一定的可能性取得其他电商平台上面的物流数据。显而易见的是，顺丰企业拒绝阿里巴巴的这种做法，从他们对外发出声明的内容中，声明中有提到，有关平台的用户数据是企业自身的“核心竞争力”，在声明还有提到“希望所有快递行业同仁警惕菜鸟无底线染指快递公司核心数据行为”。当然，这场企业间存在的竞争问题并不是对错之分，这是商业之间所存在争取利益的问题。

在这个互联网高速发展的时代，用户是企业发展壮大的核心是如今最为尊崇的商业发展观念。但经常性的会出现店大欺客或者是客大欺店的现象。不同的互联网公司之间的互相争吵以及竞争现状，这都是各商业发展所需要的利益之间的冲突。若是企业面临核心利益的冲突时，一般情况下排在第一位考虑的不会是用户体验，而是尽一切可能保护好自己的核心利益，很有可能会出现互联网公司会裹挟用户一起向伤害自身利益的其他公司发起冲突，迫使用户做选择。

除了上述的问题，电子商务和快递物流在协同发展中还存在以下问题：

1. 物流与电子商务企业运行特点各不相同，导致物流配送的周期增长

首先，物流与电子商务企业运行特点各不相同，导致物流配送的周期增长。处理商流、资金流、物流、信息流这“四流”是电子商务的核心，其中，商流和信息流是电子商务的主要业务，物流业务由指定的第三方物流企业完成。其中，电子商务的在线客户是随机分散的，他们有着多样化的需求，这就要求有高频率、小批量、个性化的配送方式，再者，网络客户的需求分淡季和旺季，消费行为也相应的会出现高分期和低谷期。尤其是配送和运输环节，要满足一定的批量才能有效的降低成本；在一般情况下，物流企业的仓储和配送只能满足正常量的订单水平，然而在旺季、节假日订单会比平时的多得多，大量的订单会使得物流企业出现一些延迟发货、爆仓以及包装不规范出现的破损等一系列的问题。相反地，

在物流淡季，物流企业的订单会比平时少，经常会使订单积累到一定的量的时候再进行处理，这样就导致了物流的延迟，其结果是物流配送的服务周期增长，以至于不能满足客户的需求。

其次，物流企业得服务内容比较单一化，这样是很难满足客户的多元化需求，针对消费者需求的不同，电子商务对物流的需求也是多样化的，不仅需要物流企业提供标准化的服务，还需要正对不同客户的不同需求制定个性化得服务。近几年，大多数物流都没有实现分层管理提供分层服务，将不同价值的东西同等看待。这种同质化的市场，导致进入物流业的门槛低，进而物流企业相互竞争，企业所得的利润越来越少，另一方面也是阻碍了电子商务的健康持续的发展。

2. 电子商务企业低价竞争，导致物流的服务水平提高速度缓慢

我国的电子商务虽然起步较晚，但是发展速度较快。为了能够带到更多客户的关注，很大一部分的电子商务企业采取的是低成本的竞争策略，电子商务企业利用自身的优势，即在产业链中的主导地位及垄断地位，把低价竞争的策略推进到物流环节中，使的物流环节的收入减少。物流企业只能采取“以价值换量”得竞争模式来维持生存，没有宽裕的资金进行扩大物流规模以及进行基础设施的建设。尤其是进入电子商务和物流企业的门槛较低，导致企业之间相互竞争，企业利润越来越少，企业的经营呈现出微利化、亏损化、无利化的趋势。尽管物流企业的服务水平有了明显的提升，但还是不能满足消费者的需求，这也直接限制了消费者网购的潜力，进一步的阻碍了互联网经济的发展。

3. 物流企业和电子商务企业缺乏有效的信息沟通系统

电子商务需要一个高效快速的信息传递系统才能高效快捷的运行，但是我国的电子商务物流没有这样一个有效的信息沟通系统。

首先，济南市的大部分物流企业规模比较小，提供的物流服务相应的比较单一，各个物流活动如运输、仓储、配送等只能由多家物流企业共同完成，这种物流组织结构是比较松散的，使得各个环节的信息沟通存在一定的问题，直接影响了电子商务在物流过程中的反应速度。

有些企业仍处于手工操作、电话联系等低层次的运营阶段，信息传递的效率不高，这种低层次的信息化程度难以实现信息的整合，致使物流企业不能高效、经济的实现资源的配置，进而引起了物流环节运行缓慢，使得整体的物流成本上升。

其次，我国的物流企业和电子商务企业之间没有一个有效的信息沟通平台。快递物流企业和电商企业的信息系统有所不同，双方都有一些不愿共享的信息，这就导致了电商和物流信息对接和沟通出现了一系列的问题，这样就导致了配送的不及时、货物送错、配送等情况的发生。在淡季订单减少或旺季订单增多时，没有一个高效快捷的信息平台来整合社会资源进而解决问题。

5.7 电子商务和物流协同发展对策

关于顺丰与阿里巴巴之间的这场大战，这不是对错之争，而是为了竞争到"公理人心"，因此，能够从广大消费者的用户群体的反馈我们可以知道，消费者大多情况下都是支持顺丰的观点的。能力若是越大，责任也就越大，要求也会跟着升高。阿里巴巴是互联网企业中的巨头公司，广大消费者不仅仅希望它能够做好自己的公司以及自己的品牌就可以了，更希望它能够尽自己的能力以及责任维护行业间的生态，更应该维护各行业之间的平衡。因而，顺丰在这一次的竞争战中，不仅不会给菜鸟驿站提供业务以外的用户数据情况，就算是损失了一部分业务量也不心疼。在 2013 年的 5 月份，与阿里巴巴合作尝试成立菜鸟驿站的快递公司还有申通、中通、圆通以及韵达四个快递公司，在对菜鸟驿站通过体验以及思考之后，在 2015 年的 4 月份，顺丰企业与申通、中通、韵达以及普洛斯四家快递物流企业达成合作，在他们共同的投资下已经创建了丰巢科技，开始了与菜鸟驿站争夺"最后一公里"的配送业务。阿里和顺丰大战，双方会有很大的损失，如果这些问题，在之前，两方企业能心平气和的静下来谈，解决之间在协同中的问题，那么也就不会出现如今的局面。以下是解决电商与快递物流协同发展的对策：

1. 构建电子商务产业链公平合理的利益分配机制

对于电子商务，作为一个能够与资金流、商流、信息流以及物流等多个环节有关系的产业链，各环节之间存在着互相制约和互相依存的现象，若是想要使得上游的电子商务发展的速度保持高速，就必须需要保证下游供应链环节的物流以及其他与之相关的环节起到相匹配的作用。无论是线上操作还是说传统意义上的企业来操作的电子商务，都必须与各个环节所存在的利益有一个有效的分配机制，同时也与电子商务、经销商、支付方式以及电商平台等都具有相关的利益分配。因此，在电子商务企业的运营中，利益的分配机制都会是不能够缺少的组成部分。而目前从物流企业的角度来看，会因为业务流程的互联网化，肯定会导致业务流程中，各参与方能够起到作用强度以及它的功能都会发生变化，从而使得业务流程中成本结构不得不发生改变，所以改变各业务流程的利益分配机制会是企业最需要实行的一项基本策略。首先，作为电子商务企业，应该设立一个思想：建设公平合理的利益分配机制，才能让各环节之间的业务顺利执行，不然会使在电子商务企业整体竞争力提升影响企业的利润。其次，应该由各环节在供应链中的作用以及贡献度来决定利益分配机制，既是电子商务企业应该对所有参与的环节，进行相关的功能定位并确定各参与环节应得到的利益。在电子商务中，物流环节具有足够再生的关键环节以及基础环节，因而有一个相匹配的利益分成是必不可少的环节，只有这样，物流企业才能拥有足够的在生产资金，用来扩充发展的规模，也能够使物流设备设施得到相应改善，在业务处理能力的方面也能够得到不小的提升。

(2)在如今的电子商务这个大环境下，建设物流与电子商务的协同作业平台，成为了电子商务能够顺畅高效经营的关键所在。第一，需要构建电子商务与第三方物流协同作业的平台，可以做到全平台的数据交换以及数据共享功能，增加系统的透明化以及加强系统的规范化，从而达到能够促进供应链各环节有效整合的目的。第二，能够经操作业务流程设计并且构建电子化协同作业的相关信息平台，可以及时地、合理的以及准确的来调配物流企业的有关资源。特别主要的是，当遇到促销季中，单个物流企业的有关资源承担不了大批量订单需求的时候，便可以通过协同平台整合社会中的空余物流资源，然后将社会中空余的物流资源用来解决该企业承载能力不足的问题，而遇到淡季来临的时候，或许某物流企业的物流资源陷于闲置的问题时，也可以用协同平台对该企业的空余物流资源进行有效的调配。从而使得协同平台在处理社会资源与企业物流资源匹配的问题上有很大的进步。第三，做到准确获取物流配送的货物跟踪信息，并能够及时的接收在销售方面反馈的信息，有助于提高物流的服务水平，降低物流企业的成本。不仅可以得到客户的好评和认可，又能促进电子商务的不断发展与工作效率的不断提升，达到物流企业与电子商务共同发展的目的。

3. 提升物流企业的服务能力以适应电子商务的发展需求

仅仅依靠外面的能力对电子商务和物流能够协同发展是极为困难的，更需要各物流企业能够不断的提升自身的能力。

首先，关于物流企业的服务水平上面来分析，物流快递企业应该加强管理上面的专业化、规范化以及科学化，用以增强在配送业务中，有关各环节服务水平的标准化建设，能够提升物流工作人员的服务水平以及整体素养，提供给消费者更加高效并且优质的物流服务。其次，需要根据各种类型客户的不同需求，做一个顾客需求分析情况，从而能够提供多元化、多样化以及优质化的物流服务，即是能够满足一般客户标准化的服务需求，同时又能够满足各种类型客户个性化的服务需求，并以此来收取增值服务。因此，物流企业不仅只是提供给顾客基本的物流服务，与此同时，还需要根据市场需求的变动，不断分析并且将市场进行细分，不断增强业务的发展以及对业务范围进行相应的扩展，广泛开展货代、加工、配送等相关的物流业务，还需要提供流程解决方案并且搭建出相关的信息平台以及提出有关的物流策略，使得专业化的物流服务可以满足消费者多样化的需求。同时将物流实施的能力与物流信息技术融合在一起，做到物流解决方案的一体化建设，使得客户的满意度不断提高。

其次，在物流企业的管理体制的方面，需要引进国内外科学先进的管理经验以及管理模式，同时更需要结合物流企业自身的情况，进行物流管理方面的创新能力，从而不断挖掘企业内部潜力、优化配送路线、改善服务质量、提升工作效率以及降低物流的配送成本，从而更加规范了协同发展平台的运行机制，在配合电子商务发展方面，更能够满足他们的需求。

最后，必须提升物流企业相关平台的信息化水平以及相关网络化的综合能力。以现代信息化的科技水平，用来作为现代化物流管理基础的管理活动，具有信息化支持与现代物流管理共生的管理模式。作为快递物流企业，应当首先做到计算机信息系统的快速建设，比如销售时间点信息系统、电子数据交换系统、物流企业管理信息系统、运输信息管理系统以及决策支持系统等相关的信息系统，将配送运输以及储存加工等功能有效地结合起来，尽可能快速地达到物流管理的科学化以及信息化，为了能够与外部环境进行有效的信息沟通奠定基础。还要根据物流企业的实际情况，在全国各地规划建设网络节点，当物流企业的业务量比较多，同时企业经营的规模比较大，也可以通过自建网络节点；而对于中小型物流企业来说，可以考虑与其他中小型企业合资建设共同的网络节点。

5.8 电子商务与快递业的协同模型研究

以前文对电子商务行业与快递物流协同现状的研究作为基础，这里引入 CPFR 供应链模型，并以此构建电子商务与快递物流的协同模型。

5.8.1 CPFR 的基本理念

CPFR（Collaborative Planning Forecasting and Replenishment）即协同计划、预测和补货模型。CPFR 是将发展目标设立成提高广大消费者的价值，在通过各企业之间的协同合作，为了能够达到整合共享信息以及标准化需求的目的，还需要优化各企业之间所要联系的业务流程等，其次将高新科技运用到企业中进行有关作业的交流以及各工作人员之间的沟通，能够在接下来能够以信息流通来推动企业中商品流通的过程。CPFR 一般用来达成协同市场预测等目标的技术手段是首先制定出高效快捷的业务计划。同时构建更加完善的处理机制，然后通过顾客需求相关商品的及时补货，并修改销售计划以及补给计划。还需要在高技术水平服务必要的前提条件下，能够做到有效地降低供应链环节中的各企业自身的库存成本并能够降低企业的运营成本。与此同时达到提高销售数量的目的，便能够形成了各企业之间的多方共赢。为企业的发展方向以及往后的工作业务提供了发展方向，便可以提高整个供应链环节运行的效率。

5.8.2 CPFR的基本模型

CPFR模型基本包括三部分，即协同规划、协同预测和协同补货。

协同规划：主要为了在规划的过程中各成员取得相同的基础假设，这不仅可以确定协同运作关系的参数，还能确定相应的商业流程。为后续工作做好铺垫工作。

协同预测：有两部分组成，即销售预测和订单的预测。成员除了预测外还要信息共享，这样才能达成预测共识。如果各成员间有分歧，必须在协同规划前就就解决分歧，已达成订单需求的共识各成员必须在协同规划的前提条件下解决分歧，以达成需求和订单的共识。

协同补货：在协同补货的过程中，制造商为了能够达成协同中的订单量，可以自行的调整产量，为采购订单做好充分的准备。这一过程还可以确保销售的总订单量不会超出协议的订单及预测。如图5.8所示。

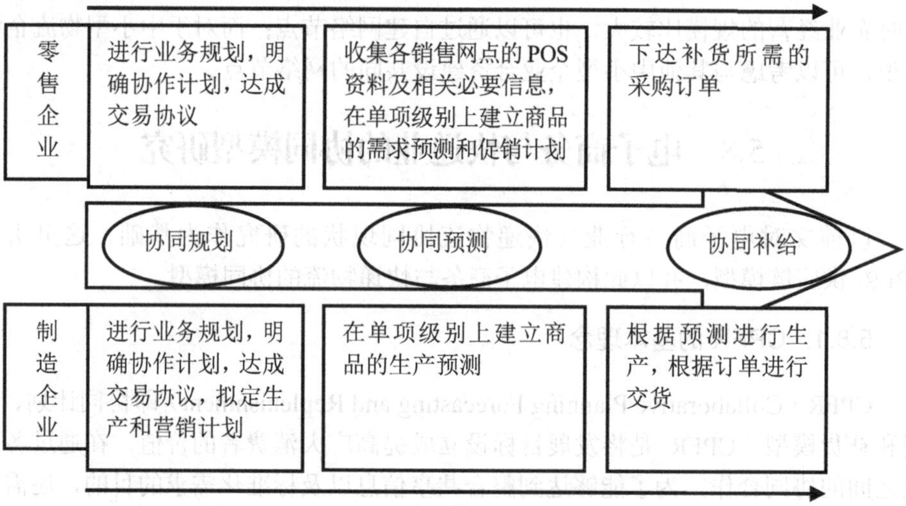

图5.8 电商物流协同补货

5.8.3 电子商务与快递物流协同模型构建

电子商务的物流配送包括五个环节，分别为接收订单、上门揽货、分拣、运送和上门投递。这五个环节是密不可分的，不管哪一个出了问题都会影响到其他几个环节的效率，进而影响到整体配送的效率。因此，快递企业需要协调各个环节间的运作，确保信息的准确传递和配送各个环节快速响应。将电子商务的物流配送整体流程的五个环节接收订单、上门揽货、分拣、运送和上门投递进行分解，确立每个环节的具体实施细节，建立电子商务配送实施模型，如图 5.9 所示。

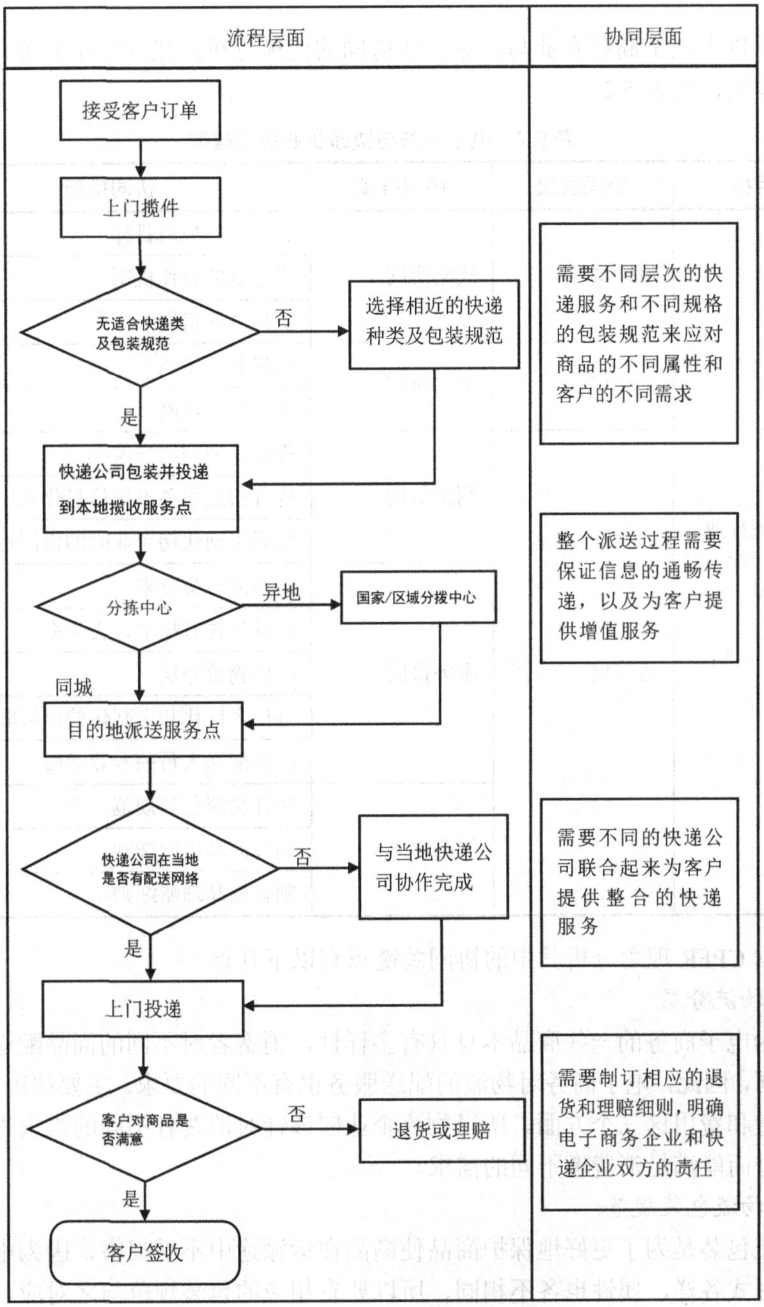

图 5.9　电子商务物流配送流程图

5.8.4 协同模型建立及分析

基于以上电子商务企业与快递企业协同的建模分析，建立电子商务与快递物流协同模型，见表 5.2。

表 5.2 电子商务与快递企业协同模型

总目标	协同层次	协同维度	协同措施
电子商务行业与快递行业协同发展	战略层	战略协同	制订协同战略目标
			供应链的合作机制
			责任分配机制
	策略层	策略协同	信息共享策略
			资源整合策略
	运作层	网络协同	提升快递网络覆盖率
			提升快递服务设施信息化水平
			增强不同快递企业间的协同程度
		服务协同	提高准时交货率
			降低货物破损率、丢失率
			推出物流分层
			推出个性化和定制化的增值服务
			提高配送人员的专业素质
		规范协同	制订物流包装规范
			制订商品退回细则
			制订商品理赔细则

根据 CPFR 理念分析其中的协同关键点有以下几点。

1. *物流分层*

因为电子商务的一些商品本身具有多样性，消费者对不同的商品配送的需求也属不同，因此，电子商务对物流的配送服务也有不同的要求。主要体现在时间、服务质量和费用这三个方面。所以物流企业应该针对消费者不同的需求进行物流分层，进而能满足消费者不同的需求。

2. *物流包装规范*

物流包装是为了更好地保护商品使商品在运输途中不受损害，因为电子商务的种类形式各样，属性也各不相同，所以要有相应的包装规范与之对应。例如，大件商品的包装，贵重物品的包装，易压易碎商品的包装等。

3. 信息的流畅传递

电子商务的物流配送过程实际上是信息传递的过程中将食物传递给消费者的过程。然而信息传递和货物流通的速度直接影响着快递服务的速度和质量。因此，在电子商务环节中不仅要保证信息的及时性，更要保证信息的准确些，进而确保快递服务的高时效性。

4. 快递物流企业之间的协作

因为一个快递企业的网络覆盖范围比较有限，一件货物的配送可能需要至少两个快递企业协作才能完成，或者是由一个快递企业在另一区域的分支机构协作完成。因此，参与这整个物流过程的各个主体应当高度协同，相互配合，整合资源，进而能为消费者提供更优质的服务。

5. 责任分配机制

因为电子商务在物流配送流程中可以参考比较的主体较多，出于理性的经济学假设，企业在不同区域都会追求利益的最大化，因此在配送过程如果出现了问题，快递物流与电子商务企业责任怎么分配，这些都是协同过程中所必须要解决的问题。假如消费者对物流服务不太满意，需要退货，需要有与之对应法律法规，这样才能有效地保护消费者的利益。

6. 增值服务的提供

因为电子商务的特点是提供多样化的服务，那么与电子商务协同的物流配送也应该强调多样化和个性化。快递企业在配送过程中需要提供增值服务的环节，为消费者增加提供更优质的服务，这样才能增强消费者的用户体验性，提高客户满意程度。

5.9 “电商快递服务一体化”设想

基于以上电子商务企业与快递企业协同的建模分析，根据 CPFR 理念分析出的协同关键点，提出“电商物流一体化”的构想。使得电子商务企业和快递物流企业形成双赢的一种局势。

5.9.1 一体化平台的建立

一体化的建立是指原本相对独立的个体通过某种固定的方式共同构成一个整体的过程。在这种固定的方式的规范下，整体的各个组成部分相互协调合作，共同进步。宏观上，一体化过程包含着国家的政治、经济、文化等方面的融合，一体化的建立可以使个体的有点得到充分的发挥，使整体的凝聚力更加强大。微观上，一体化在企业之间也具有重大的战略意义，一体化的程度直接影响着企业的规模与企业利润。一体化战略有两种形式：横向一体化战略和纵向一体化战略。横向一体化战略是指企业为了自身的规模的发展、市场范围的扩张、加强企业竞争能力而与同行业相关企业之间形成联盟的一种战略。其实质就是为了同行业固有的资产能够集中综合利用，以达到巩固市场地位、降低成本的目的。纵向一体化战略是，企业沿产业链上两个可能的发展方向上扩展经营服务以及业务的一种发展战略。

针对电商与快递之间的关系以及二者发展的依赖关系，对其建立一套完整的一体化信息服务平台将有重大的战略意义。通过一体化信息服务平台对二者下达指令，无论是对电商企业还是对物流企业不但能延缓拖延时间，还能提高整个电商与快递的运行效率。关于电商与快递服务一体化的构想图如图 5.10 所示。

5.9.2 一体化的含义

一体化信息服务平台所涉及的范围包括了配送的整个过程，概括来说有以下几层含义，即快递网络的一体化、服务的一体化和政策法规的一体化。

1. 快递网络一体化

在一体化信息平台的信息系统中，快递网络的一体化占据着重要的地位。怎么样才能够实现虚拟和现实有效的无缝连接呢？怎么样才能够在那些比较分散的配送服务范围内完成快速的配送作业？如何在繁多的服务网点准确的定位？怎么样才能够在物流联盟的大组合中实现配送的准确性？这些问题都是快递网络所要解决的问题，所谓的快递网络一体化就是指对快递产业结构进行合理布局，整合各方面相关的网络资源，使得虚拟环境下的网购与现实环境下的物流配送能够有效的无缝连接的目标。一体化信息服务平台在构建过程中，要协调企业合理选址，同时加强城市配送并结合城市物流园区的建设合理设置配送中心，逐步形成完善的城市配送网络。

2. 服务一体化

客户是电商服务的最终点，消费者的客户满意度直接影响着电商的发展。服务一体化是指在电商企业下单以后直到实体商品抵达客户手中的整个活动，其中包括网络服务、配送服务、理赔服务以及售后服务。所谓的服务一体化就是指所有的服务均有一体化信息平台处理，这样可以大大提升物流系统的效率，大大地较低了物流成本。所以，对于网购的客户来说，只需要在电子商务网站上完成交易后，就可以直接等待商品来“敲门”就可以了。

3. 政策法规一体化

为了使整个一体化平台能够安全有效地运行，政策法规一体化是必不可少的。关于政策法规一体化的一般解释是指电商以及快递方面的特性，制订出有利于电商与快递协同发展的一系列标准和规范等。整个体系之间相互协调，共同促进发展，政策法规则是调节整个系统的行为准则，愈加规范的政策法规才能更好地服务整个系统。

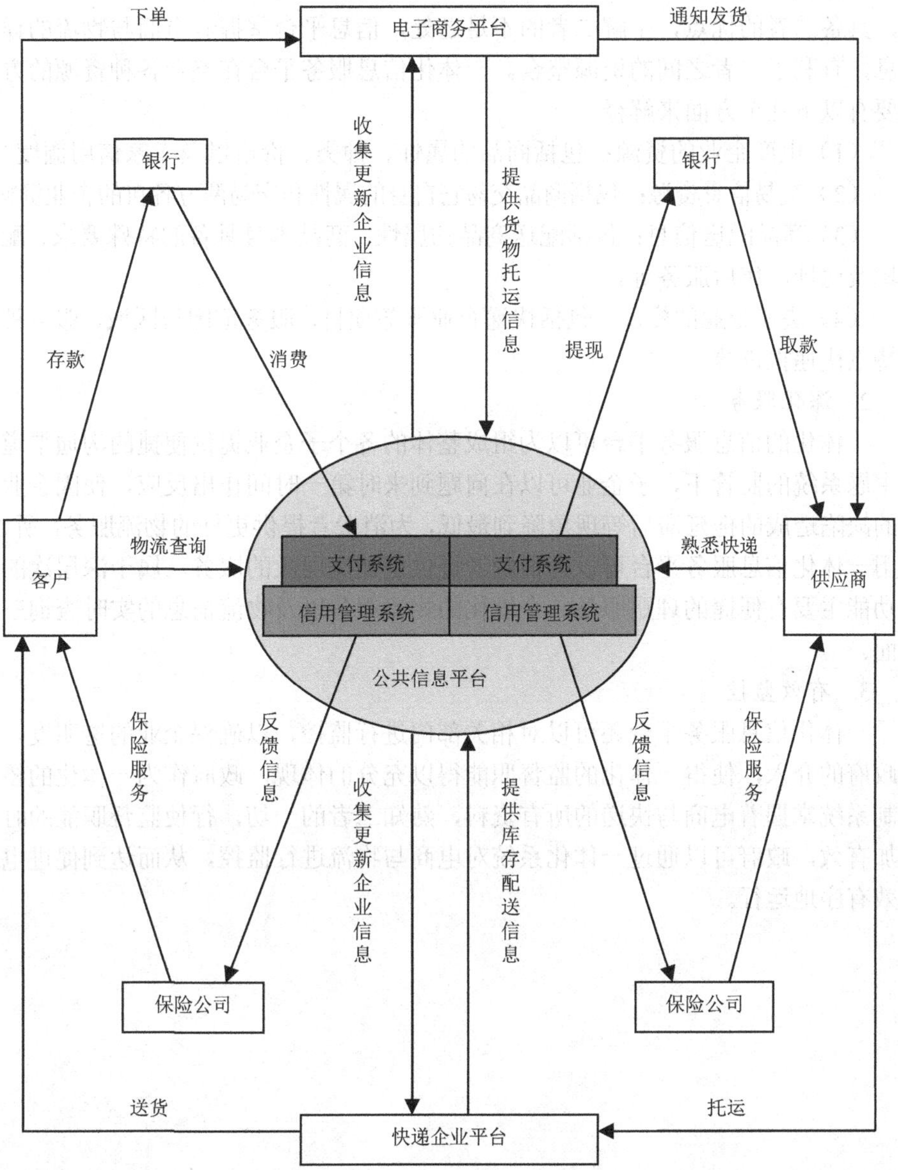

图 5.10　电商与快递服务一体化的构想图

5.9.3 一体化功能与作用

1. 整合资源

一体化的信息服务平台是由电子商务与快递物流两个企业共同组成的一个整体，具备二者的优点，了解二者的不足之处，信息平台掌握着电商与物流的详细信息，有利于二者之间的资源整合。一体化信息服务平台在整合各种资源的方面主要有以下几个方面来解释。

（1）电商企业的资源：包括商品的属性、种类、价格以及卖家信用额度等。

（2）交易信息资源：包括商品交易它自身的属性和交易两方各自的企业资料。

（3）商品配送信息：包括配送商品的属性、商品本身具备的特殊要求、配送区域及地址、售后服务等。

（4）快递企业的资源：包括快递企业服务项目，服务范围与区域、服务种类及特点快递报价等。

2. 深化服务

一体化的信息服务平台可以为组成整体的各个子企业提供便捷的沟通渠道。在主题系统的监管下，子企业可以在问题到来时第一时间作出反应，使因企业本身的缺陷造成的拖延滞后等现象降到最低，为消费者提供更好的物流服务。所以，利用一体化信息服务平台可以为消费者提供更加深层次的服务。属于深层次的服务功能主要有便捷的理赔服务、个性化的物流服务以及物流信息的实时查询三个方面。

3. 有效监控

一体化信息服务平台还可以对相关部门进行监控，以确保企业的透明度。因为政府的介入，使得一体化的监督职能得以充分的体现，政府作为一体化的核心控制系统掌握着电商与快递的所有资料，熟知二者的一切，行使监督职能的时候更加有效，政府可以通过一体化系统对电商与物流进行监控，从而达到促进电商高效有序地运行。

第 6 章　创新跨境电商物流模式，降低物流成本

6.1　研究背景

随着经济全球化的不断深入以及互联网信息技术的迅速发展，传统的贸易形势和消费方式产生了巨大的变化。尤其是近年来，跨境电子商务进口业务发展势头迅猛，已经成为我国对外贸易发展的新契机。在互联网第二次世界会议上，国家主席习近平指出跨境电子商务的发展将会促进全球经济发展，将跨境电商再次被推动向前。跨境电子商务这一新业务的发展必然导致跨境电子商务物流业的快速发展。

从国家宏观经济的角度来看，自 2012 年以来，国家相关部门陆续颁布了一系列了推动中国跨境电商业务发展的政策。2015 年 7 月，国务院常务会议中又补充了多项促进跨境业务的具体措施，大力支持跨境交易新型商业模式。这一系列利好政策都会促进对中国跨境电商的发展。

从市场需求来看，近年来，我国居民的主流消费观念转变，对海外品牌的认知提升，出境购物人数与日俱增。随着底线城镇网购需求的逐日旺盛，跨境消费对电商的要求也越来越高。跨境贸易本身的特点使得物流产业链延长，加上通关和商检的周期，导致中国的跨境电商业务周期比国内电商企业的物流要长得多，这已成为中国跨境电商业务发展的障碍。

目前跨境电商的发展还在上升过程中，解决好跨境电商模式评价选择问题将能够进一步扩大企业的服务范围和能力。本章针对跨境电商物流模式进行研究，对如何评价模式来实现企业新的盈利点提出建设性想法。

6.2　国内外研究现状综述

6.2.1　国外跨境电子商务物流模式研究现状

国外跨境电商物流的研究相对于国内已经形成比较成熟的研究体系，西方国家经过长时间的发展已经形成成熟的跨境电商物流模式体系，综合保税区的出现

为跨境贸易提供了新的形式。国外的学者对跨境电子商务物流研究的主要观点有：Nuray Terzia（2012）认为跨境电子商务能够提升国际贸易成交量，从长期来看，跨境电商能给发展中国家带来巨大的收益，而第三方物流模式是中小型跨境电商企业最合适的选择。

跨境电商物流的发展，能够在带动全球经济的发展，各国都在纷纷加入跨境电商行列。美国学者 James Cooper、Melvyn Peters 在研究“保税区物流”时指出保税区为全球从事跨境电商的企业提供最佳场所，可以较大程度降低企业的物流运营成本，并初步提出了保税区物流模型并鼓励多式联运。

6.2.2 国内跨境电子商务物流模式研究现状

张夏恒等（2015）针对跨境电商与跨境电商物流的协同问题展开研究，并提出构建跨境电子商务生态系统。

郑郁分析了我国保税物流园区的发展状况、模式及功能，以上海外高桥保税物流园区为研究对象，通过建立保税物流园区能力评价指标体系，分别在定性和定量两方面作出了分析。

通过总结国内外专家学者的理论不难发现，国内外对于跨境电子商务的发展没有形成一个总体的研究体系，都是孤立出来单独就某一方面进行研究的。对于跨境电商物流模式评价的研究相对匮乏。

6.2.3 我国跨境电子商务的发展现状

1. 新常态时代下跨境电子商务发展现状

中国国民经济步入了一个新时代，跨境电子商务作为国民经济增长的新亮点，引起了国家和企业界的关注。中国的跨境电子商务也进入了“新常态”发展阶段，主要表现是产业进入适度成长阶段，资源要素进入高成本时代。

根据中国海关官方数据如表 6.1 显示，自 2008 年以来，中国的跨境电商业务在 2010 年和 2011 年的增长最快，增长率分别为 44.44%、38.46%。虽然近几年的增长速度呈下降趋势，但总的来说，跨境电商交易的规模正在扩大，从跨境电商交易占进出口贸易比重来看，中国 2016 年的跨境电商交易规模为 6.5 万亿元，占进出口贸易总额的 18.90%。从我国对外贸易的总体变化情况来看。跨境电商业务在对外贸易中的地位越来越明显，跨境电子商务已迅速发展成为我国对外贸易中新的经济增长点。跨境电商交易数据见表 6.1。

2. 跨境电子商务物流发展现状

近年来，我国跨境电商取得了飞速发展。从图 6.1 所示的数据可知，我国跨境电商物流业产值每年都在增长，2015 年总体产值达到了 158 亿美元。自 2011

年累计增长率超过 28.04%。但是，从同比增长率来看，跨境电商物流业产值增长速度整体上较为缓慢，远低于我国当前跨境电商发展速度，这说明我国跨境电商物流发展还存在一定的延迟性。目前，我国跨境物流还是只能提供基础物流服务，在高端服务与增值化服务方面呈现缺失状态，无法根据客户的需求进行定制化的服务。跨境电商物流业发展状况如图 6.1 所示。

表 6.1 跨境电商交易数据表

年份	跨境电商交易额/万亿元	进出口交易额/万亿元	跨境电商交易增长率/%	跨境电商交易额占进出口交易额比例/%
2008	0.8	18	—	4.44%
2009	0.9	15.1	12.5%	5.96%
2010	1.3	20.2	44.44%	6.44%
2011	1.8	23.6	38.46%	7.63%
2012	2.3	24.3	27.78%	9.47%
2013	3.1	25.5	34.78%	12.16%
2014	4	27.7	29.03%	14.44%
2015	5.2	30.7	30%	16.64%
2016	6.5	34.4	25%	18.90%

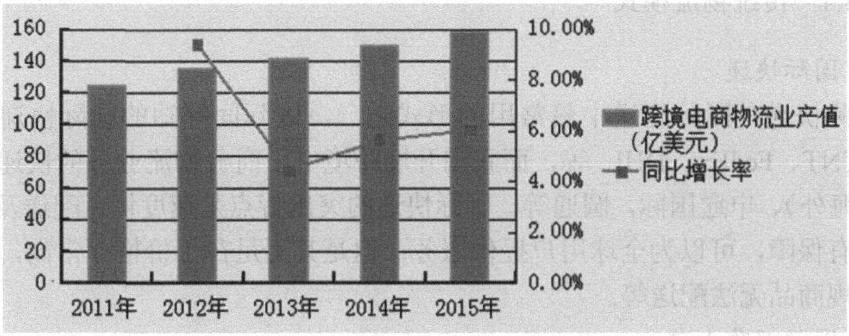

图 6.1 跨境电商物流业发展状况图

6.3 跨境电子商务的运营模式

跨境电子商务的运营模式主要有 B2C 模式、C2C 模式、BBC 模式和海外电商直邮，具体见表 6.2。

表 6.2 跨境电商运营模式表

运营模式	概念	优点	缺点	代表商家
B2C 模式	企业通过互联网直接向消费者销售商品，一般是自营+直接采购相结合的形式	（1）商家直接参与货源组织 （2）时效性好 （3）客户认可度高	（1）品类受限 （2）资金压力大 （3）支付体系不健全	京东、聚美、蜜芽
C2C 模式	海外买手制，即靠广告和返点盈利的模式，目前大众比较喜欢和看好	（1）可以满足碎片化的用户个性需求 （2）具有一定的规模	（1）服务体验的掌控度差 （2）商品真假难辨	淘宝全球购、淘世界
BBC 模式	物流中心商家平台接收订单后由保税区配送至消费者	（1）配送效率高 （2）无库存压力	（1）功能的单一 （2）政策未落到实处	
海外电商直邮	商品从企业不经过第三方直接到达消费者手中	（1）物流体系完整 （2）适用性好	（1）对本土化问题 （2）退换货问题	亚马逊

6.4 跨境电子商务的物流模式

6.4.1 传统物流模式

1. 国际快递

国际快递是国际配送中最常用的形式之一，国际间熟知的国际快递公司有 UPS、TNT、FedEx、DHL 等，而我国开展跨境电子商务物流业务的快递公司有顺丰（海外）、申通国际，圆通等。国际快递的突出特点是速度快、配送及时、服务质量有保障，可以为全球用户提供服务；但是其不足在于价格非常高，并且某些非常规商品无法配送等。

2. 国际邮政小包

国际邮政小包属于邮政航空小包的范畴，可寄达全球 230 多个国家和地区。在国际间利用万国邮政联盟以个人包裹的形式递送。国际邮政报文具有成本低、存取方便等优点，但在实际操作过程中，国际邮包会出现配送周期长，货损货差率高，查询追踪功能不强等问题，同时特形货物的运输也会受限。“跨境小包”物流模式流程图如图 6.2 所示。

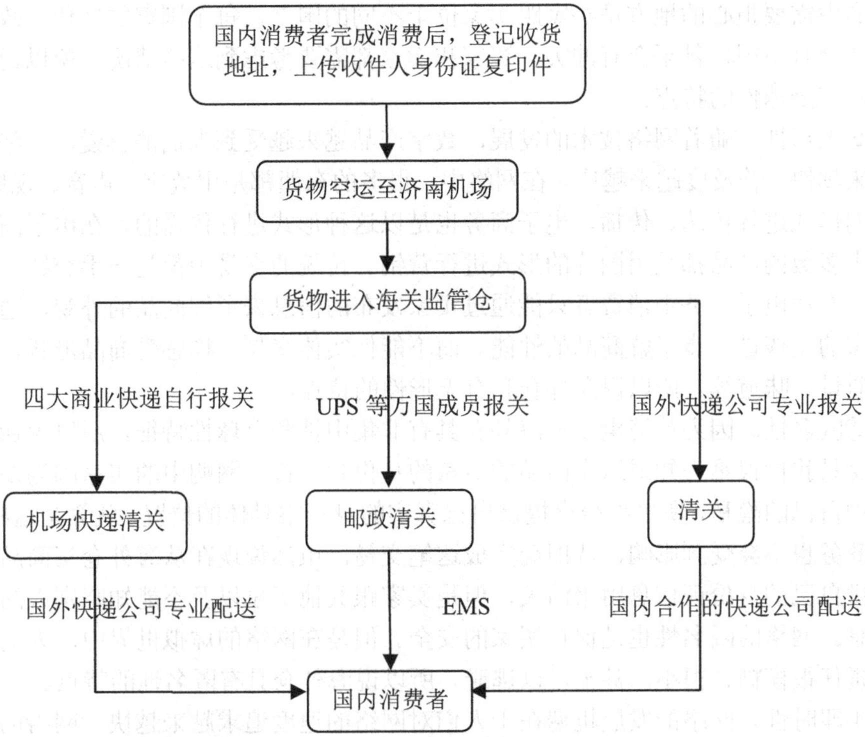

图 6.2 “跨境小包”物流模式流程图

6.4.2 新兴物流模式

1. 海外仓

海外仓，顾名思义是设立在海外的仓库。近年来随着电子商务的兴起，直接进出口运送货物的方式已经满足不了市场的实际需求了。为了更好的迎合消费者的需求，同时缩短货物运送的时间、降低成本，“海外仓”这个新鲜名词便出现在人们的视线中。海外仓是跨境 B2C 利器，中国跨境电商企业越来越依赖海外仓服务，海外仓让企业更接近客户，提升客户服务体验，在竞争激烈的跨境贸易中抢占先机。

（1）海外仓的特点。

①全球性。网络是一种无边界的媒体，具有全球性和非集中化的特征。因为跨境电商大多数的部分是在网络平台上进行，所以说跨境电商也具有这些特性。因为电子商务是电子支付，所以购买商品的买家和卖东西的卖家不用考虑地理位置的因素，因为它没有传统的“一手交钱一手交货”的形式，买卖的商品也不需要被附加更高的价值，也不需要去找更合适的市场、更好的摊位来销售商品。跨

境电商中需要担心的地方是买家跟卖家位于不同的国度，每个国家的文化、政治和法律会有不同，甚至会有冲突，买家和卖家都需要考虑到这些情况。所以说海外仓具有全球性的特点。

②无形性。随着网络技术的发展，数字产品越来越受到人们的喜爱，传播速度越来越快，普及度越来越广。在网络中，很多的东西都是用数字、声音、视频、图片的形式进行传达、传播。电子商务也是以这种形式进行传播的。在电子商务中，大多数的产品都是用图片的形式进行营销。传统的交易中都是一手交钱一手交货，而在电子商务中消费者只能通过卖家发布的信息来了解商品的外观，通过与卖家的交谈进一步了解商品的性能。而不能像实体交易一样感受商品形状、重量、质量、味道等。所以说海外仓具有无形性的特点。

③匿名性。因为跨境电子一海外仓具有非集中性和全球性特征，所以说通过这种交易我们很难去知道这个商品的买家的身份和位置。网购中的买家因为知道要保护自己的隐私，所以很少会提供自己真实的身份跟具体的位置，就算是这样，电子商务也不会受到影响，依旧会完成这笔交易。虽然说现在从海外仓买商品需要提供自己的身份证信息用来清关，但是卖家跟其他买家以及不能知晓别人的身份信息。网络的匿名性也是保护买家的安全。但是在网络的虚拟世界中，人们承担的责任很模糊、很小，甚至可以逃避。所以说海外仓具有匿名性的特点。

④即时性。网络的发展机遇在于人们对网络的速度追求越来越快。网络的传输跨过了时间的界限和地区的距离。传统的交易模式能够利用的电子设备无非是传真、电话，接受到消息的人数量有限。而在跨境电商的市场上，海外仓里有什么东西，将这些商品的信息公布在网上，在消息被公布后，有无数的互联网平台用户都收到了这条消息，不管这些用户在任何地方，在任何时间。如果用户对这些商品感兴趣或者非常喜爱，可以立即下单购买，完成交易。所以说这就是海外仓的即时性。

⑤无纸化。跨境电子商务一海外仓的交易主要采用无纸化操作方式，这是跨境电商形式进行交易的主要特征。因为跨境电商一海外仓的交易主要是在网络购物平台上进行，用户下单之后，按订单进行商品的拣选配送，在整个过程中不需要类似“合同”这种纸质化的东西。跨境电商一海外仓的信息是通过数字传输进行，信息的接受也不需要纸质，所以说海外仓具有无纸化的特点。

（2）海外仓运作流程。海外仓运作流程（见图 6.3）主要包括以下几方面。

①SKU/补货管理

境内装运整合：卖家装运整合，集货理货/自送提货，到集货仓、监管仓，经过订舱报关，进行快件拼箱整柜，然后出境通关。

②海外仓管理系统全程跟踪

③库存管理

境外履单：货物经过国际段运输后入境清关，然后将货物送到监管仓，检查境外履单；或者将货物送到普通仓，将货物入库上架，根据订单拣选出库，然后进行尾程配送，买家进行签收。如买家对货物不满意，可联系配送货物的物流公司进行退换货，将货物的退到普通仓，然后在普通仓内进行商品的拣选，在将商品进行配送。

④网购下单：在跨境电子商务交易平台上进行。

⑤接单处理

⑥上传订单

⑦仓库订单履行

⑧全程跟踪

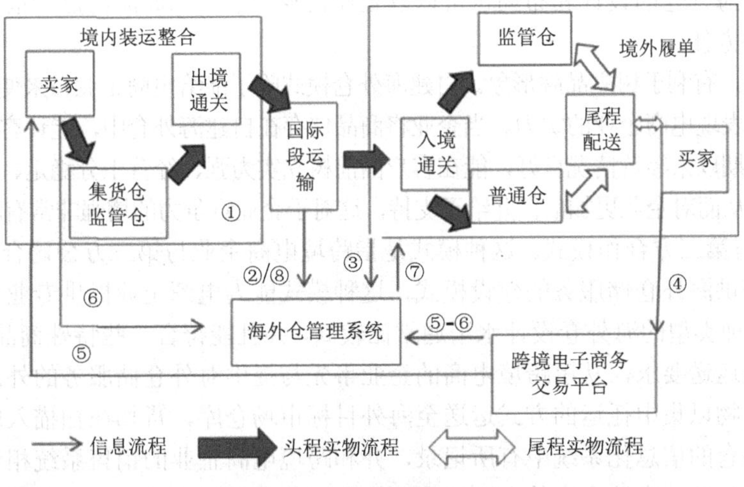

图 6.3　海外仓运作流程

由于中国的海外仓建设还处于发展阶段，所以对于中国很多物流运输公司而言，搭建海外仓运营平台，可以提高货物运输的效率，还可以为海外仓的进出口货物提供服务，成为中国海外仓走向国际化的重要方式。

（3）我国海外仓模式分析。

①自建模式。实力较强的卖家在海外市场建立了一个仓库。经过一段时间的运营，卖方从事跨境电子商务有一定数量的资金和客户群的基础。同时，随着跨境电子商务的快速发展，物流配送效率的提高迫在眉睫。这些卖家将资金投入到客户更集中的领域。在这个区域建立外部仓库，从而达到其当地出货量，提高货物配送速度。自建模式的特点如下：

第一，控制长期成本。自建海外仓模式能保证物流整体环节在自己的控制范围之内，直接控制和负责商品，并为电商客户和消费者提供更加优质的服务，大卖家自建的海外仓仓库可以有效地降低货物的物流成本。

第二，提高库存周转率。国外仓储物流的自身建设有利于货物的及时配送和快速配送，更好地满足消费者在目标市场的需求，同时也提高了消费者的满意度，树立了良好的品牌形象。此外，它也有助于提高电子商务企业的库存周转率，并能及时收回货款，从而保证了电商企业拥有充足的现金流。它对消费者、电子商务平台供应商和跨国企业都有很大的好处。

第三，便于物流管理。因为自建海外仓归跨境电商卖家所有，所以卖家能对海外仓实现最大程度的控制，而且有利于与其他物流系统进行协调，从而实现更加灵活地对跨境物流进行管理。同时，也正是由于电商企业是自建海外仓的所有者，所以海外仓的设计和布局也可以以企业自身的情况和商品特点为依据，使得管理更加方便。

第四，有利于树立品牌形象。自建海外仓模式除了能给电商企业带来便利，还能最大程度表现电商企业的实力。当企业将商品储存在自建海外仓中，能让客户感觉到该企业长期以来经营情况良好，能在客户面前树立实力强、经营十分稳定、可靠的良好形象，从而对企业更加信任并给予支持，这对于企业竞争力的增强非常有利。

2）与第三方合作模式。这种模式是指跨境电商企业与第三方公司合作，由外部公司提供海外仓储服务的建设模式，这种模式能为电商企业提供专业化的高效服务。这种类型的海外仓设计水平通常比较高，并且能符合一些特殊商品高标准、专业化的运送要求，从事跨境电商的企业事先与提供海外仓储服务的外部公司联系，将货物以集中托运的方式运送至海外目标市场仓库，货物在扫描入库后，就会在海外仓的信息化系统中有所记录，并和跨境电商企业的销售系统相连接，当有消费者下单，当地仓库就会迅速得到指令，从仓库调货并送至消费者手中，这种类型的海外仓建设模式主要有租用与合作建设两种。

①租用。直接租用第三方公司现有的海外仓库，利用第三方的海外仓库自身的信息系统和管理技术对仓库进行管理。电子商务企业需要向第三方公司支付运营成本、物流成本和仓储费用。

②合作建设。指电商企业与第三方公司合作建设海外仓，并自行投入设备、系统等。采用这种方式，电商只需支付物流费用，但需要电商企业和第三方公司共同对海外仓的管理和系统完善投入更多的精力。

与第三方合作模式的特点如下：

第一，可降低电商企业运营风险和资产投入。第三方海外仓储在帮助电商企业降低运营所需的管理成本的同时，还有助于电商企业减少资产投入，这样能够有效规连一些运营中可能的风险。由于第三方海外仓储企业同时处理不同电商客户的大量商品，对货物进行整箱拼装作业后可通过集中运输来节省运输成本。

第二，第三方物流更具专业性。第三方海外仓储相比电商自建物流更有经验、更专业且更有实力，能够提供更低的成本和更好的服务，所雇用的管理人员往往拥有更具创新性的管理和分销理念、能够帮助电商企业建立效率更高的物流系统。而且，第三方海外仓储的选址具有战略性，能够帮助电商企业更好地扩大海外市场。

第三，发展潜力巨大。第三方海外仓储在国际上有很大的需求，据数据显示：欧洲、美国使用第三方海外仓储的比例比较高。美国的非第三方海外仓储用户对此的兴趣极大。欧洲、美国的第三方海外仓储用户每年对第三方海外仓储的需求都在增加。中国第三方海外仓储处在刚刚起步的阶段，发展的空间很大，而且国际上对第三方海外仓储的需求也在年年增加，所以说对中国来说是一个发展的机会，中国第三方海外仓储发展的潜力无限大。但是中国第三方海外仓储毕竟处在刚刚起步的阶段，拥有的技术和管理技术远远落后于海外国家，这对中国发展第三方海外仓储又是一个极大的挑战。所以中国应该好好重视第三方海外仓储的发展。

第四，解决跨境电商企业后顾之忧。高效的物流能够帮助跨境电商企业减少人力资源投入，简化经营运作环节，使效率得到提高并有效降低成本，从而增强企业的实力和竞争力。在全球化竞争日益激烈、信息技术日新月异的今天，电商企业之间的竞争将越来越多地围绕物流成本与效率方面展开。把跨境物流这样一个对一些电商企业来说相对薄弱的环节交给对物流管理更专业的第三方公司去完成，有助于电商企业毫无后顾之忧的将精力聚焦于品牌、产品、营销的发展，从而使企业具备更多的竞争优势。

3）一站式配套服务模式。这种模式基于海外仓，但不局限于海外仓，通过这种模式可以根据不同电商企业的差异化需求，提供在售前环节不同的解决方案，并可以提供集物流管理、供应链优化、贸易合规及金融管理服务于一体的、服务透明、质量稳定的整体解决方案，从而帮助跨境电商解决物流、贸易、金融、推广等各方面的难题。跨境电商物流服务很难实现标准化，因为不同买方国家法律政策都有所不同，而且不同国家的消费者在所需商品品类和消费习惯方面存在差异。部分电商企业在实际运营中发现对于物流服务的有些需求海外仓不能完全实现，这表明，当前跨境物流的客户对于物流服务的个性化需求，已经对海外仓服务提供商提出了新的要求。于是，这种提供个性化服务的海外仓模式开始兴起。

一站式配套服务模式的特点如下：

第一，资源整合。一站式配套服务提供的整合的运输，将市场上能够为海外仓货物运输提供物流服务的公司整合起来，将所以公司提出的方案进行整合，找出最优方案，用来进行海外仓货物的运输。一站式配套服务海外仓应该可洞察现阶段物流的发展，对物流运输公司的管理能力高，对市场的发展具有强而有力的掌控。通过整合方案而提出的最优方案应具有降低运输成本，增加网络购物平台卖家、海外仓、运输公司的利润。

第二，完善跨境电商供应链。与国内传统的供应链管理不同的是，跨境电子商务一海外仓的供应链管理涉及货物的进出口过程、要遵守各国法律法规和跨国事务的管理。海外仓储模式汇集了人流、技术流、信息流、资金流等多个因素。它是跨境电子商务供应链布局中的一个重要节点。通过跨国界电子商务供应链各方的需求以及信息和利益的反馈，可以通过一站式支持服务模式整合运输资源，优化跨境电子商务供应链。

第三，更好的服务体验。一站式配套服务模式可以根据不同电商企业情况，为他们量身定做一整套物流解决方案，同时，在跨境物流流程非常复杂的现实状况下，为电商企业提供有效的供应链管理服务和咨询服务，有针对性地满足他们对于物流服务的需求。一站式配套服务模式不仅为跨境电商企业提供了一站式服务，也为消费者提供了更好的本土化的服务，使海外仓客户和消费者都可以获得更好的服务体验。

第四，对跨境物流具有引领作用。一站式配套服务为物流运输提供的解决方案应该是最优化的、服务是最具有优势的、面对调整的法律法规可以及时调整策略的过程。

2. 边境仓

边境仓与海外仓模式类似，共同点都是将物流仓库建在非本国的国界。二者的不同在于，海外仓位于目的国境内，而边境仓则位于该国的毗邻国家内，建设目的不同。而且对于边境仓而言，仓库的位置可分为两个相对的边界位置和绝对边界位置，相对于边界仓设立在商品进口国相近却不相邻的国家，而绝对边界仓位于商品进口国的一个毗邻国家中。在实际操作中，边境仓库的优势在于能够降低在政治、法律、税收等方面的贸易风险，而边境仓的建立也可以充分利用“保税区”区域的物流政策，从而降低物流成本，提高物流效率。

3. 集货物流

集货物流也是国际物流国际物流中常用的一种物流模式。它使国际物流和跨境电子商务的配送成本更低、更有效率。目前，它有两种运作模式即构建物流中心和跨境电子商务战略联盟共同建立国际物流中心。

4. 国际物流专线

国际物流专线一般是由某个国家或地区当地的快递公司与国内快递合作开展的国际货运业务，是对某个国家或地区开的物流专线，如现已开通中欧班、e-ulink专线。一般时效稍慢一点，普通货清关跟国际快递一样，国际专线只是在价格方面具有一定的优势。不足就是送达的区域有限制，大批货物的运送速度较低，限制较多，清关能力稍差。

5. 第四方物流

第四方物流就是独立于或者超出于第一、二、三方的物流，通常是一个资源整合者，但并不拥有资源，有的只是资源整合能力和方案策划能力。因此，第四方物流主要从事咨询和策划，从咨询和策划中获得收益。尽管这一块服务目前规模尚小，难以获得客户认可与信任，但在整个竞争激烈的中国物流市场上将是一个快速增长的部分。

6. 网购保税物流模式

网购保税物流模式也叫作保税备货模式，其流程是国外商家根据国内需求预测预先将商品运至综合保税区仓库，在到达海关监管区域时，按保税跨境贸易电子商务的特殊入境通道清关入境，到达保税区仓库之后，境内消费者有两种方式选择购买跨境商品，一是通过综合保税区内的跨境商品保税店直接选购商品，这种方式的优势在于可以直接选择满意的商品，体验性好，不足是保税区位置远离消费者密集区，线下市场范围小；另一种方式就是通过线上跨境电商平台，消费者在线浏览下单，由保税区仓库直接发货，配送效率高。其适用的对象有：国内外独立跨境电商平台企业和一些综合型的跨境电商品牌商以及能满足检验检疫机构抽检的商家，其物流流程如图 6.4 所示。

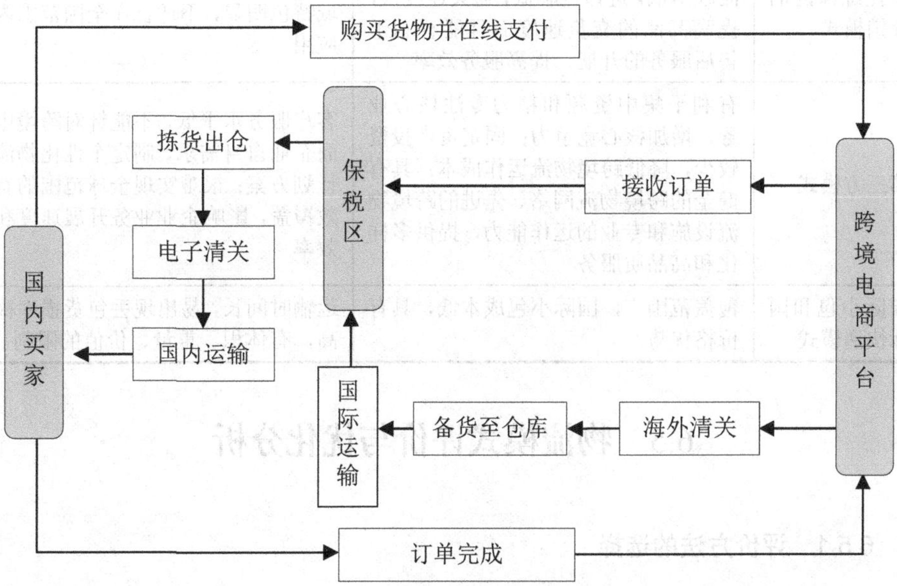

图 6.4 网购保税物流模式流程图

7. 依托保税区分销的物流模式

依托保税区分销的物流模式主要是指一些综合实力比较强的企业在综合保税区内设立物流中心或者借助保税区的保税展示功能打造保税商品体验店，消费者可以通过保税店直接选购商品或者通过网上商品展示平台选购商品，直接从保税区物流中心直接发货。这种模式能充分发挥保税区的政策和区位优势可以简化通关程序，最大程度降低进口关税，并能促进售后服务的保障，提高服务质量。

跨境电商物流模式优缺点见表 6.3。

表 6.3　跨境电商物流模式的比较

物流模式	优点	缺点
网购保税	具有规模优势，成本低，运送速度快	适用的商品类型受限，容易造成库存积压
海外直购	满足客户个性化要求，运输成本低效率高，避免物流繁忙时期的运送压力，能够改善物流时效、成本、退货、换货、海关商检等问题	投资成本，尤其前期投资成本高，运营成本高。并且需要对销售数量和品类进行准确的估计，以确保仓库不会造成产品的积压。消费者承担的运费高
跨境小包	方便、快捷，物流速度相对较快，进口税率	运送商品的品类受限，覆盖范围小
依托综保区的分销模式	专业化服务水平高，具有针对性，物流成本低，进口税率低，通关速度快，提高商品的交货速度而且能有利于售后服务的开展，提高服务效率	适用条件限制，不具有通用性，区域特色明显，不适合在全国范围内应用
第三方模式	有利于集中资源和精力专注核心业务，增加核心竞争力；固定资产投资较少，降低跨境物流运作成本；具有健全的跨境物流网络、先进的跨境物流设施和专业的运作能力，提供多样化和高品质服务	客户服务水平低，不能针对跨境电商企业自身需求，制定个性化物流计划方案；很难实现全球范围的有效覆盖，影响企业业务开展速度和效率
国际小包和国际快递模式	覆盖范围广，国际小包成本低，具有价格优势	运输时间长，易出现丢包货损率极高，有体积、重量、价值的限制

6.5　物流模式评价与优化分析

6.5.1　评价方法的选择

现有的评价方法中经常用到的方法有两种，一种是定性评价法例如德尔菲法、专家评价法等，另一种是定量分析法例如层次分析法、TOPSIS 法以及 BP 神经网络法等。一般情况下，物流模式的属于多目标、多判据的系统性综合评价。模糊综合评价在具有较多因素、层次较强的复杂问题方面具有较好的效果，而层次分析法能简单地将综合指标定量化，从而能够确定每个指标的权重，用于在用模糊评价法之前先用层次分析法分配权重。

由于企业规模与属性的不同，在进行模式选择或者评价时所考虑的角度也会不同，因此在对各物流模式及进行评价时确定指标权重是非常重要的一步。本文采用定性和定量分析相结合的层次分析法来确定各指标的主观权重。最后用模糊评价法对济南综合保税区现在有的六种物流模式进行评价。

6.5.2 评价指标体系的构建

1. 评价指标体系设计原则

建立评价指标体系是一项复杂的工作。通常选取的指标越详细，指标的层次越多，最后所得到评价结果之间的差异就越明显，更有利于判断和评价。因此，评价指标体系不仅要反映模型的目标，还要尽可能科学、合理、符合实际情况，还要有可衡量性、可比性等。通常在构建评价指标体系时要遵循的原则如下：

（1）系统性原则。也叫作整体性原则，即根据建立评价指标体系的目的，对物流所涉及的个环节进行系统分析，使构建的指标体系完整平衡。

（2）可测性原则。指标要容易量化，数据收集方便，计算简单，具有可评价性。

（3）层次性原则。评价指标体系的层次结构要清晰，递进关系要合理。

（4）简易性原则。评价指标体系的建立，要简单明了易于理解。

（5）可比性原则。评价指标的选择要保持同趋势化，以保证可比性。

6.5.3 影响跨境电商物流模式选择的因素

跨境电商参与者包括海外商家、国内商家、海关商检部门、物流承担者等。不同的参与者在评价物流模式时会因自身的能力需求等不同所考虑的因素也会不同。商品提供商会因企业的属性和实力在选择物流模式时首先会考虑物流成本，物流掌控能力以及优惠政策等因素；消费者在评价物流模式时想到的是准确性和时效性等服务体验问题；而物流承担者往往会考虑所配送商品的特性，所要跨越国家的法律税收等因素。具体因素可从宏观因素和微观因素两个方面进行分析。

1. 宏观因素

（1）经济因素。中国经济的不断发展，人均可支配收入不断上涨，网购用户基数增大，消费者在跨境购物时不仅追求商品质量，而且对物流服务提出更高的要求。并且随着经济的发展，科技水平也在上升，在物流活动中智能技术在发挥越来越重要的作用。因此经济因素对跨境电商物流模式的选择也具有相当大的影响。

（2）政治政策因素。近年来，随着跨境电商成交量的增加，国家政府对跨境电商的重视程度增加，陆续出台相应的保障政策，把跨境电商作为外贸的增长点，将跨境电商引导向正规化、阳光化发展。特别是税收方面，2016 年 4 月 8 日起，国家实施新的税收制度后，以个人物品申报入境的进口货物征收综合课税并取消 50 元税额免征，而不再按传统货物形式征收行邮税。境外商品进入中国境内主要有一般贸易、跨境电商、行邮通道方式，其税收政策也因入境方式不同而不同，其详细内容如表 6.4 所示。如此看来，政治政策因素等也会对物流模式选择产生影响。

表 6.4 不同入境方式的比较

人境方式	商品状态	税收	特征
一般贸易	货物	关税/增值税/消费税	按现行规定办理
跨境电商	个人货物	（增值税+消费税）×70%	“三单对碰”清关较快
行邮通道	个人物品	行邮税	抽查，速度慢

（3）跨境电商企业。跨境电商企业之间在企业属性和规模实力等方面存在差异，而跨境物流在企业中的地位不同，在选择物流模式时的偏好也会不同。例如大件货物就不适合走国际邮政小包模式，而更适合海外仓模式；海外代购商规模实力小，无法形成规模运输，一般会选择跨境小包模式等。

2. 微观因素

（1）物流成本和物流服务质量。物流总成本是由物流活动各环节的要素成本构成，成本的高低与物流服务质量的好坏之间存在效益背反规律。用户总是希望少支付较少的费用而要求得到满足自己所有要求的物流服务，而物流服务商则希望在提供高质量服务时得到较高的收益回报。随着消费者购买力的增加，消费者能接受的物流费用成本也在增加的同时对物流服务质量也会提出越开越高的要求。物流成本决定了物流模式的盈利能力，对于中小型或低值商品企业在选择物流模式时往往会把物流成本放在首要地位。如何在物流成本和物流服务质量之间寻找平衡点是跨境电商企业和物流承担者都会考虑的问题。

（2）商品特性。跨境电商商品的种类多种多样，商品的品类属性、体积重量、包装形态、储运要求等各有不同，特别是对于跨境运输的商品在出境或入境时都需要严格的审查，不同的国家有不同的出入境货物审查制度，不同的物流模式的入关申报方式不同，有些特殊商品会受入境限制而只能走特货跨境运输通道，而不能以个人包裹形式入境。

（3）买家需求。随着跨境购物在生活中越来越便捷，国民消费能力不断提升，人们的品质追求在不断提升，买家需求向着多样化发展。根据阿里研究院的数据显示如图 6.5，2017 中国跨境购物用户最关心的问题是正品问题，其次才是价格、购物体验、物流服务等问题。满足消费者的需求，建立好的口碑是跨境电商企业需要做好的首要工作。

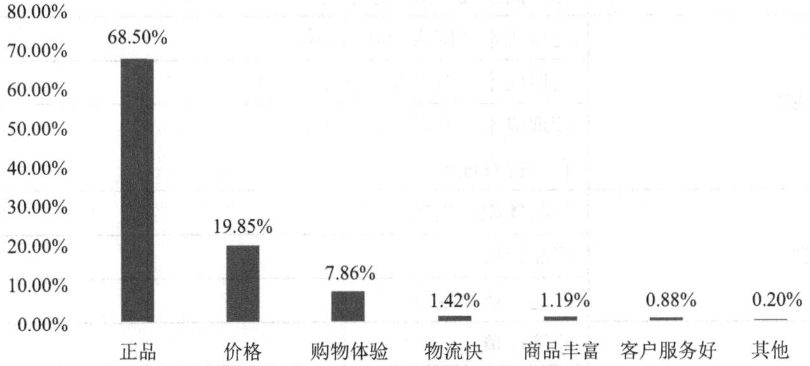

图 6.5　2017 年中国跨境购物用户最关心的问题

6.5.4　评价指标体系的构建

在分析了影响跨境电商物流模式选择的因素后，再结合济南综合保税区的实际情况，在现有的评价指标体系的研究理论基础上可以从五个方面建立一级指标，有的还包括更具体的指标，根据这些指标之间的影响关系及包含关系，建立起评价济南综合保税区跨境电商物流模式的指标体系，见表 6.5。

表 6.5　跨境电商物流模式选择评价指标体系表

一级指标	二级指标
企业自身的情况	规模实力
	员工规模
	财务状况（资金流动性、产品周转率）
	物流掌控能力
	物流地位

续表

一级指标	二级指标
服务体验	便捷性（收货、退换货等）
	时效性（订单处理、配送时间）
	安全性（货损货差，用户信息的安全等）
	准确性（配送时误发、错发）
	追踪查询
	个性化服务
	客户满意度（服务态度等）
物流总成本	运输成本（国内国际运输等）
	仓储成本（海外仓、保税仓等）
	管理成本（人员、设备等）
	存货持有成本
商品特性	产品体积、重量
	产品价值
	配送专业化要求
跨境电商环境	经济环境
	相关政策的制定（税率、正面清单等）
	相关服务体系的建设（通关服务平台等）

6.5.5 指标体系验证分析

1. 问卷设计与调查

指标体系是在总结现有研究理论和判断的基础上建立的，具有主观性，为了确保该评价指标体系的客观性和有效性而进行了一次问卷调查。对于样本的获取，本文采用了网络调查方法形式。问卷设计主体是根将定性的考察变为定量数据，根据已经建立的指标，按五个一级指标将问卷分为 5 个表格，然后依次对每个一级指标下的二级指标进行评价，评价等级分为“非常重要”“比较重要”“一般”“不大重要”“不重要”，调查对象依据自己的实际理解对每个指标的等级进行选。具体问卷见附录 A：跨境电商行业调查问卷。

2. 问卷信度分析

信度即可靠性，指的是问卷调查的可靠程度。主要表现调查结果的一惯性，统一性、再现和稳定性，也就是调查结果是否反映了被调查对象的真实特征，问卷结果是否可靠。对于信度分析，α 信度系数（克朗巴赫信度系数）是目前最常用的分析法，其公式为：

$$\alpha = \frac{k}{k-1}\left(1 - \frac{\sum S_i^2}{S}\right) \tag{6.1}$$

其中，k——指标的总体数；

$\sum S_i^2$——所有指标方差的总和；

S^2——所有指标总得分的方差。

α 系数越高，可靠度越高，也就说明那个问卷设计越合理，当 α 系数超过 0.9，证明本次问卷调查信度很好，当 α 系数在 0.8 到 0.9 之间，说明这个调查问卷可以接受。通常信度系数在 0.5 道 0.9 之间就能说明问卷是合理的，假如信度系数在 0.5 以下，就说明问卷是不可信的。

SPSS 软件是最简单的也是最实用的信度分析工具，计算方法非常简单，只需将问卷调查数据输入到软件中即可分析。根据如表 6.6 所示的 10 位相关人员的调查数据，通过 SPSS 17 软件的信度分析，可得信度系数值是 0.828＞0.8，表明问卷结果可以接受。

根据观测表 6.7 和表 6.8 得到，项被删掉的 Cronbach Alpha 值会降低 α 系数值，删除某一变量并不会提高 α 系数，所以变量不用删除，因此问卷具有较高的一致性。

表 6.6 问卷调查表

	1	2	3	4	5	6	7	8	9	10
规模实力	5	5	4	3	3	3	5	4	4	3
员工规模	3	4	3	4	5	3	5	4	4	5
财务状况	3	3	3	3	3	2	4	4	4	3
物流掌控能力	5	4	4	3	4	4	5	4	5	5
物流地位	4	4	5	4	3	4	5	5	4	3
便捷性	3	3	4	3	4	4	3	5	4	4
时效性	5	4	4	3	4	3	3	4	3	3
安全性	4	3	3	3	4	4	5	5	5	3
准确性	4	2	5	3	3	4	4	4	3	3
追踪查询	4	4	4	2	3	3	4	3	4	5
个性化服务	3	4	3	2	4	3	4	3	3	3
客户满意度	5	5	4	3	3	5	5	5	5	4
运输成本	5	4	5	3	3	4	4	4	3	3
仓储成本	3	3	4	2	4	3	3	3	4	3
管理成本	5	2	3	4	3	5	5	4	3	4

续表

	1	2	3	4	5	6	7	8	9	10
存货持有成本	4	3	4	2	5	3	4	3	3	2
产品体积、重量	4	3	4	3	4	3	3	4	4	3
产品属性	5	4	4	3	3	4	5	4	3	4
配送专业化要求	4	3	3	2	4	3	5	4	5	4
经济环境	3	2	4	3	4	3	3	4	4	5
相关政策的制定	5	4	3	3	4	3	4	4	3	5
相关服务体系的建设	4	3	2	3	4	2	3	3	4	4
规模实力	4	3	2	3	4	2	3	3	4	4

表 6.7 可靠性统计量表

Cronbach's Alpha	项数
0.828	22

表 6.8 项总计统计量表

	项已删除的刻度均值	项已删除的刻度方差	校正的项总计相关性	项已删除的 Cronbach's Alpha 值
规模实力	77.3000	58.456	0.486	0.817
员工规模	77.2000	64.400	0.051	0.837
财务状况	78.0000	60.444	0.497	0.818
物流掌控能力	76.9000	57.433	0.767	0.807
物流地位	77.1000	61.211	0.345	0.823
便捷性	77.5000	64.056	0.113	0.832
时效性	77.6000	61.822	0.311	0.825
安全性	77.3000	57.789	0.539	0.814
准确性	77.6000	60.933	0.311	0.825
追踪查询	77.6000	58.489	0.507	0.816
个性化服务	78.0000	61.111	0.427	0.821
客户满意度	76.8000	59.511	0.424	0.820
运输成本	77.4000	61.378	0.302	0.825
仓储成本	78.0000	61.333	0.404	0.821
管理成本	77.4000	62.933	0.106	0.838

续表

	项已删除的刻度均值	项已删除的刻度方差	校正的项总计相关性	项已删除的 Cronbach's Alpha 值
存货持有成本	77.9000	58.322	0.449	0.819
产品体积数量	77.7000	61.789	0.443	0.821
配送专业化要求	77.5000	53.611	0.808	0.798
经济环境	77.7000	62.678	0.173	0.832
相关服务体系的建设	78.0000	62.000	0.250	0.828
相关政策的制定	77.4000	59.600	0.452	0.819
产品属性	77.3000	59.122	0.535	0.815

6.5.6 层次分析法确定指标权重

确定指标权重就是对各指标影响程度的量化，所以采用定性与定量相结合的评价决策分析方法——层次分析法，其具体步骤如下：

1. 建立递阶层次结构

用层次分析法进行评价时，首先要把问题层次化，这些层次分为目标层、判断层和方案层。目标层就是层次分析法需要达到的总目标，也就是确定济南综合保税区跨境电商物流模式评价指标的权重；判断层处于目标层与方案层的中间，就是表示根据目标而设计方案的中间过程，即对每个指标进行权重的分配过程，有时判断层还可分为准则层和指标层，即准则层为一级指标，最下层为指标层，即每个准则下的二级指标。递阶层次结构与因素从属关系如表 6.9 所示。

表 6.9 递阶层次结构表

目标层	准则层	指标层
	一级指标	二级指标
跨境电商物流模式选择评价指标体系（P）	企业自身的情况（A）	规模实力（A1）
		员工规模（A2）
		财务状况（A3）
		物流掌控能力（A4）
		物流地位（A5）
	服务体验（B）	便捷性（B1）
		时效性（B2）
		安全性（B3）

续表

目标层	准则层	指标层
跨境电商物流模式选择评价指标体系（P）	服务体验（B）	准确性（B4）
		追踪查询（B5）
		个性化服务（B6）
		客户满意度（B7）
	物流总成本（C）	运输成本（C1）
		仓储成本（C2）
		管理成本（C3）
		存货持有成本（C4）
	商品特性（D）	产品体积、重量（D1）
		产品价值（D2）
		配送专业化要求（D3）
	跨境电商环境（E）	经济环境（E1）
		相关政策的制定（E2）
		相关服务体系的建设（E3）

2. 构造判断矩阵

层次分析法的信息基础主要是每一层次各因素的相对重要性给出判断，这些判断量化之后就是判断矩阵。经过询问跨境电商相关专家，对其两两比较判断相对重要性，对重要程度赋予 1～9 的比例标度，指标 i 对指标 j 指标的重要性等级记为 a_{ij}，比例标尺的具体意义如表 6.10 所示。

表 6.10 判断矩阵比例标度及其含义

赋值 a_{ij}	重要性程度	赋值 a_{ij}	重要性程度
1	i 与 j 相比同等重要		
3	i 与 j 相比稍微重要	1/3	i 与 j 相比稍微不重要
5	i 与 j 相比明显重要	1/5	i 与 j 相比明显不重要
7	i 与 j 相比强烈重要	1/7	i 与 j 相比强烈不重要
9	i 与 j 相比绝对重要	1/9	i 与 j 相比绝对不重要
2、4、6、8 上述相邻判断的中间值		1/2、1/4、1/6、1/8 上述相邻判断的中间值	
对角线两边的值呈倒数关系			

通过比较可得判断矩阵 A：

$$A=\begin{pmatrix} a_{11} & \cdots & a_{1p} \\ \vdots & \ddots & \vdots \\ a_{n1} & \cdots & a_{np} \end{pmatrix}, a_{ii}=1, a_{ij}=\frac{1}{a_{ji}}$$

经过咨询专家意见，将得到的数据写成矩阵形式就得到了判断矩阵，如表 4.8 至 4.14 所示，表 6.11 是一级指标的比较判断矩阵，表 6.12 至表 6.16 是二级指标的比较判断矩阵。

表 6.11　一级指标两两比较判断矩阵

	A	B	C	D	E
A	1	1/3	1/2	3	1/2
B	3	1	1	3	2
C	2	1	1	4	2
D	1/3	1/5	1/4	1	1/5
E	2	1/2	1/2	5	1

表 6.12　二级指标 A 两两比较判断矩阵

	A1	A2	A3	A4	A5
A1	1	2	1/2	1/3	2
A2	1/2	1	1/3	1/2	1/3
A3	2	3	1	2	3
A4	3	2	1/2	1	2
A5	1/2	3	1/3	1/2	1

表 6.13　二级指标 B 两两比较判断矩阵

	B1	B2	B3	B4	B5	B6	B7
B1	1	1/3	1/3	1/3	2	3	1/4
B2	3	1	2	2	3	5	1
B3	3	1/2	1	3	5	5	1/2
B4	3	1/2	1/3	1	2	3	1/2
B5	1/2	1/3	1/5	1/2	1	3	1/3
B6	1/3	1/5	1/5	1/3	1/3	1	1/6
B7	4	1	2	2	3	6	1

表 6.14　二级指标 C 两两比较判断矩阵

	C1	C2	C3	C4
C1	1	2	3	1
C2	1/2	1	1/3	1/3
C3	1/3	3	1	1
C4	1	3	1	1

表 6.15　二级指标 D 两两比较判断矩阵

	D1	D2	D3
D1	1	1/5	3
D2	5	1	3
D3	1/3	1/3	1

表 6.16　二级指标 E 两两比较判断矩阵

	E1	E2	E3
E1	1	1/5	1/3
E2	5	1	2
E3	3	1/2	1

3. 层次单排序和一致性检验

得到判断矩阵后，要对矩阵进行特征根和特征向量的计算，通常是用几何平均法，其步骤如下：

第一步：计算判断矩阵每一行元素的乘积

$$M_i = \prod_{j=1}^{n} a_{ij}, (i = 1, 2 \ldots n) \tag{6.2}$$

第二步：计算 M_i 的 n 次方根

$$\overline{W_i} = \sqrt[n]{M_i} \tag{6.3}$$

第三步：对向量 $\overline{W} = (\overline{W_1}, \overline{W_2} \ldots \overline{W_n})^T$ 进行规范化，则向量的第 i 个元素为

$$W_i = \frac{\overline{W_i}}{\sum_{i=1}^{n} \overline{W_i}}，\ i = 1, 2 \ldots n \tag{6.4}$$

整理后，得向量 $W = (W_1, W_2 \ldots W_n)^T$，即为所求的特征向量。

第四步：计算判断矩阵的最大特征根：

$$\lambda_{\max} = \sum_{i=1}^{n} \frac{(AW)_i}{nWi} \tag{6.5}$$

从理论上来说，求出的最大特征值应该为 n，但实际情况往往有偏差，这是判断矩阵的误差造成的。因此为了保证得到的结论可靠，必须对最大特征值根做一致性检验。具体步骤如下：

第一步，一致性指标 CI 的计算，

$$CI = \frac{\lambda_{\max} - n}{n-1} \tag{6.6}$$

第二步，一致性指标 CI 与同阶平均随机一致性指标相比得到平均一致性指标的比例 CR，

$$CR = \frac{CI}{RI} \tag{6.7}$$

同阶平均随机一致性指标 R1 的值如表 6.17 所示。

表 6.17　同阶平均随机一致性指标值

n	1	2	3	4	5	6	7	8	9	10	11	12
RI	0	0	0.58	0.9	1.12	1.24	1.32	1.41	1.45	1.49	1.52	1.54

当 CR<0.1 时，则判断矩阵具有满意的一致性，可使用计算出的权重，否则就需要调整判断矩阵，直到具有满意的一致性为止。

对一级指标的判断矩阵计算特征根、特征向量与一致性检验有：

$w = (0.128, 0.326, 0.295, 0.055, 0.196)$

$n = 5$，$\lambda_{\max} = 5.198$，$CI = 0.050$，$CR = 0.044 < 0.1$，具有满意的一致性。

对二级指标 A 的判断矩阵计算特征根、特征向量与一致性检验有：

$W = (0.186, 0.084, 0.352, 0.252, 0.126)$

$n = 5$，$\lambda_{\max} = 5.402$，$CI = 0.101$，$CR = 0.090 < 0.1$，具有满意的一致性。

对二级指标 B 的判断矩阵计算特征根、特征向量与一致性检验有：

$W = (0.080, 0.224, 0.197, 0.131, 0.0690, 0.038, 0.260)$

$n = 7$，$\lambda_{\max} = 7.640$，$CI = 0.106$，$CR = 0.081 < 0.1$，具有满意的一致性。

对二级指标 C 的判断矩阵计算特征根、特征向量与一致性检验有：

$W = (0.343, 0.116, 0.229, 0.312)$

$n = 4$，$\lambda_{\max} = 4.24$，$CI = 0.079$，$CR = 0.087 < 0.1$，具有满意的一致性。

对二级指标 D 的判断矩阵计算特征根、特征向量与一致性检验有：

$W = (0.253, 0.561, 0.186)$

$n = 3$，$\lambda_{\max} = 3.085$，$CI = 0.042$，$CR = 0.073 < 0.1$，具有满意的一致性。

对二级指标 E 的判断矩阵计算特征根、特征向量与一致性检验有：

$W = (0.121, 0.501, 0.379)$

$n=3$，$\lambda_{max}=3.057$，$CI=0.028$，$CR=0.049<0.1$，具有满意的一致性。

结果显示，所有指标均通过一致性检验，得到权重结果如表 6.18 所示。

表 6.18 各层指标的权重表

一级指标	权重	二级指标	权重
企业自身的情况（A）	0.1279	规模实力（A1）	0.0238
		员工规模（A2）	0.0107
		财务状况（A3）	0.0450
		物流掌控能力（A4）	0.0322
		物流地位（A5）	0.0162
服务体验（B）	0.3425	便捷性（B1）	0.0262
		时效性（B2）	0.0730
		安全性（B3）	0.0644
		准确性（B4）	0.0428
		追踪查询（B5）	0.0227
		个性化服务（B6）	0.0123
		客户满意度（B7）	0.0849
物流总成本（C）	0.2948	运输成本（C1）	0.1011
		仓储成本（C2）	0.0341
		管理成本（C3）	0.0676
		存货持有成本（C4）	0.0920
商品特性（D）	0.0554	产品体积、重量（D1）	0.0140
		产品价值（D2）	0.0311
		配送专业化要求（D3）	0.0103
跨境电商环境（E）	0.1958	经济环境（E1）	0.0237
		相关政策的制定（E2）	0.0980
		相关服务体系的建设（E3）	0.0741

6.5.7 基于模糊评价法的综合评价

模糊综合评价法是一种全面的定量化评价，在对复杂问题进行评价时，往往会从多种因素出发，根据经验与具体情况作出诸如“好、较好、一般、较差、差”的模糊描述，为了对这些模糊描述进行量化，需要通过模糊数学的方法进行运算，从而得出综合评价结果。其具体步骤如下：

1. 确定评价对象因素集

$$U=(u_1,u_2,\cdots,u_n),n=22$$

倠评价指标共 22 个，分别对应的 A1-A5、B1-B7、C1-C4、D1-D3、E1-E3。

2. 确定评语等级域

根据经验与具体情况，将其评价集表示为 V=（好，较好，一般，较差，差）。

3. 确定权重集

根据表 6.18 中求得的指标权重，确定权重集为：

$$W=(0.0238,0.0107,0.0450,0.0322,0.0162,0.0262,0.0730,0.0644,0.0428,0.0227,0.0123,0.0849,0.1011,0.0341,0.0676,0.0920,0.0140,0.0311,0.0103,0.0237,0.0980,0.0741)$$

4. 建立模糊关系矩阵

整理数据可分别得到网购保税物流模式、海外直购物流模式、“跨境小包”物流模式、依托济南保税区分销的物流模式、第三方跨境电子商务物流模式、国际小包和国际快递模式的评价等级的隶属度分别为 R_1、R_2、R_3、R_4、R_5、R_6。各单因素评价矩阵如下：

$$R_1=\begin{pmatrix}0.2&0.2&0.2&0&0\\0&0&0.2&0.8&0\\0&0.2&0.4&0.4&0\\0&0&0.4&0.6&0\\0&0.4&0&0.6&0\\1&0&0&0&0\\0.2&0&0&0.6&0.2\\0&0.4&0&0&0.6\\0&0&0.3&0.7&0\\0&0.2&0.2&0.4&0.2\\0&0.4&0.2&0.4&0\\0&0.6&0.4&0&0\\0&0&0&0.2&0.8\\0&0.3&0.4&0.3&0\\0.5&0&0&0.5&0\\0&0.4&0.3&0&0.3\\0.2&0&0.6&0.2&0\\0.3&0&0.5&0.2&0\\0.2&0.3&0.4&0&0.1\\0&0.1&0&0.4&0.5\\0&0&0.2&0.8&0\\0&0.6&0.2&0.2&0\end{pmatrix}\quad R_2=\begin{pmatrix}0.2&0.2&0.2&0&0\\0&0&0.2&0.8&0\\0&0.2&0.4&0.4&0\\0&0&0.4&0.6&0\\0&0.4&0&0.6&0\\1&0&0&0&0\\0.2&0&0&0.6&0.2\\0&0.4&0&0&0.6\\0&0&0.3&0.7&0\\0&0.3&0.5&0.2&0\\0&0.4&0.2&0.4&0\\0&0.4&0.2&0.2&0\\0&0&0&0.8&0.2\\0&0.6&0.4&0&0\\1&0&0&0&0\\0&0&0.7&0&0.3\\0.5&0&0.5&0&0\\0.4&0&0.6&0&0\\0.2&0.3&0.4&0&0.1\\0&0.1&0&0.4&0.5\\0&0&0.2&0.6&0.2\\0&0.6&0&0.4&0\end{pmatrix}$$

$$
R_3=\begin{pmatrix}
0.2 & 0.3 & 0.4 & 0.1 & 0\\
0 & 0 & 0.2 & 0.4 & 0.4\\
0 & 0.2 & 0.4 & 0.4 & 0\\
0 & 0 & 0.4 & 0.6 & 0\\
0 & 0.6 & 0 & 0.4 & 0\\
0.8 & 0 & 0 & 0.2 & 0\\
0.2 & 0 & 0 & 0.6 & 0.2\\
0 & 0.4 & 0 & 0 & 0.6\\
0 & 0 & 0.8 & 0.2 & 0\\
0 & 0.2 & 0.2 & 0.4 & 0.2\\
0 & 0.4 & 0.2 & 0.4 & 0\\
0 & 0.6 & 0.1 & 0.3 & 0\\
0 & 0 & 0.5 & 0.2 & 0.3\\
0 & 0.3 & 0.4 & 0.3 & 0\\
0.5 & 0 & 0 & 0.5 & 0\\
0 & 0.4 & 0.3 & 0 & 0.3\\
0.2 & 0 & 0.6 & 0.2 & 0\\
0.2 & 0 & 0.4 & 0.4 & 0\\
0 & 0.6 & 0.4 & 0 & 0\\
0 & 0.7 & 0 & 0.3 & 0\\
0 & 0.4 & 0.2 & 0.6 & 0\\
0 & 0.6 & 0.2 & 0.2 & 0
\end{pmatrix}
\qquad
R_4=\begin{pmatrix}
1 & 0 & 0 & 0 & 0\\
0 & 0 & 0.2 & 0.8 & 0\\
0 & 0.2 & 0.4 & 0.4 & 0\\
0 & 0 & 0.4 & 0.6 & 0\\
0 & 0.4 & 0 & 0.6 & 0\\
1 & 0 & 0 & 0 & 0\\
0.2 & 0 & 0 & 0.6 & 0.2\\
0 & 0.4 & 0 & 0 & 0.6\\
0 & 0 & 0.3 & 0.7 & 0\\
0 & 0.2 & 0.2 & 0.4 & 0.2\\
0 & 0.4 & 0.2 & 0.4 & 0\\
0 & 0.6 & 0.4 & 0 & 0\\
0 & 0 & 0 & 0.2 & 0.8\\
0 & 0.3 & 0.4 & 0.3 & 0\\
0.5 & 0 & 0 & 0.5 & 0\\
0 & 0.4 & 0.3 & 0 & 0.3\\
0.2 & 0 & 0.6 & 0.2 & 0\\
0.3 & 0 & 0.5 & 0.2 & 0\\
0.2 & 0.3 & 0.4 & 0 & 0.1\\
0 & 0.1 & 0 & 0.4 & 0.5\\
0 & 0 & 0.4 & 0.6 & 0\\
0 & 0.4 & 0.2 & 0.4 & 0
\end{pmatrix}
$$

$$R_5=\begin{pmatrix} 0 & 0.2 & 0.2 & 0 & 0.6 \\ 0 & 0 & 0.4 & 0.6 & 0 \\ 0 & 0.2 & 0.4 & 0.4 & 0 \\ 0 & 0 & 0.2 & 0.8 & 0 \\ 0 & 0.4 & 0 & 0.6 & 0 \\ 1 & 0 & 0 & 0 & 0 \\ 0.2 & 0 & 0 & 0.6 & 0.2 \\ 0 & 0.4 & 0 & 0 & 0.6 \\ 0 & 0 & 0.3 & 0.7 & 0 \\ 0 & 0.2 & 0.2 & 0.4 & 0.2 \\ 0 & 0.4 & 0.2 & 0.4 & 0 \\ 0 & 0.6 & 0.4 & 0 & 0 \\ 0 & 0 & 0 & 0.2 & 0.8 \\ 0 & 0.3 & 0.4 & 0.3 & 0 \\ 1 & 0 & 0 & 0 & 0 \\ 0 & 0.4 & 0.3 & 0 & 0.3 \\ 0.2 & 0 & 0.6 & 0.2 & 0 \\ 0.3 & 0 & 0.5 & 0.2 & 0 \\ 0.2 & 0.3 & 0.4 & 0 & 0.1 \\ 0 & 0.1 & 0 & 0.4 & 0.5 \\ 0 & 0 & 0.2 & 0.8 & 0 \\ 0 & 0.4 & 0.4 & 0.2 & 0 \end{pmatrix} \quad R_6=\begin{pmatrix} 0 & 0.2 & 0.4 & 0 & 0.4 \\ 0 & 0 & 0.4 & 0.6 & 0 \\ 0 & 0.2 & 0.4 & 0.4 & 0 \\ 0 & 0 & 0.6 & 0.4 & 0 \\ 0 & 0.4 & 0 & 0.6 & 0 \\ 1 & 0 & 0 & 0 & 0 \\ 0.2 & 0 & 0 & 0.6 & 0.2 \\ 0 & 0.4 & 0 & 0 & 0.6 \\ 0 & 0 & 0.3 & 0.7 & 0 \\ 0 & 0.2 & 0.2 & 0.4 & 0.2 \\ 0 & 0.4 & 0.2 & 0.4 & 0 \\ 0 & 0.6 & 0.4 & 0 & 0 \\ 0 & 0 & 0 & 0.2 & 0.8 \\ 0 & 0.3 & 0.4 & 0.3 & 0 \\ 0.2 & 0 & 0.8 & 0 & 0 \\ 0 & 0.4 & 0.3 & 0 & 0.3 \\ 0.2 & 0 & 0.6 & 0.2 & 0 \\ 0.3 & 0 & 0.5 & 0.2 & 0 \\ 0.2 & 0.3 & 0.4 & 0 & 0.1 \\ 0 & 0.1 & 0 & 0.4 & 0.5 \\ 0 & 0 & 0.5 & 0.4 & 0.1 \\ 1 & 0 & 0 & 0 & 0 \end{pmatrix}$$

5. 合成模糊综合评价结果向量

$$B=wR=(w_1,w_2,\cdots w_m)\begin{pmatrix} r_{11} & \cdots & r_{1n} \\ \vdots & \ddots & \vdots \\ r_{m1} & \cdots & r_{mn} \end{pmatrix}=(b_1,b_2,\cdots b_n) \quad (6.8)$$

可得到 6 种物流模式的评判结果向量，分别为 B_1，B_2，B_3，B_4，B_5，B_6，并进行归一化处理，最终可得到 $\overline{B_1}, \overline{B_2}, \overline{B_3}, \overline{B_4}, \overline{B_5}, \overline{B_6}$。

$$\overline{B_1}=(0.37,0.25,0.12,0.18,0.08)$$

$$\overline{B_2}=(0.48,0.15,0.18,0.1,0.09)$$

$$\overline{B_3}=(0.21,0.16,0.35,0.12,0.16)$$

$$\overline{B_4}=(0.22,0.31,0.35,0.08,0.04)$$

$$\overline{B_5} = (0.22, 0.31, 0.35, 0.08, 0.04)$$

$$\overline{B_6} = (0.22, 0.31, 0.35, 0.08, 0.04)$$

6. 按最大隶属原则进行决策

归一化后的评价结果表明：网购保税物流模式和海外直购物流模式的等级为“好”；“跨境小包”物流模式的等级为“较好”；依托保税区分销的物流模式的等级为“一般”，但是跟“较好”的隶属度相差不太大，第三方跨境电子商务物流模式的等级“较好”；国际小包和国际快递模式的等级为“一般”。

6.6 跨境电子商务发展的建议

1. “一带一路”背景下跨境电商的发展机遇

通过跨境电商大数据显示，当前，中国与“一带一路”相关国家贸易频繁，中国商品销往俄罗斯、乌克兰、泰国等 54 个“一带一路”沿线国家，同时超过 50 个“一带一路”沿线国家的商品通过电商走进中国。据统计，2016 年我国跨境电商交易规模达到 6.3 万亿元，除了传统的热门国家，“一带一路”沿线国家的商品也在逐渐成为我国消费者的热捧对象。2016 年，我国与沿线国家贸易总额为 9536 亿美元，占我国与全球贸易额的比重为 25.7%。中国超越美国成为世界第一大跨境电商出口国，市场占有率达到 21%。

随着“一带一路”战略的实施，我国与沿线各国的贸易往来必将增多，对外贸易和各生产要素的优化改革，必将带来物流企业的优化转型，物流市场规模不断扩大物流市场有效需求不断增加，物流量不断扩大。跨境物流贸易额不断增长，跨境物流企业应当基于“一带一路”战略构想，布局跨境物流网络，创新跨境物流发展模式，实现转型升级。

2. 促进跨境电子商务发展的建议

（1）整合跨境物流网络资源，促进跨境物流与跨境电商协同发展。跨境物流的最终目的是与跨境电子商务共同发展，实现互利共赢。其中重点优化全球资源、信息共享、缩短供应链流程等是实现共同发展和互利共赢的关键。提高信息系统的先进性使二者的数据信息同步，同时加强在运输、路线规划以及存储等领域的规划和合作；选择合适的配送路线、合理调配物流工具调配等来提高物流综合竞争力。

（2）整合多种物流模式以突出聚合效应。跨境物流因为不同国家的法律政策、行业标准各有不同，使境外物流行业发展及优化进一步复杂；同时由于跨境物流涉及货主、运输组织者以及物流承担者等多方参与者，更是给共同协作运营带来了不便。因此境外电子商务物流就必须通过合作形成多种物流模式来完成物流配送流程。多种物流模式聚合是指类似于多式联运的物流运输模式，例如国际快递与海外仓联运，国际物流专线与保税区结合等。不同国家因为其行业和国情的不同，需要选择合适自身的物流组合。

（3）优化升级物流外包模式。境外电子商务企业的境外物流体系与其他国家第三方物流合作时，因为涉及到交货、外币结算以及海关清关等一系列复杂流程，因此许多跨境电子商务企业选择第三方物流公司来配送服务，以提高自身经营水平。这些年电子商务的快速发展促进了企业对整合资源和向外发展的需求不断扩大，这就导致了从传统的供应链管理中出现第四方物流，从而带动了境外物流外包模式的发展和升级。

（4）搭建跨境公共服务电子平台，夯实产业发展基础。为了更好的促进和利用各类电商企业的资源，解决外汇、通过及退税等一系列复杂的问题，就必须研发设计电商公共服务电子平台，以简化企业申报办理流程，建立高效的对接服务机制，形成方便、安全的电子商务设施体系，开辟跨境货物进出口信息和海关、检验检疫、税务、涉外管理等监管部门的对接通道，实现电商、物流、支付企业和平台的高效对接，跨境贸易解决通关、外汇、退税等问题，从而促进各类电商企业资源的集聚。

第 7 章　电子商务企业物流成本的预测与决策

7.1　电子商务企业物流成本预测的作用与程序

预测，就是对未来进行预计和推测。它是根据已知推测未来，根据过去和现在的状况预计将来的趋势，是对未来不确定的事件预先提出的看法和判断。

成本预测是以预测理论为指导，根据有关历史成本资料、成本信息数据，在分析目前技术经济条件、市场经营环境等内外条件变化的基础上，对未来成本水平及发展趋势所作的定性描述、定量估计和逻辑推断。成本预测是确定目标成本和选择达到目标成本的最佳途径的重要手段。加强成本预测工作，可以挖掘企业内部一切潜力，即用尽可能少的人力、物力、财力来实现企业的经营目标，保证企业获得最佳的经济效益。

7.1.1　物流成本预测的概念

物流成本预测是在对物流成本数据进行统计调查的基础上，运用历史统计资料，通过科学的手段和方法，对物流成本的未来影响因素、条件和发展趋势进行估计和判断，为企业物流成本决策、编制物流成本预算提供依据。

7.1.2　物流成本预测的作用

企业要在激烈的竞争中立于不败之地，就必须对未来的状况作出正确的估计，并以这种估计作为决策和计划的客观基础，正所谓“凡事预则立，不预则废”，对于企业的物流成本管理工作来说尤为如此。在物流成本管理工作中，物流成本预测具有十分重要的意义。通过物流成本预测，可以使企业对未来的物流成本水平及其变化趋势做到“心中有数”，从而与物流成本分析一起，为企业的物流成本决策提供科学的依据，以减少物流成本决策过程中的主观性和盲目性。

7.1.3　物流成本预测的程序

为了保证预测结果的客观性，企业在进行物流成本预测时，通常分为以下几个具体步骤：

1. 确定预测目标

进行物流成本预测，首先要有一个明确的目标。物流成本预测的目标又取决于企业对未来的生产经营活动所达成的总目标。物流成本预测目标确定之后，便可明确物流成本预测的具体内容。

2. 收集预测资料

物流成本指标是综合性指标，涉及企业的生产技术、生产组织和经营管理等各个方面。在进行物流成本预测前，必须进行深入的市场调查研究，尽可能全面地占有相关的资料，并应注意去粗取精、去伪存真。

3. 建立预测模型

在进行预测时，必须对已收集到的有关资料，运用一定的数学方法进行科学的加工处理，建立科学的预测模型，借以揭示有关变量之间的规律性联系。

4. 评价与修正预测值

以历史资料为基础建立的预测模型可能与未来的实际状况之间有一定的偏差，且数量方法本身就有一定的假定性，因此还必须采用一些科学方法进行评价与修正。

7.1.4 物流成本预测的方法

物流成本预测的方法很多，但具体可以分为两类：一类是以调查为基础的经验判断法，也叫定性预测法；另一类是以统计资料为基础的分析计算法，也叫定量预测法。

1. 定性预测方法

定性预测法是预测人员根据已有的历史资料，凭借个人的经验和综合分析、判断能力，对未来成本的变化趋势做出预测。这种方法是在缺乏预测资料，影响未来变化趋势的因素复杂而繁多，又难以采用定量分析的方法时采用。它的优点是耗时低，时间短，易于应用。定性预测法主要有以下具体方法：

（1）综合判断法。这种方法是组织若干了解情况的人员，要求他们根据对客观情况的分析和自己的经验，对未来情况做出各自的估计，然后将每个人的预测值进行综合，得出预测结果。这种方法的优点是能综合不同个人的知识、经验和意见，得出的预测结果比较全面，其缺点是可能受限于预测者对相关情况的了解。

（2）专家调查法。专家调查法又叫德尔菲法，是采用“背靠背”方式就所预测的问题征询专家的意见，经过多次信息交换，逐步取得比较一致的预测结果。具体步骤如下：

第一，企业应首先建立物流成本管理专家库和专家系统。值得一提的是，企业建立专家库并非一朝一夕之功。企业应由专门的部门、分派专人具体负责该项工作。在日常工作中，根据企业的业务特点、发展趋势和发展要求，及时从各种渠道、各种媒体，通过各种方法和途径获得相关各类专家的详细信息，并根据需要与他们保持必要的联系和沟通，如有必要，还可以与他们签订聘用合同或协议，使他们成为自己企业的顾问。

第二，拟定调查预测表。确定预测课题，并据此设计表格，准备可供专家参考和使用的背景资料。

第三，选择专家。选择与预测课题有关的在年龄、地区、专业知识、工作经验、预见分析能力以及学术观点有代表性的专家参与预测。参加预测的专家的数量可以根据企业的预测课题和本次预测预算确定。

第四，反馈信息。将相关表格和背景资料寄给选定的专家，要求他们在规定的时间里反馈信息。第一轮表格收回后，要进行综合整理，整理出不同的预测意见，然后将初步结果反馈给每位专家，要求他们修改和完善自己的意见，再次预测。这样，经过几轮预测和反复，便可以取得基本一致的预测结果。

第五，预测结果的处理。在预测过程的每一阶段，对收集的专家意见都要利用科学的方法进行整理、判断、分析、归纳和分类等工作，以求对下一轮预测提供帮助。

2. 定量预测方法

物流成本预测的定量方法主要有时间序列分析预测法、回归分析法。时间序列分析预测法，即利用物流成本时间序列资料来预测未来状态；回归分折法，即依据所掌握的历史资料，找出所要预测的变量和与它相关的变量之间的关系，从而达到顶测未来的状态。下面主要介绍这两种定量预测方法。

（1）时间序列分析预测法。定量分析中的外推法，主要是指时间序列预测法（即趋势预测法）。这种方法的基本思路是把时间序列作为随机变量序列的一个样本，应用概率统计的方法，尽可能减少偶然因素的影响，做出在统计意义上较好的预测。时间序列预测法中常用的几种方法有移动平均法、加权移动平均法和指数平滑法。

①移动平均法。这种方法主要是不断引进新的数据来修改平均值，以消除激烈变动的不稳定因素，而且，还可以看出其发展趋势。其计算公式如下：

$$Y_{t+1}=(X_t+X_{t-1}+\cdots X_{t-1+n})/n$$

式中 Y_{t+1}——预测值

X_t——第 t 期实际值

n——预测资料期数

②加权移动平均法：这种方法的主要特点，就是要考虑预测资料期中每一期的数据对未来的预测数影响程度是不同的，对每一资料期进行加权，越是近期权数越大，即影响程度越大。而资料期中各权数之和必须等于 1。计算公式如下：

$$Y_{t+1}=\sum_{t=1}^{n}\alpha_t X_t$$

③指数平滑法。指数平滑法是一种特殊的加权移动平均预测法，它给过去的观测值不一样的权重，赋予近期数据更大的权值。据平滑次数不同，指数平滑法分为：一次指数平滑法、二次指数平滑法和三次指数平滑法等。这里重点介绍一次指数平滑法。该方法操作简单，只需要本期的实际值和本期的预测值便可预测下一期的数据，当预测数据发生根本性变化时还可以进行自我调整，适用于数据量较少的近短期预测。

设以 F_n 表示下期预测值，F_{n-1} 表示本期预测值，D_{n-1} 表示本期实际值，α 为平滑系数（取值范围为 $0<\alpha<1$），则一次指数平滑法的计算公式为：

$$F_n=F_{n-1}+a\left(D_{n-1}-F_{n-1}\right)=aD_{n-1}+\left(1-a\right)F_{n-1}$$

上式表明，指数平滑法在预测时，分别以不同的系数对过去各期的实际数进行了加权。远期的实际值影响较小，因而其权数也较小；近期的实际值影响较大，因而其权数也较大。显然，这种预测方法更符合客观实际，但 α 的确定具有较大的主观因素。

某物流企业 2016 年 3～12 月各月的实际物流成本如表 7.1 所示，设 4 月的物流成本预测为 3 月份的实际值，试利用指数平滑法预测该企业 2017 年 1 月的物流成本（设 $\alpha=0.8$）。

表 7.1　某物流企业 2016 年 3～12 月各月的实际物流成本

月份	实际值/万元	预测值/万元
3	245	—
4	250	245.00
5	256	249.00
6	280	254.60
7	274	274.92
8	255	274.18
9	262	258.84
10	270	261.37
11	273	268.27
12	284	272.05
—		281.61

根据公式滑动计算，计算结果填入表 7.1 第三栏。

表 7.1 计算结果表明，该企业 2017 年 1 月的物流成本应为 281.61 万元。

2）物流成本预测的回归分析法

回归分析法是通过对观察值的统计分析来确定它们之间的联系形式的一种有效的预测方法。从量的方面来说，事物变化的因果关系可以用一组变量来描述，因为因果关系可以表述为变量之间的依存关系，即自变量与因变量的关系。运用变量之间这种客观存在的因果关系，可以使人们对未来状况的预测达到更加准确的程度。

回归分析法包括一元回归分析法及多元回归分析法。一元回归分析方法研究的是一个自变量（X）对另一个因变量（Y）线形关系的情形。基本公式为：

$$Y = a + bX$$

Y——预测值，因变量；

X——影响因素，自变量；

a、b——回归系数。

回归分析法的主要步骤是：

①进行相关关系分析。分析要预测的变量间是否存在相关关系以及相关的程度，若没有相关关系则不能利用回归预测模型进行预测。

②确定预测模型。若变量间存在相关关系，则需确定变量间是线性关系还是非线性关系，可通过作散点图进行分析。

③建立回归预测模型。根据上一步的分析结果式，并进行初步检验。

④利用模型进行须测。根据要求，利用模型进行预测计算。

⑤统计检验。预测值是否可信，其波动范围如何评定。

7.2 电子商务企业物流成本决策的基本步骤与方法

物流成本预测本身并不是目的，它是为物流成本决策服务的。物流成本决策不仅是成本管理的重要职能，也是企业生产经营决策体系的重要组成部分。由于物流成本决策所考虑的是与价值有关的问题，更具体地说是资金耗费的经济合理性问题，所以物流成本决策具有较大的综合性，并对其他生产经营决策起着指导和约束作用。

7.2.1 物流成本决策的概念与作用

1. 决策的概念

决策是指作出决定或选择。人们对决策概念的二种理解：一是把决策看作一个包括提出问题、确立目标、设计和选择方案的过程，这是广义的理解。二是把决策看作从几种备选的行动方案中作出最终抉择，是决策者的拍板定案，这是狭义的理解。我们倾向于采用广义的决策定义，即决策是一个作出决定的过程。

2. 决策在管理中的地位和作用

（1）决策是管理的基础。决策是从各个抉择方案中选择一个方案作为未来行为的指南。而在决策以前，只是对计划工作进行了研究和分析，没有决策就没有合乎理性的行动，因而决策是计划工作的核心。而计划工作的是进行组织工作、人员配备、指导与领导、控制工作等的基础。因此，从这种意义上说，决策是管理的基础。

（2）决策是各级、各类主管人员的首要工作。决策不仅仅是“上层主管人员的事”。上至国家的高级领导者，下到基层的班组长，均要作出决策，只是决策的重要程度和影响的范围不同而已。“管理就是决策”。

（3）决策是执行的前提，正确的行为来源于正确的决策。企业在日常的管理工作中，执行力是体现一个组织效益的重要因素，也是衡量一个企业是否是良性发展、有效管理的重要指标。正确的决策是企业在有限的条件下做正确的事、创造最大价值的前提，让企业少走、不走弯路。

（4）决策能明确目标，统一行动，让企业成员明白工作的方向和要求。民主的决策有助于提高组织的凝聚力，创造良好的企业文化，改进管理水平。民主的决策由于是大家的共识，更加易于执行，更为有效。

3. 物流成本决策的概念

物流成本决策是指在物流成本预测的基础上，根据物流成本分析与成本预测所得的有关数据、结论和其他资料，运用科学的方法，包括定性与定量的方法，从若干方案中选择一个合理成本方案的过程。具体说来，就是以物流成本分析和物流成本预测的结果等为基础建立适当的目标，并拟订几种可以实现该目标的方案，根据成本效益评价从这若干个方案中选出最优方案的过程。在这个过程中，确定目标成本以及进行成本决策是编制成本计划的前提，同时也是实现成本的事前控制和提高经济效益的重要途径。

4. 物流成本决策的程序

（1）确定物流成本决策目标。物流成本决策的目标就是要求企业在所从事的生产经营活动中，要使资金耗费达到最少，使所取得的经济效益达到最大。这也是物流成本决策的总体目标。但在某一个具体问题中，可以采用不同的方式，但总的原则应该是必须兼顾到企业目前和长远的利益，并且要能够通过自身的努力可以实现。

（2）拟定可行方案。可行方案是指具备实施条件、能保证决策目标实现的方案。解决任何一个问题，都存在多种途径，其中哪条途径有效，要经过比较，所以要制定各种可供选择的方案。拟定可行方案的过程是一个发现、探索的过程，也是淘汰、补充、修订、选取的过程。

（3）对方案进行评价和优选。对每一方案的可行性要进行充分的论证，并在论证的基础上作出综合评价。论证要突出技术上的先进性、实现的可能性以及经济上的合理性。不仅要考虑方案所带来的经济效益，也要考虑可能带来的不良影响和潜在的问题，对可行性的方案的选优的决策主要应把握以下两点：一是确定合理的优劣势的评价标准，要包括成本标准和效益标准两部分；二是要选取适宜的抉择方法，包括定量方法和定性方法两个方面。

企业实施物流成本决策的方法，因为决策内容、类型以及资料等的不同而不同，主要有头脑风暴法、差量分析法、量本利分析法等。

（4）方案的实施与反馈。决策的正确与否要以实施的结果来判断，在方案实施过程中应建立信息反馈渠道，将每一局部过程的实施结果与预期目标进行比较，若发现差异，则应迅速纠正，以保证决策目标的实现。

物流成本决策程序如图 7.1 所示。

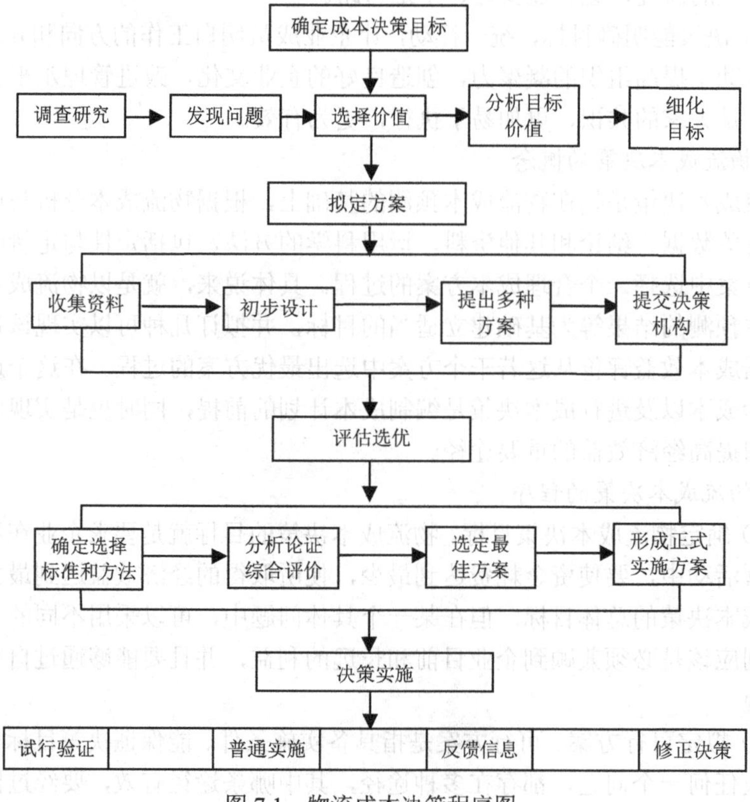

图 7.1　物流成本决策程序图

7.2.2 物流成本决策的方法

物流成本决策的方法很多，可根据决策的性质、决策内容和取得资料的不同进行分类。一般可将物流成本决策的方法按决策的性质划分为定量分析法和定性分析法两大类。

1. 定性分析法

定性分析法又称非数量分析法，它是依靠专家和有丰富知识及经验的专业人员的分析能力，利用直观材料和逻辑推理对所提出的各种备选方案做出正确评价和选择的方法。也正因为定性分析法只是一种直观判断和逻辑推理，因此定性分析法没有固定的模式，可视不同的分析对象和分析要求而灵活运用。下面主要介绍头脑风暴法、互动小组法。

（1）头脑风暴法。头脑风暴法又称思维共振法，即通过有关专家之间的信息交流，引起思维共振，产生组合效应，从而导致创造性思维。头脑风暴法是比较常用的群体决策方法，它利用一种思想的产生过程，鼓励参与者提出任意类型的方案设计思想，同时禁止对各种方案进行批判。因此，这种方法主要用于收集新设想。

在典型的头脑风暴法会议中，群体领导者以一种明确的方式向所有参与者阐明问题，使参与者在完全不受约束的条件下，敞开思路，畅所欲言。在一定的时间内“自由”提出尽可能多的方案，不允许任何批评，并且所有方案都当场记录下来，留待稍后再讨论和分析。

头脑风暴法的创始人英国心理学家奥斯本为这一决策方法的实施提出了四项原则：

第一，对别人的建议不作任何评价；

第二，建议越多越好，在这个阶段．有什么想法就应该说出来；将相互讨论限制在最低限度内；参与者不要考虑自己建议的质量；

第三，鼓励每个人独立思考，广开思路，想法越新颖、越奇异越好；

第四，可以补充和完善已有的建议以使它更具说服力。

头脑风暴法的目的在于创造一种畅所欲言、自由思考的氛围，诱发创造性思维的共振和连锁反应，产生更多的创造性思维。

因此，头脑风暴法仅是一个产生思想的过程，了解取得期望决策的途径。

（2）互动小组法。互动小组法是一种群体决策形式。它既可能是现存的群体，如组织中的某一部门，也可以是专门成立的小组。小组成员就某一问题共同交谈、讨论，达成一致后，进一步讨论，最后完成决策。其好处是小组成员间的合作有利于产生新主意、新点子，同时有利于小组成员间的互相理解和沟通。

2. 定量分析法

定量分析法是运用一定的数学原理，将决策所涉及的变量与决策目标之间的关系，用一定的数学模式或公式表达并据以决策的分析方法。由于决策的方案中数据预测结果的确定性有强有弱，所以采用的决策方法也不尽相同，根据数学模型涉及的决策问题的性质（或者说根据所选方案结果的可靠性）的不同，定量决策方法一般分为量本利分析法、期望值决策法、差量分析法等，下面主要介绍差量分析法、量本利分析法。

（1）量本利分析法。

①量本利分析的基本原理与相关械念。量本利分析（VCP 分析）又称本量利分析，是成本一业务量一利润关系分析的简称。作为一种定量分析方法，量本利分析能够在计算变动成本模式的基础上，以数学模型和图形来揭示固定成本、变动成本、单价、营业量、营业额、利润等变量之间的内在规律性，从而为管理者的预测、决策和规划提供必需的财务信息。

量本利分析所考虑的因素主要包括固定成本 a 、单价变动成本 b、营业量 x、单价 p、营业额 px 和营业利润 P 等。这些变量之间的关系表示为：

$$P = px - (a + bx) = (p - b)x - a \quad (7.1)$$

这个公式是建立量本利分析的数学模型的基础，是量本利分析的基本公式。

②量本利分析图。为了使量本利分析的思想更加形象化，在实践中常会使用到量本利分析图。量本利分析图就是在平面直角坐标系上，使用解析几何模型来反映量本利关系的图像。量本利分析图能够反映出固定成本、变动成本、营业额、营业量和盈亏平衡点、利润区和亏损区。最基本的量本利分析图如图 7.2 所示。

③通过物流作业的量本利分析，进行物流成本决策。对某项物流作业进行量本利分析，可以帮助企业进行以下几个力面的决策。

第一，对物流业务额（量）的决策，确定物流作业的盈亏平衡点

物流作业的盈亏平衡点，就是指物流作业在一定时期的收入与成本相等，既没有盈利也没有亏损，利润额为零。如果当企业的物流作业的业务额（量）低于该点时，则企业在该项物流作业上会亏损，因此该点是企业可以接受的业务额（量）的最底限。所以当某项业务的业务额（量）低于该点时，企业应当拒绝该项业务。

第二，确定企业能够获得的利润额

通过量本利的分析公式，企业能够计算出在目前的经营状态下，能够从该项物流作业中所获取的利润额（P），用公式表示为如下：

$$P = px - (a + bx) \quad (7.2)$$

第三，以实现目标利润为前提，确定物流作业所应达到的业务量。

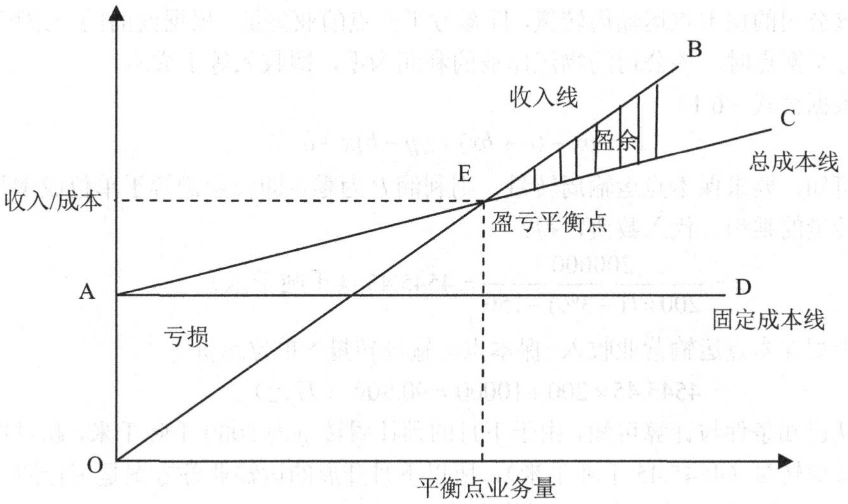

图 7.2　盈亏平衡图

实现目标利润（P_T）的业务量是指在保持单价和成本水平不变的情况下，企业为保证能够实现预先确定的目标利润，而必须达到的营业量(x_T)和营业额(y_T)的统称。

x_T 和 y_T 的计算公式分别为：

$$x_2 = \frac{a + P_T}{p - b} \tag{7.3}$$

$$y_T = \frac{a + P_T}{p - b} \times p \tag{7.4}$$

第四，以实现目标利润为前提，确定物流作业单价。

利用量本利分析的基本公式，企业还能够计算出当其他条件不变时，为实现预先确定的目标利润，物流作业的单价（p_T）的大小。具体计算公式为：

$$p_T = \frac{P_T + bx + a}{x} \tag{7.5}$$

④量本利分析实例。例：某运输企业依据历史数据分析，确定单位变动成本150 元/千吨千米，固定成本总额为 20 万元，营业税率为 3%，下月预计货物周转量 5000 千吨千米，单位运价为 200 元/千吨千米，请对该公司进行运输业务的本量利分析。若该公司制订的目标利润为 5 万元，请计算保本点运输周转量。

解：设利润为 P，固定成本为 a，单位变动成本为 b，单位运价为 p，运输周转量为 x，目标利润为 P_T。

该公司的保本点运输周转量，即盈亏平衡点的业务量。根据前面的介绍可知，在盈亏平衡点时，该公司的物流作业的利润为零，即收入等于成本。

根据公式（6.1）

$$P = px - (a + bx) = (p - b)x - a$$

可知，要求保本点运输周转量，则利润 P 为零，即营业额等于单位成本与运输周转量的乘积，代入数值，得：

$$x = \frac{200000}{200 \times (1 - 3\%) - 150} = 4545.45 \text{（千吨千米）}$$

根据保本点运输营业收入=保本点运输周转量×单位运价

$$4545.45 \times 200 \div 10000 = 90.909 \text{（万元）}$$

从已知条件与计算可知，由于下月的预计周转量为5000千吨千米，超过保本点运输周转量（4545.45千吨千米），所以下月开展的运输业务方案是可行的。

（2）差量分析法。传统的思维方式是，当企业进行决策时，需要将全部成本费用都计算在内，认为只有这样核算出来的经营成本才真实合理。但差量分析法，强调的不是“全部”的概念，而是“差量”的概念。所谓“差量”，就是不同行动方案中所产生差别的数量。差量分析法就是决策者在充分了解许多不同行动方案而产生的收入与成本因素之间的差别基础上，从中选择最优方案的决策方法。

差量分析包括差量收入与差量成本两类因素。差量收入就是一个方案与另一个方案预期收入之间的差异数。例如，某汽车队自己经营每月可获收入30万元，租给别人经营，每月收入10万元，则差量收入为20万元。差量成本是一个方案与另一方案的预期成本之间的差异数。仍是上例，若自己经营车队每月的费用支出为9万元，租给别人每月费用为3万元，则差量成本为6 万元。

运用差量分析法进行决策，应遵守如下原则：

①沉没成本在选择各种不同行动方案时，永远是无关成本；只有差量收入与差量成本才与选择决策有关。所谓沉没成本是指企业过去为取得固定资产所有权而已经支付的资金。当对相关的固定资产进行成本决策分析时，一般只需要研究重新出售的市价，而不必去考虑沉没成本。

②已经发生的成本和已经实现的收入，只有在它们有助于预测未来成本和未来收入的范围内才是有关成本。

③在实际购买和使用前，准备购买的固定资产仍算差量成本。

④只要方案的差量收入大于差量成本，那么该方案就可行。

⑤凡是能提供令企业满意的报酬的方案，就是理想方案。

如前所述，在决策分析中，差量是指不同备选方案之间的差异，这个差量又分差量收入、差量成本和差量利润三部分。

例 某仓储企业为适应日益增加的业务量，想要扩大仓库的面积，拟定了两个方案：

方案一：新建一座仓库，投资300万元。据估计，每年可获得收入70万元，服务期限为15年。

方案二：扩建旧仓库，投资100万元。据估计，每年可获得收入50万元，服务期限为15年。

试用差量分析法选择方案。

分析如下：

两种方案的差量收入为：

70×15–50×15=300（万元）

两种方案的差量成本为：

300–100=200（万元）

两种方案的差量损益为：

300–200=100（万元）

由于100大于0，说明方案一对该企业更有利。

7.3 电子商务企业物流成本决策过程中应注意的问题

为做好物流成本的决策工作，能够使物流成本决策能更好地为企业管理服务，企业应在决策中注意以下几点。

1. 应全面考虑物流中各种成本因素

物流成本决策对于任何一家企业来讲，都是一项耗时耗力的工作，在物流活动的每个环节都可能出现意外情况，这就对物流管理提出了更高的要求。企业中的物流成本管理人员必须谨慎地考虑运输、仓储等环节与物流相关的问题，全面细致的掌握企业的背景资料。所以，许多公司内从事物流成本决策的人员都是最具有物流管理经验的。

物流成本管理人员必须尽早着手进行资源的配置工作，才能提高物流成本决策的效率。他们应尽量在满足客户服务和生产需求的前提下，以最低的成本来实现企业物流的衔接与运营。物流人员要全面的了解企业物流成本和客户服务需求，周密而又详尽地进行决策。在此过程中，物流人员必须要全面考虑从原料生产地到产品销售地的全部运输费用（包括公路和铁路及水运和航空的运输费用）、仓储费用、装卸费用、出口单证费用、物流管理费用等。

2. 注意决策的成本

企业管理中一项最为重要的工作就是决策。决策是需要有成本的，这一点极易被人忽视。例如一个正确的决策能够为企业盈利1000万元，如果错失机遇，没有及时做出决策，这个决策的成本就是1000万元；如果做了一个错误的决策，不仅赚不到1000万元，反而可能会亏损1000万元，那么，这个错误的决策成本就是2000万元。可见，决策也是必须要讲成本控制的。

管理专家彼得·德鲁克曾经称物流为“经营上的黑暗大陆”，这不仅是指产品在向消费者的转移过程中缺乏足够的可见性，而且市场经营者在分析规划营销战略时，也往往会疏忽了物流。以前，产品在由生产商向顾客移动的过程被分割成一系列独立的活动来进行管理，很少有人把它们整合为一个整体的系统，对从原材料与零部件的采购、库存控制、生产加工、运输一直到最终顾客的整个实物流动过程，采取综合物流的管理方法。现在，无论是生产企业还是流通企业，都同样面临着需要通过物流的一体化管理，认真权衡影响成本的要素，以降低供应链的总成本，来满足顾客对服务的需要。

3. 从系统的角度设计决策方案

现代物流的概念基本包含了企业经营的全过程：需求预测、选址、采购、生产进度、运输、装卸、搬运、库存控制、流通加工、包装、订单处理、配送、客户服务、返还品管理、废弃物处理以及其他一些辅助活动。有很多企业在降低这些局部成本的工作中，都取得了不同程度的胜利。但是一些世界级知名企业的实践证明，整体宏观的物流能给企业带来实质性的成本节约。

过去，虽然企业的经营管理有一套整体的目标，但是企业内部每个部门往往仅是围绕自己的职责去展开工作。虽能使费用减少支出，但效果不明显。这样并不是从供应链中跟踪成本的产生，所以企业经营活动的持续性差，甚至会造成职能部门之间的冲突。另外，企业的营销管理活动常伴随着物流系统的支持，也产生了对不同的物流成本要素的选择权衡问题。一个营销物流系统通常包含运输、仓储和库存等成本要素，它们彼此利益相悖，但却直接影响顾客服务水平并与顾客满意程度息息相关。如何平衡这些有竞争性的成本要素是对管理工作的巨大挑战。而物流总成本正是通过实现所有这些个别的成本要素之间的最佳平衡，以达到降低整体物流成本的目标。

企业在进行生产经营决策时常要面对物流成本的选择。如当仓库数量增加时，运输成本下降了，但库存与订单处理成本却上升了。此时，从物流的观点考虑，应最终做到使总的分销成本下降。要达到使总成本最低的目标并不是一件容易的事情，因为物流成本的效益悖反性，有时在某项功能上的最优设计却可能招致其他功能的损害，有可能会遇到以下几种情况。

（1）减少库存，降低仓储成本，但会降低顾客服务标准或增加缺货成本。

（2）提高交货速度会提高顾客服务水平，但会使运输成本上升以至需要更高的总成本。

（3）达到较低的运输成本，却会导致库存的增加与顾客服务水平的降低。

因此，企业在决策时必须要综合考虑影响物流成本的因素，才能作出对企业最有利的决策。

4. 把好成本决策程序关，做到物流成本决策的科学化与民主化

不同的物流活动的成本都有其自身的特点，所以有不同的管理程序，需要由不同的部门来开支。因此在物流成本决策过程中应建立科学的程序，适应各自部门的特点和需要，以避免决策的无序化和随意化。

5. 注意决策相关成本与非相关成本的划分

在进行物流成本决策时，只能包括因选择实施某种方案而发生的相关成本。相关成本是指与特定的决策或行动有关的，在分析评价时是必须要考虑的成本。而非相关成本则是指在决策之前就已经发生或者不管采取什么方案都会发生的成本。它与某个特定的决策无关，所以在分析评价和选择最优决策过程中不应该被纳入决策成本的范畴。

在实际工作中常常会遇到这样一些情况：一些冒进的决策者因为将相关成本错误地排除在决策成本之外而对项目做出盲目乐观的估计；而另一些审慎的决策者则因为将一些不相关的成本纳入决策成本考虑而错失了本来可行的方案。所以，建立起正确的决策成本的观念对行动和决策是十分重要的。

另外，需要说明的是，从决策的相关性来看，沉没成本是决策的非相关成本，若在决策时计入沉没成本，将会使项目成本被高估，得到错误的结论。

虽然，沉没成本是决策的非相关成本，但与其相伴随的机会成本却是决策的相关成本，是需要在决策时加以考虑的。

这也就是上面所说的，注意决策相关和非相关成本的划分，搞清楚两者之间的界限。

第 8 章　电子商务企业物流成本预算与分析

8.1　物流成本预算

8.1.1　物流成本预算的作用

预算是用数字表示预期结果的一种计划。计划包括规划、程序、预算等各种具体的计划形式。物流成本预算是指以货币形式反映的企业未来一定时期内的物流成本水平。物流成本预算作为物流系统成本计划的数量反映，是控制物流活动的重要依据和考核物流部门的绩效标准。

物流成本预算包括预算编制和预算控制两项职能。作为计划本身与计划实施、控制的中间环节，物流成本预算具有以下重要作用。

1. 明确物流成本目标

物流成本预算是物流成本计划的定量反映，明确建立和显示物流系统所要实现的近期成本目标。通过总的物流成本预算，加强了计划目标的可比性，在计划执行过程中作为依据，及时明确地提供偏差信息，以便管理层采取有效措施，扩大收益或减少损失。同时，物流成本预算使计划目标明确化，便于个人与组织理解和把握，帮助其了解自身在企业整体工作中的地位和作用，从而强化了计划目标的指导性和激励性。

2. 协调企业的物流活动

企业物流的总体经营目标，必须层层分解为物流各部门、人员和经营环节上的具体目标才能够得到落实。而最重要的是各部门、个人和经营环节的具体目标在方向上必须与总体经营目标保持一致，总体经营目标才有可能最终实现。通过编制物流成本预算可以把各组织层次、部门、个人和环节的成本控制目标有机地结合起来，明确它们之间的数量关系，有助于各个部门和经营环节通过正式渠道加强内部沟通并互相协调，从整个物流系统的角度紧密配合，实现成本控制目标。

3. 评价物流工作业绩

物流成本预算在确立组织内部各部门、环节、个人行动目标的同时，也进一步明确了它们所应承担的经济责任，使之能够被客观评价并具有可考核性，即通过实际数与预算数的比较分析，可以检查评价各部门、个人和环节的经济责任和计划任务的完成情况。

总之，通过物流成本预算可以明确各种物流成本控制目标，使每个物流部门、物流运营者为各自的成本控制目标而努力，有利于发挥各部门和个人的积极性、主动性和创造性；通过物流成本预算可以协调企业的物流活动，有助于各个部门和经营环节加强内部沟通并互相协调，取得良好的经济效益；通过物流成本预算可以为评估物流成本控制绩效提供标准，发现差异，使物流部门和物流运营者能够按科学的计划去开展物流业务，降低物流成本。

8.1.2 物流成本预算编制的内容

实施物流成本控制，需要将物流成本预算数额与实际数额进行比较，分析存在偏差的原因，提出改进的措施。因此，物流成本预算的编制内容与物流成本的核算内容基本类似，以保证成本控制目标的实现。

1. 按物流成本功能编制预算

按物流成本的功能编制的物流成本预算，主要包括、运输成本预算、仓储成本预算、包装成本预算、装卸搬运成本预算、流通加工成本预算、物流信息管理费用预算等。这种预算明确了计划期内各项物流作业中的物流成本控制的目标，以此作为降低物流成本的依据。

企业物流运作模式分为自营与外包两种，物流成本预算的编制方式也不同。如果企业自营物流业务，首先将各成本项目耗费按其与业务量的关系分为变动费用与固定费用两部分。编制各成本项目变动费用预算时，可以先以上年该项变动费用总额除以业务量，求出上年的变动费用率，在此基础上考虑预算期可能发生的各种变动，适当调整变动费用率，再以调整后的变动费用率乘以预算期的业务量，则可得到预算期该项变动费用的数额。编制各成本项目固定费用预算时，可以根据上年度的固定费用数额，并考虑预算期可能变化的因素，确定预算期的各项固定费用。如果企业物流业务外包时，通常根据业务量的大小一次性付费，这部分物流成本属于完全的变动费用，物流成本预算编制也比较简单，用预计得业务量乘以预计的单价即可。下面具体介绍运输成本、仓储成本、包装成本预算的编制过程。

(1)运输成本预算的编制。运输成本包括营业运输费和自营运输费两个部分。营业运输费是指利用营业性运输工具进行运输所支付的费用，自营运输费则是用自备运输工具进行运输所发生的费用，这两种费用在支付对象、支付形式及项目构成方面都有较大的差别。因而，必须区别对待，分别编制预算。

关于营业运输费预算的编制。在进行营业运输时，其运输费是直接以劳务费的形式支付给承运单位（运输企业）的。营业运输费实质上是一种完全的变动费用，因此这种运输费预算的编制较为简单。如果企业采用汽车运输，运输费可按汽车标准运输率乘以货运周转量计算确定；如果采用火车运输，运输费可按铁路标准运输率乘以货运周转量计算确定；水路、航空运输等的运输费，依此类推计算。

自营运输费尽管费用项目比较复杂，但在构成上可分为：随运输业务量增减成比例增减的变动运输费，如燃料费、维修费、轮胎费等；不随运输业务量成比例变化的固定运输费，如司机和助手的基本工资、保险费等。为了有效地实施预算控制，在编制自营运输费预算之前，首先需区分变动运输费和固定运输费，然后分别编制变动运输费和固定运输费预算，最后汇总形成运输费用预算。

（2）仓储成本预算的编制。目前仓库的自动化和信息化水平不断提高。例如京东无人仓在控制算法、工业设计、机械结构、电气设计、应用场景等方面取得了大量的技术突破与创新，累计专利申请已超过 100 件。京东无人仓的特色是大量智能物流机器人进行协同与配合，通过人工智能、深度学习、图像智能识别、大数据应用等诸多先进技术，为传统工业机器人赋予了智慧，让它们具备自主的判断和行为，适应不同的应用场景、商品类型与形态，完成各种复杂的任务。

京东通过机器人的融入改变了整个物流仓储生产模式的格局。搬运机器人、货架穿梭车、分拣机器人、堆垛机器人、六轴机器人、无人叉车等一系列物流机器人辛勤地工作在无人仓中，组成了完整的中件商品与小件商品智慧物流场景。京东目前“无人仓”的存储效率是传统横梁货架存储效率的 10 倍以上，并联机器人拣选速度可达 3600 次/小时，相当于传统人工的 5～6 倍。

仓储成本预算也是物流成本预算的重要组成部分。根据所使用的仓库是否归本企业所有，可将仓储形式分为自营仓储和营业仓储。由于自营仓储与营业仓储所支付的费用在形式与内容上都有很大的差别，不可等同对待，所以在编制仓储费预算时，也要分别编制营业仓储费预算和自营仓储费预算。

如果使用营业性仓储设备储存保管商品，只需向仓储企业支付一笔保管费，对于委托仓储的单位来说，所支付的保管费就是仓储费。仓储费的大小，往往因储存商品的价值大小、保管条件的好坏以及仓库网点所处的地理位置不同而有所不同。

自营仓储费预算的编制较营业仓储费预算复杂。这是因为自营仓储费包括的内容比营业仓储费多，计算起来比较麻烦。为编制自营仓储费预算，首先也要区分变动仓储费和固定仓储费。属于变动仓储费的一般有：转库搬运费、检验费、包装费、挑选整理费、临时人工工资及福利费、库存物资损耗等；属于固定仓储费的一般有：仓储设备折旧费、管理人员的工资及福利费、保险费等。仓储费用中也有一部分是半变动费用，如其他人工费、材料费、动力费、水费、取暖费等。自营仓储费预算可按月、季和年度编制。不论是月度、季度，还是年度预算，费用的计算方法基本相同。可根据上年统计数据结合考虑预算期的变化因素进行计算，然后编成预算表。

（3）包装成本预算的编制。包装成本是指商品包装过程中所发生的费用，它可分为直接包装费和间接包装费。直接包装费是指与商品包装业务量大小直接有关的各种费用，包括直接材料费、直接人工费和直接经费。间接包装费是指与各种商品包装有关的共同费用，如间接人工费和间接经费等。由于直接包装费随包装件数的增减而成比例增减，因此，直接包装费一般属于变动费用。相反，间接包装费则属于固定费用，但也有一部分间接包装费是半变动费用，如电费、煤气费、水费等。

近年来，随着网购的迅猛发展，快递业迅速崛起，中国成为“快递大国”。但随之而来的是快递过度包装、循环利用率低等问题，有些包装物甚至会产生大量污染，给环境带来巨大压力和沉重负担。在2017年全国两会上，快递如何“变绿”成为代表委员的热议话题。一件快递，一般会有运单、封套、纸箱、塑料袋、编织袋、胶带和缓冲物等7大类包装。这些快递垃圾该如何处理？绿色快递何时才能实现？

2016年10月，国家邮政局发布《中国快递领域绿色包装发展现状及趋势报告》显示，2015年我国快递仅包装使用的胶带总长就可以绕地球赤道425圈。据统计，2016年中国产生了300亿个快递包裹。而据预测，2018年将达500亿个包裹。

据统计，我国目前快递纸箱回收率不到20%。而包括透明胶带、空气囊、塑料袋等在内的包装物，则是直接被送进垃圾桶。以包装材料为例，2016年我国快递行业使用约120亿个塑料袋、144亿个包装箱和247亿米封箱胶带，这些材料大多无法有效回收。这些包装物的主要原料为聚氯乙烯（PVC），如果填埋在地下，需上百年才能降解；如果焚烧，则会产生大量污染物，危害大气或土壤环境。在推动快递物流行业绿色转型方面，菜鸟网络早有行动。2016年6月，菜鸟网络联合全球32家物流合作伙伴启动“绿动计划”，推出了100%可生物降解的快递包装袋和无胶带环保纸箱，目前已有近50万个绿色包裹送达消费者手中。在长沙，菜鸟驿站让会员将家中的快递包装拿到快递点兑换积分和优惠券，以抵消部分快递费，从而增加快递包装的循环使用次数。

在编制某类商品的包装成本预算时，先分析各类费用的变化特点，将其分类或分解成变动费用和固定费用两类，然后编制预算数据。直接包装费可按商品的包装件数乘以该商品每件的直接包装费计算确定。间接包装费可根据历史水平，结合计划期业务量的变动确定一个费用总额，然后按标准在各种包装对象之间进行分摊。

2. 按物流活动发生的范围编制预算

按照物流活动发生的范围编制物流成本预算明确了计划期内各项物流活动发生的范围中的物流成本控制的目标，以此作为降低物流成本的依据。以制造企业物流系统为例，它可以包括供应物流成本预算、生产物流成本预算、销售物流成本预算、退货物流成本预算和废弃物流成本预算等内容。例如，可以以上年的物流成本统计数据为基础，考虑到物流作业量的变化及成本的控制节约目标，制定新一年各物流范围中的物流成本，如表 8.1 所示。

表 8.1 按物流范围的物流成本预算

成本项目	上年实际数/万元	预计增减比率/%	本年预算金额/万元
供应物流成本	100	10	110
生产物流成本	150	—	150
销售物流成本	200	–5	190
退货物流成本	10	–20	8
废弃物流成本	20	–5	19
总计	480		477

在编制物流成本预算中，应注意几个问题：首先是预计增减比率的确定。该增减比率要考虑到物流业务量的变化。一般来讲，当业务量预计增加时，物流成本预算也会有所增加，同时又要考虑物流成本控制和降低的因素。可见，预计增减比率的确定是一个关键因素。其次是对于每一项物流成本预算，应采用一定的技术方法对其进行细化，例如，将供应物流成本预算细化为材料费、人工费、折旧费、办公费等。另外，不同范围的物流成本预算除了可按年度编制以外．也可按季、月分别编制，然后汇总编制年度预算。如果企业物流业务量较大，且不同月份的物流业务量增减变化较为明显，最好按季分月编制预算。

3. 按物流成本支付形态编制物流成本预算

按物流成本支付形态编制物流成本预算，明确了计划期内各项物流成本支付形态的成本控制的目标，以此作为降低物流成本的依据。物流成本支付形态包括物流人员工资、燃料费、租金、折旧费、材料费、修缮费及各种杂费等。以这种形式编制的物流成本预算，与现行的财务会计核算系统接轨，从而有利于评价分析一定时期内物流系统的成本财务状况。

8.1.3 物流成本预算编制的程序

企业编制物流成本预算时，一般是按以下步骤来进行的：

（1）在预测与决策的基础上，由预算委员会拟定企业预算总方案，包括企业各项政策以及企业总目标和分目标，如利润目标、销售目标、成本目标等，并下发到各有关部门。

（2）组织各业务部门按具体目标要求编制本部门预算草案。

（3）由预算委员会平衡与协商调整各部门的预算草案，并进行预算的汇总与分析。

（4）审议预算并上报董事会，最后通过企业的综合预算和部门预算。

（5）将批准后的预算下达到各执行部门。

物流成本预算编制的流程如图 8.1 所示。

<table>
<tr><th>工作目标</th><th>知识准备</th><th>关键点控制</th><th>细化执行</th><th>流程图</th></tr>
<tr><td rowspan="7">1．规范各项基础管理工作
2．完善内部控制机制
3．加强成本费用控制</td><td rowspan="7">1．全面预算的内容
2．全面预算编制的方法
3．全面预算的要求</td><td>1．明确企业发展战略
公司首先应制定明确的战略规划，为企业各项工作提供依据</td><td></td><td rowspan="7">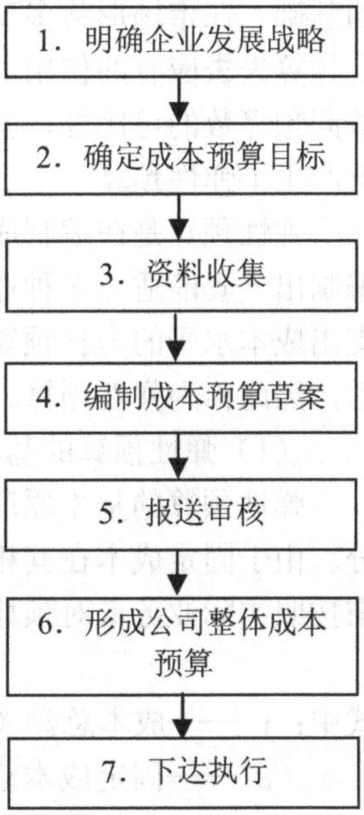
</td></tr>
<tr><td>2．确定成本预算目标
公司的最高领导机构或预算管理委员会根据公司的战略目标确定下年度公司的整体经营目标和成本控制目标</td><td></td></tr>
<tr><td>3．资料收集
财务部收集相关资料，各部门予以配合</td><td>现金流量、收入、成本、资产等相关信息</td></tr>
<tr><td>4．编制成本预算草案
公司各部门根据预算编制的要求，编制本部门的预算</td><td>各部门的预算</td></tr>
<tr><td>5．报送审核
（1）预算管理委员会审查、平衡各部门的预算
（2）预算管理委员会通过或者要求相关部门修改、调整预算</td><td></td></tr>
<tr><td>6．形成公司的整体预算
（1）预算管理委员会汇总各部门公司的总预算
（2）公司预算编制的内容主要包括物流功能成本预算、物流范围成本预算、物流支付形态成本预算。</td><td>公司预算</td></tr>
<tr><td>7．下达执行
（1）编制的预算报告及主要预算指标报告给董事会或上级主管单位
（2）批准后的预算下达给各有关部门、单位执行</td><td>各部门制定具体的控制物流成本预算的措施</td></tr>
</table>

图 8.1　物流成本预算编制流程图

8.1.4 物流成本预算编制的方法

物流成本预算编制方法很多，这里主要介绍弹性预算、增量预算、零基预算、滚动预算等几种方法。

1．物流成本弹性预算法

弹性预算也称为变动预算或滑动预算，它是相对固定预算而言的一种预算。编制预算的传统方法是固定预算法，即根据固定业务量水平（如产量、运输量、销售量）编制出的预算，这种预算的主要缺陷是，当实际发生的业务量与预期的业务量发生较大偏差时，各项变动成本的实际发生数与预算数之间就失去了可比的基础。在市场形势多变的情况下，这种偏差出现的可能性极大，因而将导致固定预算失去应有的作用。为了弥补按传统方法编制预算所造成的缺储，保证实际数同预算数的可比性，就必须根据实际业务量的变动对原预算数进行调整，于是就产生了弹性预算。

弹性预算是在编制成本预算时，预先估计到计划期内业务量可能发生的变动，编制出一套能适应多种业务量的成本领算以便分别反映在各业务量的情况下所应支出成本水平的一种预算。由于这种预算随着业务量的变化而变化，本身具有弹性，因此称为弹性预算。

（1）弹性预算的基本原理

弹性预算的基本原理是：把成本按成本性态分为变动成本与固定成本两大部分。由于固定成本在其相关范围内，其总额一般不随业务量的增减而变动，因此在按照实际业务量对预算进行调整时，只需调整变动成本即可。公式如下：

$$y=a+bx$$

式中：y ——成本总额（元）；

a ——固定成本总额（元）；

b ——单位变动成本（元/单位业务量）；

x ——计划业务量（单位业务量）。

（2）弹性预算的编制步骤

编制弹性预算，首先要选择合适的业务量计量单位，确定一定的业务量范围，然后根据各项物流成本项目与业务量之间的数量关系，区分出变动成本与固定成本，并在此基础上分析确定各项目的预算总额或单位预算，并用一定的形式表达出来。

第一，选取和确定业务量计量单位。业务量计量单位的选取，应以代表性强、直观性强为原则。例如，运输成本的预算可以选择吨公里作为计量单位，仓储成本的预算可以选择仓储作业量（托盘数、吨等）为计量单位，供应物流成本预算可以以材料采购量（如吨）作为计量单位等。

第二，确定业务量变动范围。确定业务量变动范围应满足其业务量实际可能变动的需要。一般来说，可以将业务量范围确定在正常业务量的 80%～120%之间，或者把历史上的最低业务量和最高业务量分别作为业务量范围的下限和上限；也可以对预算期的业务量作出悲观预测和乐观预测，分别作为业务量的上限和下限。然后再在其中划分若干等级，这样编出的弹性预算较为实用。

第三，确定各项费用与业务量之间的关系。根据成本特性和业务量之间的依存关系，将企业生产成本划分为变动成本和固定成本两个类别，并逐项确定各项费用与业务量之间的关系。

第四，编制出弹性预算。计算各种业务量水平下的预测数据，并用一定的方式表示，形成运输成本、仓储成本、装卸搬运成本等的弹性预算。

例：已知某物流企业运输成本资料如表 8.2 所示，用弹性预算法编制运输成本弹性预算如表 7.2 所示。

表 8.2　某物流企业运输成本资料

项目	预算值/元				
货运周转量（万吨公里）	80	100	120		
单位变动成本	3000	3000	3000		
变动成本总额	240000	300000	360000		
固定成本总额	60000	60000	60000		
运输总成本预算	300000	360000	420000		

（3）弹性预算的特点

由上述可见、弹性预算具有以下二个特点：

第一，弹性预算可根据各种不同的业务量水平进行调整，具有伸缩性。

第二，弹性预算的编制是以成本可划分为变动成本与固定成本为前提的。

弹性预算由于可根据不同业务量进行事先编制或根据实际业务量进行事后调整，因此具有适用范围广的优点，增强了预算对生产经营变动情况的适应性。只要各项消耗标准价格等编制预算的依据不变，弹性预算就可以连续地使用下去，而不用每期都重新编制成本预算。由于弹性预算的编制是以成本可划分为变动成本与固定成本为前提的，所以可以分清成本增加的正常与非正常因素，有利于成本分析与控制。

2. 物流成本的零基预算法

零基预算是与增量预算相对的。传统的增量预算，一般是以基期的各种物流费用项目的实际开支数为基础，结合预算期内可能会使各种物流费用项目发生变动的有关因素，如业务量的增减等，然后确定预算期内应增减的数额，即在原有的基础上增加或减少一定的百分率来编制物流预算。这种方法过分受基期的约束，往往不能做到实事求是、精打细算，会造成较大的浪费，使企业的物流资源运用效率下降。

零基预算是“以零为基础的编制预算和计划的方法”，是指在编制预算时对于所有的物流成本预算支出均以零为基础，不考虑其以往情况如何，从实际需要与可能出发，研究分析各项预算费用开支是否必要合理，进行综合平衡，从而确定预算费用。零基预算的编制步骤如下：

（1）企业内部各有关部门，根据企业的总体目标和各该部门的具体任务，提出预算期内需要发生的各种业务活动及其费用开支的性质、目的和数额。

（2）对各项预算方案进行成本一效益分析。即对每一项业务活动的所费与所得进行对比，权衡得失，据以判断各项费用开支的合理性及优先顺序。

（3）根据生产经营的客观需要与一定期间资金供应的实际可能，在预算中对各个项目进行择优安排，分配资金，落实预算。

（4）划分不可延缓费用项目和可延缓费用项目，在编制预算时，应根据预算期内可供支配的资金数额在各费用之间进行分配。应优先安排不可延缓费用项目的支出。然后再根据需要和可能，按照费用项目的轻重缓急确定可延缓项的开支。

零基预算的优点是不受现有条条框框限制，对一切费用都以零为出发点，这样不仅能压缩资金开支，而且能切实做到把有限的资金，用在最需要的地方，从而调动各部门人员的积极性和创造性，量力而行，合理使用资金，提高效益。

零基预算的工作量较大，编制预算需要较长的时间。为了克服这一不足，不需要每年都按零基预算的方法编制预算，隔几年按此方法编制一次预算。

3. 物流成本的定期预算法

定期预算法，也称为阶段性预算，是指在编制预算时以不变的会计期间（如日历年度）作为预算期的一种编制预算的方法。定期预算的优点是能够使预算期间与会计年度相配合，便于考核和评价预算的执行结果。按照定期预算方法编制的预算主要有以下缺点：

（1）盲目性。由于定期预算往往是在年初甚至提前两三个月编制的，对于整个预算年度的生产经营活动很难做出准确的预算，尤其是对预算后期的预算只能进行笼统地估算，数据笼统含糊，缺乏远期指导性，给预算的执行带来很多困难，不利于对生产经营活动的考核与评价。

（2）滞后性。由于定期预算不能随情况的变化及时调整，当预算中所规划的各种活动在预算期内发生重大变化时（如预算期临时中途转产），就会造成预算滞后过时，使之成为虚假预算。

（3）间断性。由于受预算期间的限制，致使经营管理者们的决策视野局限于本期规划的经营活动，通常不考虑下期。例如，一些企业提前完成本期预算后，以为可以松一口气，其他事等来年再说，形成人为的预算间断。因此，按定期预算方法编制的预算不能适应连续不断的经营过程，从而不利于企业的长远发展。为了克服定期预算的缺点，在实践中可采用滚动预算的方法编制预算。

4. 物流成本的滚动预算法

滚动预算法又称连续预算或永续预算，是指按照“近细远粗”的原则，根据上一期的预算完成情况，调整和具体编制下一期预算，并将编制预算的时期逐期连续滚动向前推移，预算能随时间的推进不断加以调整和修订。简单地说，就是根据上一期的预算指标完成情况，调整和具体编制下一期预算，并将预算期连续滚动向前推移的一种预算编制方法。滚动预算法的优点如下：

（1）能保持预算的完整性、继续性，从动态预算中把握企业的未来。

（2）能使各级管理人员始终保持对未来一定时期的生产经营活动作周详的考虑和全盘规划，保证企业的各项工作有条不紊地进行。

（3）由于预算能随时间的推进不断加以调整和修订，能使预算与实际情况更相适应，有利于充分发挥预算的指导和控制作用。

（4）有利于管理人员对预算资料作经常性的分析研究，并根据当前的执行情况及时加以修订，保证企业的经营管理工作稳定而有秩序地进行。

采用滚动预算的方法，预算编制工作比较繁重。所以，也可以采用按季度滚动来编制预算，而在执行预算的那个季度里，可以再按月份具体地编制预算，这样可以适当简化预算的编制工作。总之，预算的编制是按月份滚动还是按季度滚动，应视实际需要而定。

滚动预算能克服传统定期预算的盲目性、不变性和间断性，从这个意义上说，编制预算已不再仅仅是每年末才开展的工作了，而是与日常管理密切结合的一项措施。

8.2 物流成本分析

8.2.1 物流成本分析的作用

分析是人们认识客观事物本质特征及其发展规律的一种逻辑思维方法。物流成本分析就是利用物流成本核算结果及其他有关资料，分析物流成本水平与构成的变动情况，研究影响物流成本升降的各种因素及其变动原因，寻找降低物流成本的途径。物流成本分析的作用有以下几方面。

1. 物流成本分析是物流成本管理的重要组成内容

企业物流成本是反映企业物流经营管理工作质量和劳动耗费水平的综合指标。企业在物流过程中各种资源耗用的多少，劳动生产率的高低，产品质量的优劣，物流技术状况，设备和资金利用效果及生产组织管理水平等，都会直接或间接地反映到企业物流成本中来，因此加强物流成本分析有利于揭示企业物流过程中存在的问题，改善管理工作。

2. 物流成本分析可准确评价企业的发展潜力

企业的潜力通常是指在现有技术水平条件下，企业在一定资源投入情况下的最大产出，即产出潜力；或在一定产出情况下资源的最小投人，即成本潜力。通过成本分析评价可正确及时地挖掘出企业各方面的潜力。如通过趋势分析方法可说明企业的总体发展潜力，通过因素分析和对比分析可找出物流企业成本管理某环节的潜力。正确揭示企业的潜力不仅是的企业经营者所需要的，企业的投资者和政府相关部门都十分关心企业发展潜力的大小。

3. 物流成本分析可充分揭示物流企业风险

物流企业风险包括经营风险和财务风险等。风险存在产生于经济中的不确定因素。成本绩效分析，特别是对物流企业潜力的分析与物流企业风险有着密切联系。一般地说，成本效益越差，物流企业的经营风险越高；反之，物流企业的风险就越低。

4. 物流成本分析评价可以正确评价企业物流成本计划的执行状况

物流成本分析并不只是对成本管理工作的回顾、总结与评价，更重要的是通过对企业物流资金耗费活动规律的了解，正确评价企业物流成本计划的执行状况，揭示物流成本升降变动的原因，为编制物流成本预算和成本决策提供重要依据，实现物流成本管理的目标。

8.2.2 物流成本分析的内容

物流成本分析的内容可以概括为以下三个方面。

（1）在核算资料的基础上，通过深入分析，明确企业物流成本计划的执行结果，提高计划的编制和执行水平。

（2）揭示物流成本升降的原因，找出影响物流成本高低的各种因素及其原因，进一步提高企业管理水平。

（3）寻求进一步降低物流成本的途径和方法。物流成本分析还可以结合企业物流经营条件的变化，确定适应新情况的最合适的物流成本水平。

实际上，无论是物流成本管理的哪个环节，最终的目的都是为了提高企业的经济效益。由于物流过程分为许多作业过程，很显然，除了通过成本管理来提高企业的效益以外，提高物流作业效率也是最终节约成本的有效途径。

8.2.3 物流成本分析的原则

1. 物流成本分析必须与其他技术经济指标的变动相结合

技术经济指标，是反映企业物流技术经济状况，与企业物流技术、工业特点密切相关的一系列指标。企业各项技术经济指标完成情况，直接或间接地影响到物流成本的高低。因此，只有结合技术经济指标的变动对物流成本进行分析，才能使物流成本分析深入到技术领域，从根本上查明影响物流成本波动的具体原因，寻求降低物流成本的途径。另一方面，通过物流成本的技术经济分析，也可以促进企业各部门更好地完成各项技术经济指标，从有利于从经济的角度，改善与提高物流技术。

物流技术发展迅速，例如谷歌近日获得一项新专利，谷歌开发的是面向送货卡车的“无人驾驶递送平台”。在卡车货箱上配有很多储物柜，储物柜可以用信用卡、NFC 读卡器解锁。当包裹运送完毕，卡车会继续向下一个送货点进发，或者回到仓库装载更多包裹。汽车采用的自动化驾驶技术将会采用类似于谷歌小汽车无人驾驶的技术，汽车通过使用摄像头、雷达等各种传感器来自动驾驶。专利资料中写道：“自动化公路汽车可以使用各种传感器（例如视频摄像头、雷达传感器、激光测距仪）来‘看见’交通状况，还可以绘制详细地图为汽车在公路上行驶进行导航，它可以与子系统（例如无线通信子系统）通信，可以与控制器、其他公共设施通信。”谷歌母公司 Alphabet 正在开发无人机送货设备，目标是在 2017 年推出，项目名称为 Project Wing。Alphabet 还在测试无人驾驶汽车。谷歌获得的专利和其他两个项目（无人机送货、无人驾驶汽车）高度吻合。

2. 物流成本分析必须与绩效考核评价相结合

把物流成本分析工作与物流各部门经济效果和工作质量的考核、评比和奖惩结合起来，是物流成本分析工作深入持久进行的必要保证。在完善的绩效考核制度下，企业应根据物流部门的特点和责任范围开展功能成本分析、成本构成分析和总成本分析，把物流成本分析植根于广泛深入的数据调研之中。尤其是物流过程的成本分析，应根据企业物流情况，适当选择一定专题作为分析的主要内容，缩短分析的时间。

3. 全面性原则

物流成本内含丰富，涉及面广，物流成本分析及控制工作，需要全体员工、各个部门的积极参与，才能达到控制物流成本的目标。这里的全体员工既包括一线工作人员，也包括管理人员；这里的各个部门既包括财务部门，也包括运营等费用发生的部门。

8.2.4 物流成本分析的方法

物流成本分析有定性分析和定量分析两种方法。

企业物流成本及其变动状况，既有质的特征，又有量的界限，企业成本分析，也包括定性与定量两个方面。对物流成本变动性质的分析，称为定性分析，目的在于揭示影响资金耗费各因素的性质、内在联系及其变动趋势。对物流成本变动数量的分析，称为定量分析，目的在于确定物流成本指标变动幅度及各因素对其影响程度。定性分折是定量分析的基础，定量分析是定性分析的深化。仅有定量分析结果而无定性分析说明，或者仅有定性的说明而无定量分析资料作依据，都不可能发挥成本分析应有的作用。因而定性分析与定量分析是相辅相成、互为补充的。

物流成本定量分析方法主要有对比分析法、比率分析法、连环替代法。

1. 对比分析法

对比分析法是通过某项财务指标与性质相同的指标评价标准进行对比，揭示企业财务状况、经营情况一种分析方法。比较分析法是最基本的分析方法，对比分析法通常是把两个相互联系的指标数据进行比较，从数量上展示和说明研究对象规模的大小，水平的高低，速度的快慢，以及各种关系是否协调。在对比分析中，选择合适的对比标准是十分关键的步骤，选择恰当的对比标准，才能作出客观的评价，否则将会得出错误的结论。

对比分析法根据分析的目的不同又有绝对数比较和相对数比较两种形式。

（1）绝对数比较

绝对数比较是利用成本总额、收入总额等绝对数进行对比，从而寻找差异的一种方法。如上年物流成本数额与本年物流成本数额的比较，今年与去年同期运输成本数额的比较等。

（2）相对数比较

相对数比较是由两个有联系的指标对比计算的，用以反映客观现象之间数量联系程度的综合指标，其数值表现为相对数。由于研究目的和对比基础不同，相对数比较可以分为结构相对数、计划完成程度相对数、动态相对数等形式。结构相对数：将同一总体内的部分数值与全部数值对比求得比重，用以说明物流成本的结构。如，运输成本额占物流成本总额比重等。计划完成程度相对数：是某一时期实际完成数与计划数对比，用以说明计划完成程度。例如某物流企业实际广告费用为计划数的 90%。动态相对数：将同一现象在不同时期的指标数值对比，用以说明发展方向和变化的速度。如今年的物流成本与去年相比增加了 15%等。

2. 比率分析法

比率分析法是通过计算有关指标之间的相对数，进行分析评价的一种方法。主要有相关比率分析法；构成比率分析法。

相关比率分析法是通过计算两个性质完全不相同而又相关的指标的比率进行分析的一种方法。例如，物流成本占营业收入的比率，可以反映出单位营业收入的物流成本水平，便于不同企业之间进行比较。构成比率分析法是计算某项指标的各个组成部分占总体的比重，即部分与总体的比率，进行数量分析的一种方法。例如物流成本占企业总成本的比重，有利于发现企业物流成本中存在的问题，提出改进措施。

3. 连环替代法

连环替代法也称因素分析法，它是确定引起某经济指标变动的各个因素影响程度的一种计算方法。

（1）适用范围

在几个互相联系的因素共同影响着某一指标的情况下，可应用这一方法来计算各个因素对经济指标发生变动的影响程度。

（2）计算分析思路

第一，在计算其一因素对一个经济指标的影响时，假定只有这个因素在变动而其他因素不变。

第二，确定各个因素替代顺序，然后按照这一顺序替代计算。

第三，把这个指标与该因素替代前的指标相比较，确定该因素变动所造成的影响。

（3）计算原理

设物流成本指标 N 是由 A、B、C 三因素乘积所组成，其计划成本指标与实际成本指标分别列示如下：

计划成本：$N_1=A_1\times B_1\times C_1$

实际成本：$N_2=A_2\times B_2\times C_2$

差异额：$G=N_2-N_1$

计划指标：$A_1\times B_1\times C_1=N_1$

第一次替换：$A_2\times B_1\times C_1=N_3$，$N_3-N_1=A$ 变动的影响

第二次替换：$A_2\times B_2\times C_1=N_4$，$N_4-N_3=B$ 变动的影响

第三次替换：$A_2\times B_2\times C_2=N_2$，$N_2-N_4=C$ 变动的影响

以上三个因素变动影响的总和为：

$$(N_3-N_1)+(N_4-N_3)+(N_2-N_4)=G$$

从上式可知，三个因素变动的差异之和与前面计算的实际物流成本与计划成本的总差异额是相等的。

例：某企业原材料耗用情况见表 8.3，运用连环替代法分析各因素变动对材料费用总额的影响程度。

表 8.3 原材料耗用情况表

项目	计划/元	实际/元	差异/元
产品产量	100	115	+15
单位材料耗用量	200	190	–10
单价	10	11	+1
材料费用总额	200000	240350	+40350

解析：分析对象：材料费用实际超计划 40350 的原因

具体指标：材料费用总额=产量×单耗×单价

计划数：N_1=100×200×10=200000

实际数：N_2=115×190×11=240350

差异额：$G=N_2-N_1$=40350

第一次替换：115×200×10=230000

产量变动的影响：230000–200000=+30000

第二次替换：115×190×10=218500

单耗变动的影响：218500–230000=–11500

第三次替换：115×190×11=240350

单价变动的影响：240350–218500=+21850

合计： +40350（元）

4）差额分析法

差额分析法是连环替代法的简化形式；这种方法是利用各个因素的实际值与计划值之间的差额，来计算各因素对分析指标的影响。

续前例，运用差额分析法进行分析：

产量的影响额=（115–100）×200×10=+30000

单耗的影响额=115×（190–200）×10=–11500

单价的影响额=115×190×（11–10）=+21850

合计： （+30000–11500+21850）=+40350

5）采用连环替代法的注意事项

①因素分解的关联性

构成经济指标的因素，必须是客观上存在着的因果关系，要能够反映形成该项指标差异的内在构成原因，否则，就失去了其存在的价值。

②因素替代的顺序性

替代因素时，必须按照各因素的依存关系，排列成一定的顺序依次替代，不可随意加以改变，否则，就会得出不同的计算结果。一般而言，确定正确排列因素替代程序的原则是：按分析对象的性质，从诸因素相互依存关系出发，并使分析结果有助于分清责任。

③顺序替代的连环性

因素分析法在计算每一个因素变动的影响时，都是在前一次计算的基础上进行的，并采用连环比较的方法确定因素变化的影响结果。因为只有保持计算程序上的连环性，才能使各个因素影响之和等于分析指标变动的差异，以全面说明分析指标变动的原因。

④计算结果的假定性

由于因素分析法计算的各因素变动的影响数，会因替代计算顺序的不同而有差别，因而计算结果不免带有假定性，即它不可能使每个因素计算的结果都达到绝对的准确。它只是在某种假定前提下的影响结果，离开了这种假定前提条件，也就不会是这种影响结果。为此，分析时应力求使这种假定是合乎逻辑的假定，是具有实际经济意义的假定。只有这样，计算结果的假定性，才不至于妨碍分析的有效性。

8.3 财务比率分析

财务比率包括偿债能力比率、营运能力比率、获利能力比率等，每类比率分别从不同的角度反映了企业经营管理的各个层面和状况。

1. 偿债能力比率

企业的偿债能力指标分为两类，一类是反映企业短期偿债能力的指标，主要有流动比率和速动比率；另一类是反映企业长期偿债能力的指标，主要是资产负债率和已获利息倍数。

（1）流动比率。流动比率是企业流动资产与流动负债的比值，其计算公式为：

$$流动资产=\frac{流动资产}{流动负债}$$

流动比率可以反映企业短期偿债能力。企业能否偿还短期债务，要看有多少短期债务，以及有多少可变现偿债的流动资产。流动资产越多，短期债务越少，则偿还能力越强。流动比率是流动资产和流动负债的比值，是个相对数，排除了企业规模不同的影响，更适合企业之间以及本企业不同历史时期的比较。

一般认为，较为合理的流动比率为 2，但不能为一个统一标准。计算出来的流动比率，只有和同行业平均流动比率、本企业历史的流动比率进行比较，才能知道这个比率是高还是低。一般情况下. 营业周期、流动资产中的应收账款数额和存货的周转速度是影响流动比率的主要因素。

（2）速动比率。速动比率是从流动资产中扣除存货部分，再除以流动负债的比值，又称酸性测验比率，它反映企业短期内可变现资产偿还短期内到期债务的能力。速动比率是对流动比率的补充。其计算公式如下：

$$速动比率=\frac{流动资产-存货}{流动负债}$$

速动资产是企业在短期内可变现的资产，等于流动资产减去存货后的金额，包括货币资金、短期投资和应收账款。通常认为正常的速动比率为 1，低于 1 的速动比率被认为是短期偿债能力偏低。当然，这仅是一般的看法，因为行业不同，速动比率会有很大差别，没有统一标准的速动比率。

（3）资产负债率。资产负债率是指负债总额对全部资产总额之比。资产负债率反映在总资产中有多大比例是通过借债来筹资的，也可以衡量企业在清算时保护债权人利益的程度。其计算公式为：

$$资产负债率=\frac{负债总额}{资产总额}\times 100\%$$

不同的投资者对资产负债率的期望截然不同：

从债权人的立场看，他们最关心的是贷给企业的款项的安全程度，也就是能否按期收回本金和利息。因此，他们希望债务比例越低越好，企业偿债有保证，贷款不会有太大的风险。

从股东的角度看，股东所关心的是全部资本利润率是否超过借人款项的利率，在企业的全部资本利润率超过因借款而支付的利息率时，股东所得到的利润就会加大。因此，在全部资本利润率高于借款利息率时，负债比例大一些好，否则反之。

从经营者的立场看，企业应当审时度势，全面考虑，在利用资产负债率制定借人资本决策时，必须充分估计预期的利润和增加的风险，在二者之间权衡利害得失，作出正确决策。

（4）已获利息倍数。已获利息倍数又称为利息保障倍数，是指企业息税前利润与利息费用的比率，是衡量企业长期偿债能力的指标之一。其计算公式为：

$$已获利息倍数=\frac{息税前利润}{利息费用}$$

公式中利息费用是支付给债权人的全部利息，包括财务费用的利息和计入固定资产的利息。已获利息倍数反映企业用经营所得支付债务利息的能力，倍数足够大，企业就有充足的能力偿付利息。

2. 营运能力比率

营运能力是企业的经营运行能力，反映企业经济资源的开发、使用以及资本的有效利用程度。它是通过企业的资金周转状况表现出来的。资金周转状况良好，说明企业经营管理水平高，资金利用率高。营运能力比率又称为资产管理比率，包括应收账款周转率、流动资产周转率和总资产周转率等。

（1）应收账款周转率。应收账款在流动资产中有着举足轻重的地位。及时收回应收账款，不仅可以增强企业的短期偿债能力，也反映出年度内应收账款转为现金的平均次数，它说明了应收账款流动的速度。用时间表示的周期速度是应收账款周转天数，也叫应收账款回收期或平均收现期，它表示企业从取得应收账款的权利到收回款项、转换为现金所需要的时间。其计算公式为：

$$\text{应收帐款周转率}=\frac{\text{销售收入}}{\text{平均应收账款}}$$

$$\text{应收账款周转天数}=\frac{360}{\text{应收账款周转率}}=\text{平均应收账款}\times\frac{360}{\text{营业收入}}$$

应收账款周转率是分析企业资产流动情况的一项指标。应收账款周转次数多，周转天数少，表明应收账款周转快，企业信用销售严格。反之，表明应收账款周转慢，企业信用销售放宽。信用销售严格，有利于加速应收账款周转，减少坏账损失，但可能丧失销售商品的机会，减少销售收入。

（2）流动资产周转率。流动资产周转率是销售收入与全部流动资产的平均余额的比值。其计算公式为：

$$\text{流动资产周转率}=\frac{\text{营业收入}}{\text{平均流动资产}}$$

其中，平均流动资产=（年初流动资产+年末流动资产）/2。流动资产周转率反映了流动资产的周转速度。周转速度快，会相对节约流动资产，增强企业盈利能力；而延缓周转速度，需要补充流动资产参加周转，形成资金浪费，降低企业盈利能力。

（3）总资产周转率。总资产周转率是销售收入与平均资产总额的比值。其计算公式为：

$$\text{总资产周转率}=\frac{\text{销售收入}}{\text{平均资产总额}}$$

$$\text{平均资产总额}=\frac{\text{年初资产总额}+\text{年末资产总额}}{2}$$

该项指标反映总资产的周转速度。周转越快，销售能力越强。企业可以通过薄利多销的办法，加速资产的周转，带来利润绝对额的增加。

3. 获利能力比率

一个企业不但应有较好的财务结构和较高的营运能力，更重要的是要有较强的获利能力。通常，反映获利能力的指标有：营业净利率、资本净利润率、所有者权益报酬率、资产净利率、成本费用利润率等。

（1）营业净利率。营业净利率是企业净利润与营业收入的比率，这项指标越高，说明企业从营业收入中获取利润的能力越强。其计算公式：

$$营业净利率=\frac{净利润}{营业收入净额}\times 100\%\ 营业净利率$$

（2）资本净利润率。资本净利润率是企业净利润与实收资本的比率。其计算公式为：

$$资本净利润率=\frac{净利润}{实收资本}\times 100\%$$

（3）所有者权益报酬率。所有者权益报酬率反映了所有者对企业投资部分的获利能力，也叫净资产收益率或净值报酬率。其计算公式为：

$$所有者权益报酬率=\frac{净利润}{所有者权益余额}\times 100\%$$

$$所有者权益平均余额=\frac{期初所有者权益+期末所有者权益}{2}$$

所有者权益报酬率越高，说明企业所有者权益的获利能力越强。影响该指标的因素，除了企业的获利水平外，还有企业所有者权益的大小。对所有者来说，这个比率很重要。该比率越大，投资者投入资本获利能力越强。

（4）资产净利率。资产净利率是企业净利润与资产平均总额的比率。计算公式为：

$$资产净利率=\frac{净利润}{资产平均总额}\times 100\%$$

（5）成本费用利润率。成本费用利润率是企业利润总额与成本费用总额的比率。可以用公式表示为：

$$成本费用利润率=\frac{利润总额}{成本费用总额}$$

公式中，成本费用总额包括企业在生产经营过程中投入的各项营业成本和期间费用。成本费用利润率也可以看作是投入产出的比率，其配比关系反映了企业每投入单位成本费用所获取的利润额。

8.4 杜邦财务分析法

单个的财务指标不能全面系统地对整个企业的财务状况和经营成果作出评估。所谓财务综合评估，就是将企业的营运能力、偿债能力和获利能力诸方面的分析纳入一个有机体中，认真分析其相互关系，全方位评估企业财务状况和经营成果的经济活动，这对判断企业的综合财务情况具有重要作用。

综合分析的方法很多，其中杜邦分析法的应用比较广泛。杜邦分析法抓住了企业各主要财务指标之间的紧密联系，来综合分析企业的财务状况和经营成果。因其最先是由美国杜邦公司首创并成功运用的，所以称为杜邦分析法。利用该方法可把各种财务指标间的关系，绘制成简洁明了的杜邦分析图，如图 8.2 所示。

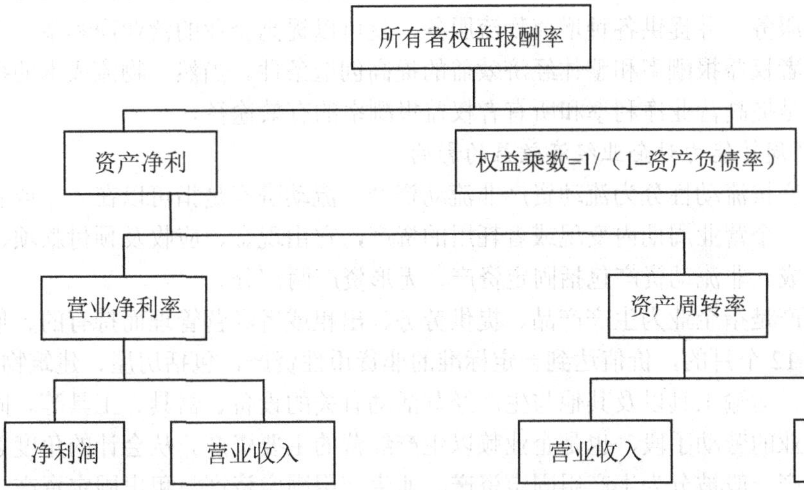

图 8.2　杜邦分析法

由图 8.2 可知，在这个系统中，可以提供以下几种主要的财务比率关系：

$$\text{所有者权益报酬率}=\text{营业净利率}\times\text{资产周转率}\times\text{权益乘数}$$

$$\text{权益乘数}=\frac{\text{资产总额}}{\text{所有者权益}}=\frac{\text{资产总额}}{\text{资产总额}-\text{负债总额}}=\frac{1}{1-\text{资产负债率}}$$

上述公式中，所有者权益报酬率是一个综合性最强的财务比率，也是杜邦财务分析系统的核心指标。所有者权益报酬率反映了所有者投入资金的获利能力，反映了企业筹资、投资、资产运营等活动的效率，提高所有者权益报酬率是所有者利润最大化的基本保证。

从公式上看，决定所有者权益报酬率高低的因素有三个方面：营业净利率、资产周转率和权益乘数，而这三个指标恰恰反映了物流企业在运营获利能力、资产周转能力和资产负债结构方面的运作情况。

1. 运营获利能力对企业经济效益的影响

如前所述，企业的营业净利率是指净利润与营业收入之间的比率，企业的营业净利率越高，能够获取的经济效益就越高。营业净利率的高低受收入和利润的影响，实际上是由收入和成本的大小来决定的。通过分析这两个因素，可得出营业净利率的变化情况．进而分析其对所有者权益报酬率的影响。抛开企业本身成本控制的因素不考虑，营业净利率的高低取决于企业所从事的行业与提供服务的功能。对于物流企业来说，提供物流服务的附加值越高，营业净利率就会越高。如果企业仅仅能够提供一般的竞争比较激烈的运输或仓储服务，其营业净利率就会相对较低；如果物流企业能够提升自身的物流运营能力，为高附加值货物提供物流一体化服务，并提供各种增值物流服务，就可以提高企业的营业净利率，为企业的所有者权益报酬率和整体经济效益的提高创造条件。当然，物流成本的控制与降低也是提高营业净利率和所有者权益报酬率的有效途径。

2. 资产周转能力对企业经济效益的影响

企业资产按流动性分为流动资产非流动资产。流动资产是指可以在一年或者超过一年的一个营业周期内变现或者耗用的资产，它由现金、应收及预付款项、存货等项组成。非流动资产包括固定资产、无形资产两部分。

固定资产是指企业为生产产品、提供劳务、出租或者经营管理而持有的、使用时间超过 12 个月的，价值达到一定标准的非货币性资产，包括房屋、建筑物、机器、机械、运输工具以及其他与生产经营活动有关的设备、器具、工具等。固定资产是企业的劳动手段，也是企业赖以生产经营的主要资产。从会计的角度划分，固定资产一般被分为生产用固定资产、非生产用固定资产、租出固定资产、未使用固定资产、不需用固定资产、融资租赁固定资产、接受捐赠固定资产等。无形资产是指企业拥有或者控制的没有实物形态的可辨认非货币性资产。无形资产具有广义和狭义之分，广义的无形资产包括货币资金、应收账款、金融资产、长期股权投资、专利权、商标权等，因为它们没有物质实体，而是表现为某种法定权利或技术。但是，会计上通常将无形资产作狭义的理解，即将专利权、商标权等称为无形资产。

资产周转能力是企业的经营运行能力，反映了企业经济资源的开发、使用及资本的有效利用程度。它是通过企业的资金周转状况表现出来的。资金周转状况良好，说明企业经营管理水平高，资金利用效率高。资金只有顺利地通过各个生产经营环节，才能完成一次循环；完成一次生产经营循环，就为企业产生一次增值。企业使资产运作起来才能产生收入和利润，资产周转率反映了资产周转能力的大小，并对所有者权益报酬率的大小产生影响。其计算公式为：

$$总资产周转率=\frac{营业收入}{平均资产总额}$$

其中，平均资产总额=（年初资产总额+年末资产总额）/2。该项指标反映了资产总额的周转速度。周转越快，销售能力越强。企业可以通过薄利多销的办法，加速资产的周转，带来利润绝对额的增加。

资产周转率是反映企业资产周转能力的综合指标。资产周转率的高低取决于各个生产经营环节所占用资产的周转速度。因此，对资产周转率指标可以进行进一步细化，相关的比率指标包括应收账款周转率、存货周转率、流动资产周转率等。资产周转能力比率又称资产管理比率。通过对流动资产周转、存货周转、应收账款周转、总资产周转等影响资产周转的各个因素进行分析，能够判定哪些因素使得资产周转率发生变化，找出"症结"所在。为企业的所有者权益报酬率和整体经济效益分析提供依据。

3. 资产负债结构对企业经济效益的影响

资产负债比率是企业资本运营过程中需要考虑的一个重要问题。企业通过各种途径筹措其生存和发展所必需的资金。企业筹集的资金按其性质不同，可分为权益资金和债务资金。权益资金又称权益资本或自有资本，是指企业依法筹集并可长期占有、自由支配的资金，其所有权属于企业的投资者，它包括企业的资本金、资本公积金、盈余公积金和未分配利润。权益资本是企业最基本的资金来源，它体现了企业的经济实力和抵御经营风险的能力，它也是企业举债的基础。债务资金又可称为借入资金，是指企业依法筹措、须按期偿还的资金，其所有权属于企业的债权人。债务资金主要包括各种借款、应付债券、应付票据等，它也是企业资金的主要来源。

不同的资产负债比率对企业风险程度和所有者权益报酬率的影响是不同的。有效地利用负债经营，能使企业的所有者享受到一定的利益，但负债过多，必然会使企业的偿债负担加重，财务风险增大。因此，企业在筹资过程中，应合理安排筹资结构，寻求筹资方式的最优组合，以便在负债经营过程中，实现风险与收益的最佳平衡。

权益乘数也是反映企业资产负债比率的一个重要指标，其计算公式为：

$$权益乘数=\frac{1}{1-资产负债率}$$

从前面的分析可以看出，权益乘数对企业的所有者权益报酬率有重要的影响。负债比例大，权益乘数就高，说明企业有较高的负债程度，既可能给企业带来较多的杠杆利益，也可能带来较大的财务风险。因此，对于经营状况良好的企业，运用较高的负债比率可以给企业带来较多的经济利益，但同时也会承受较大的财务风险。一般来讲，当企业的投资报酬率大于债务利息率时，借债能产生正的财务杠杆作用，使所有者有可能享受到一定的好处；反之，当企业的投资报酬率低于债务利率时，借债会产生负的财务杠杆，有损股东利益。无论哪种情况，借债都会使财务杠杆系数升高，财务风险增大，且债务利息越多，财务杠杆系数越大，财务风险也越大。

企业的资本结构应如何安排，这是一个极其复杂的问题。一般来说，企业的资本结构除了受资金成本和财务风险的影响以外，还受到其他许多因素的制约和影响。包括企业资产的构成情况、企业的增长速度、企业的获利能力、管理人员的态度、贷款人和信用评级机构的态度等。企业在设计资本结构时，应充分考虑各种因素的影响，定性分析与定量分析相结合，在此基础上作出正确的决策。

从杜邦分析图中可以看出，所有者权益报酬率与企业的销售规模、成本水平、资产运营、资本结构有着密切的关系，这些因素构成一个相互依存的系统。只有把这个系统内的各个因素协调好，才能保证所有者权益报酬率最大，进而实现企业的整体经济效益目标。

第 9 章　电子商务企业物流成本综合控制

9.1　物流成本控制程序及原则

9.1.1　物流成本控制的含义

控制一词起源于希腊语“掌舵术”，意指领航者把偏离航线的船拉回到正常的轨道上来，这也说明所谓控制从其最传统的意义上来讲就是纠正偏差。

物流成本控制是根据预定的物流成本目标，对企业物流活动中形成的各种耗费进行约束与调节，发现并纠正偏差，不断降低物流成本。物流成本控制有广义和狭义之分，广义的物流成本控制包括事前、事中和事后控制，狭义的物流成本控制只包括事中、事后控制。现代物流成本控制是广义的物流成本控制，要站在企业整体战略的高度进行全员控制、全过程控制和全环节控制。物流成本控制是企业增加盈利的必然要求，也是企业取得竞争优势的重要途径。

9.1.2　物流成本控制的基本工作程序

1. 制定成本标准

物流成本标准是成本控制的准绳，成本标准首先包括物流成本预算中规定的各项指标。但成本预算中的一些指标都比较综合，还不能满足具体控制的要求，这就必须制定一系列具体的标准。确定这些标准的方法，大致有三种：第一，预算指标分解法。即将大指标分解为小指标。可以按部门、单位分解，也可以按不同产品和各种产品的工艺阶段或零部件进行分解，若更细致一点，还可以按工序进行分解。第二，定额法。就是建立起定额和费用开支限额，并将这些定额和限额作为控制标准来进行控制。在企业里，凡是能建立定额的地方，都应把定额建立起来，如材料消耗定额、工时定额等。实行定额控制的办法有利于成本控制的具体化和经常化。在采用上述方法确定成本控制标准时，一定要进行充分的调查研究和科学计算。同时还要正确处理物流成本指标与其他技术经济指标的关系（如质量、生产效率等关系），从完成企业的总体目标出发，经过综合平衡，防止片面性。必要时还应制订多种方案，从中择优选用。

2. 监督成本的形成

根据物流成本控制标准，对成本形成的各个项目，经常地进行检查、评比和监督。不仅要检查指标本身的执行情况，而且要检查和监督影响指标的各项条件，如设备、工人技术水平、工作环境等。所以，成本日常控制要与生产作业控制等结合起来进行。成本日常控制的主要方面有：材料费用的日常控制、工资费用的日常控制、设备相关费用的日常控制等。上述各费用的日常控制，不仅要有专人负责和监督，而且要使费用发生的执行者实行自我控制。还应当在责任制中加以规定。这样才能调动全体职工的积极性，使成本的日常控制有群众基础。

3. 及时纠正偏差

针对成本差异发生的原因，查明责任者，分别情况，分别轻重缓急，提出改进措施，加以贯彻执行。对于重大差异项目的纠正，一般采用下列程序：

（1）提出项目。从各种成本超支的原因中提出降低成本的项目。这些项目首先应当是那些成本降低潜力大、可能实行的项目。提出项目的要求，包括项目的目的、内容和预期达到的经济效益。

（2）讨论和决策。项目选定以后，应发动有关部门和人员进行广泛的研究和讨论。对重大项目，可能要提出多种解决方案，然后进行各种方案的对比分析，从中选出最优方案。

（3）确定方案实施的方法步骤及负责执行的部门和人员。

（4）贯彻执行确定的方案。在执行过程中也要及时加以监督检查。方案实现以后，还要检查方案实现后的经济效益，衡量是否达到了预期的目标。

9.1.3 物流成本控制的原则

为了有效地进行物流成本控制，必须遵循以下 5 点原则。

1. 经济原则

这里所说的“经济”是指节约，即对人力、物力、财力的节省，它是提高经济效益的核心，因而，经济原则是物流成本控制的最基本原则。

2. 全面原则

在物流成本控制中实行全面性原则，具体说来有以下几个方面的含义：

第一，全过程控制。物流成本控制不限于生产过程，而且从生产向前延伸到采购过程，向后延伸到用户服务成本的全过程。

第二，全方位控制。物流成本控制不仅对各项费用发生的数额进行控制，而且还对费用发生的时间和用途加以控制，讲究物流成本开支的经济性、合理性和合法性。

第三，全员控制。物流成本控制不仅要有专职物流成本管理机构和人员参与，而且还要发挥广大职工群众在物流成本控制中的重要作用，使物流成本控制更加深入和有效。

3. 责、权、利相结合原则

只有切实贯彻责、权、利相结合的原则，物流成本控制才能真正发挥其效益。显然，企业管理者在要求企业内部各部门和单位完成物流成本控制职责的同时，必须赋予其在规定的范围内有决定某项费用是否可以开支的权利。如果没有这种权利，也就无法进行物流成本控制。此外，还必须定期对物流成本业绩进行评价，据此进行奖惩，以充分调动各单位和职工进行物流成本控制的积极性和主动性。

4. 目标控制原则

目标控制原则是指企业管理者以既定的目标作为管理人力、物力、财力和完成各项重要经济指标的基础，即以目标物流成本为依据，对企业经济活动进行约束和指导，力求以最小的物流成本，获取最大的盈利。

5. 重点控制原则

所谓重点控制原则，是对超出常规的关键性差异进行控制，旨在保证管理人员将精力集中于偏离标准的一些重要事项上。企业常规出现的物流成本差异成千上万、头绪繁杂，管理人员对异常差异重点进行控制，有利于提高物流成本控制的工作效率。重点控制是企业进行日常控制所采用的一种专门方法，特别是在对物流成本指标的日常控制方面应用得更为广泛一些。

9.1.4 物流成本控制的内容

物流成本控制按控制的时间来划分，具体可分为：物流成本事前控制、物流成本事中控制和物流成本事后控制三个环节。

1. 物流成本事前控制

物流成本事前控制是指在物流活动或提供物流作业前对影响物流成本的经济活动进行的事前规划、审核，确定目标物流成本，它是物流成本的前馈控制。

2. 物流成本事中控制

物流成本事中控制指在物流成本形成过程中，随时对实际发生的物流成本与目标物流成本进行对比，及时发现差异并采取相应的措施予以纠正，以保证物流成本目标的实现，它是物流成本的过程控制。物流成本的事中控制应在物流成本目标分级管理的基础上进行，严格按照物流成本目标对一切生产经营耗费进行随时随地的检查审核，把可能产生损失浪费的苗头消灭在萌芽状态，并且把各种成本偏差的信息，及时反馈给有关责任单位，以利于及时采取纠正措施。

3. 物流成本事后控制

物流成本事后控制是指在物流成本形成之后，对实际物流成本的核算、分析和考核，并提出改进措施，它是物流成本的反馈控制。物流成本事后控制通过将实际物流成本和一定标准进行比较，确定物流成本的节约和浪费额度，并进行深入的分析。查明物流成本节约或超支的主客观原因，确定其责任归属，对物流成本责任单位进行相应的考核和奖惩。通过物流成本分析，为日后的物流成本控制提出积极改进意见和措施，进一步修订物流成本控制标准，改进各项物流成本控制制度，以达到降低物流成本的目的。

物流成本的事中控制主要是针对各项具体的物流成本费用项目进行实地实时的分散控制。而物流成本的综合性分析控制，一般只能在事后才可能进行。物流成本事后控制的意义并非是消极的，大量的物流成本控制工作有赖于物流成本事后控制来实现。从某种意义上讲，控制的事前与事后是相对而言的，本期的事后控制．也就是下期的事前控制。

9.2 以物流功能为对象的物流成本控制

以物流功能为对象的物流成本控制的基本内容包括：运输成本的控制，仓储成本的控制，配送成本的控制，装卸搬运成本的控制，包装成本的控制，流通加工成本的控制。

物流系统是一个综合性的大系统，是由运输、仓储、流通加工、装卸搬运等各个子系统所构成。如果企业不从物流系统的整体全面考虑，物流费用的控制效果就不会令人满意。只有按照物流系统化的思想，规划和实施物流各环节的费用控制策略，方可避免企业仅满足于降低局部费用而忽视物流整体费用给企业带来不利影响。因此，企业物流管理者必须协调各个物流子系统，在符合经济性原则和因地制宜原则的前提下努力实现企业物流过程的综合控制。

9.2.1 运输成本的控制

运输是指用专用运输设备将物品从一个地点向另一个地点运送。其中包括集货、分配、搬运、中转、装入、卸下、分散等一系列操作（GB/T 18354－2006）。运输是物流系统中的核心功能，运输成本占物流成本的 35%～50%，占商品价格的 4%～10%。运输成本的降低，也就意味着整个物流成本支出的降低，直接给物流企业的盈利创造更大的空间，行业间将更有竞争力，也为企业未来的发展提供了重要保证。交通运输部正式印发《综合运输服务“十三五”发展规划》（简称《规划》），明确了一系列发展指标，着力构建普惠均等、便捷高效、智能智慧、安全可靠、绿色低碳的综合运输服务体系。到“十三五”末，具备条件的建制村通客车比例将达到 100%，重点快递企业省会及重点城市间快件 72 小时投递率达到

90%，重点区域内城市间交通一卡通互联互通率达到 100%，城区常住人口 300 万以上城市建成区公共交通机动化出行分担率达到 60%，铁路、公路、船舶、民航出行将更加安全便捷。

——客运“零距离换乘”货运“无缝化衔接”。

据了解，“十三五”期，综合交通运输体系建设仍处于重要战略机遇期，但内涵将发生深刻变化，服务需求加速升级，服务模式加速创新，运输结构加速调整，市场资源加速整合，将进入基础设施“大建设”与综合运输“大服务”并举并重的发展阶段。

《规划》明确，要深化改革、优化环境，整合资源、释放潜能，科技引领、创新驱动，安全稳定、绿色环保，到 2020 年，基本建成统一开放、竞争有序的综合运输服务市场体系，客运“零距离换乘”和货运“无缝化衔接”水平大幅度提高，运输一体化服务形式更加丰富，综合运输服务与移动互联网深度融合、与关联产业密切联动，社会感知度和公众满意度显著增强，有力支撑交通真正成为经济社会发展的先行官。

——建设统一开放综合运输市场体系。

服务是交通运输行业改革发展的出发点和落脚点，是综合交通运输体系建设的根本目的。《规划》深入分析了综合运输服务面临的形势要求，明确了综合运输服务发展的总体思路，提出了今后 5 年的重点工作任务。“十三五”期，交通运输部将重点围绕建设统一开放的综合运输市场体系、提升综合运输通道服务效能、提高综合运输枢纽服务品质、构建便捷舒适的旅客运输系统、建设集约高效的货运物流体系、发展先进适用的运输装备技术、促进开放共赢的国际运输发展、加强运输从业人员职业化建设、深化运输安全保障能力建设、推动“互联网+”与运输服务融合发展、促进运输服务与相关产业联动发展等 11 个方面，全力打造综合运输服务升级版。

“十三五”期，交通运输部还将推进快件“上车上船上飞机”工程，发展主题性公路甩挂运输，推动综合运输服务示范城市建设，选取 100 个左右县级行政区组织开展城乡交通一体化推进行动，开展汽车维修信息公开与电子健康档案系统建设，推进“互联网+”运输服务基础支撑系统建设。

影响运输成本的因素有很多，主要是运输时间、运输距离、运输费用、运输工具和运输环节，运输成本的控制措施也应从这几方面入手。

1. 加快推进综合交通运输服务体系建设

综合运输体系是指各种运输方式在社会化的运输范围内和统一的运输过程中，按其技术经济特点组成分工协作、有机结合、连续贯通，布局合理的交通运输综合体。发展综合运输体系是当代运输发展的新趋势、新方向，也是我国运输发展的新模式，按照各种运输方式的技术特点，建立合理的运输结构，可以使各种运输方式扬其所长、避其所短，既可扩大运输能力，提高经济效益。

（1）充分发挥各种运输方式的比较优势，宜水则水、宜陆则陆，宜空则空。各种运输方式均有自身的优点与不足。一般来说，水路运输具有运量大、成本低的优点，也有运输速度慢的缺点。公路运输则具有机动灵活，便于实现货物门到门运输的特点，但也有运输成本较高的缺点。铁路运输的主要优点是不受气候影响，可深入内陆和横贯内陆实现货物长距离的准时运输，其主要缺点是灵活性差，只能在固定线路上实现运输，需要以其他运输手段配合和衔接。而航空运输的主要优点是可实现货物的快速运输，主要缺点是成本高。因此应根据货物的特性和客户对时间的要求，选择相应的运输方式，使运输成本降低。

各种具体运输方式的经济特征见表 9.1。

表 9.1 各种运输方式的经济特征

运输方式	运输适用性	经济距离	运输成本比较
水运	适于长距离、大宗、运输时间相对较长的货物	800km 以上	4
铁路	适于长距离、大宗、运输时间相对较长的货物	500km 以上～800km	3
公路	适于短距离、小宗的货物物，可实现门到门服务	300～500km	2
航空	适于长距离、小宗、时间要求紧的高附加值货物	800km 以上	1

（2）实行专业分工，构建社会化的运输体系。运输社会化的含义是发展运输的大生产的规模效益优势，实行专业分工，打破一家一户自成运输体系的状况。社会化运输体系构建中，应大力发展多式联运。多式联运是指联运经营者为委托人实现两种或两种以上运输方式的全程运输以及提供相关物流辅助服务活动的过程。多式联运充分利用面向社会的各种运输系统，通过协议进行一票到底的运输，受到了普遍欢迎。

2. 提高运输工具实载率

实载率有两个含义：一种是单车实际载重与运距之乘积或标定载重与行驶里程之乘积的比率，这在安排单车、单船运输时，是作为判断装载合理与否的重要指标；二是车船的统计指标，即一定时期内车船实际完成的货物周转量（以吨计）占车船载重吨位与行驶公里之乘积的百分比。在计算时车船行驶的公里数，不但包括载货行驶，也包括空驶。提高空载的意义在于：充分利用运输工具的额定能力，减少车船空驶和不满载行驶的时间，减少浪费，从而求得运输的合理化。

3. 直达与中转的合理选择

直达运输是追求运输合理化的重要形式，其对合理化的追求要点是通过减少中转换载，从而提高运输速度，省去装卸费用，降低中转货损。直达的优势，尤其是在一次运输批量和用户一次需求量达到了一整车时表现最为突出。此外，在生产资料、生活资料运输中，通过直达，建立稳定的产销关系和运输系统，也有利于提高运输的计划水平。如果从用户需求量来看，批量大到一定程度，直达是合理的，批量较小时可选择中转。

4. 发展先进的运输技术和运输工具

依靠科技进步是运输合理化的重要途径。例如专用散装车及罐车，解决了粉状、液状物运输损耗大，安全性差等问题；滚装船解决了车载的运输问题，集装箱船比一般船能容纳更多的箱体，集装箱高速直达车船加快了运输速度等，都是通过采用先进的科学技术实现合理化。配载运输是充分利用运输工具载重量和容积，合理安排装载的货物及载运方法以实现运输合理化的一种运输方式。配载运输也是提高运输工具实载率的一种有效形式。积极开展甩挂运输，提高运输效率。全面实行甩挂运输，企业可减少50%以上的牵引车购置成本或租赁费用，车辆平均运输生产力将提高30%～50%，运输成本降低30%～40%，油耗可下降20%～30%甩挂运输，就是带有动力的机动车将随车拖带的承载装置，包括半挂车、全挂车甚至货车底盘上的货箱甩留在目的地后，再拖带其他装满货物的装置返回原地，或者驶向新的地点。这种一辆带有动力的主车，连续拖带两个以上承载装置的运输方式被称为甩挂运输。美国、加拿大、西欧等发达的国家，甩挂运输方式占社会运输总量的70%～80%，最高时速达120公里；在新加坡、韩国、巴西等发展中国家，也得到很广泛的应用。如澳大利亚，一车三挂屡见不鲜，列车总长达30～40米，核载质量达70～80吨。也就是说，与传统的定挂运输相比，甩挂运输具备单位成本低、运行效率高、周转快等众多优势，经济和环境效益明显。降低运输成本。

5. 通过流通加工，实现运输合理化

有不少产品，由于产品本身形态及特性问题，很难实现运输的合理化，如果进行适当加工，就能够有效解决合理运输问题。例如宜家在运输家具的过程中全部采用板式运输的方式——将家具以未装配的形式包装，再运到零售网点与消费者手中，这种包装方式大大节约了运输与仓储空间，提高了运输与仓储作业的效率，有利于相关成本的下降；在运输枕头时，宜家采用抽掉空气的真空包装方法来进行运输，实现了包装后产品体积最小化。另外一些材料通过加工成更小体积的半成品，或预先包装成规定尺寸，提高装车效率和装载量，降低运输损耗。

9.2.2 仓储成本的控制

仓储是指利用仓库及相关设施设备进行物品的入库、存贮、出库的活动。仓储成本是指一定时期内，企业为完成货物存储业务而发生的全部费用。主要包括人工费用、设备相关费用和其他费用三部分。仓储成本控制的目标，就是要实行货物的合理库存，不断提高保管质量，加快货物周转，实现物流系统的整体功能。

1. 从实际出发选择租赁或自建仓库，控制仓储成本

从财务的角度上来看，租赁仓库可以使企业避免仓库的资本投资和财务风险；租赁仓库不要求企业对其设施和设备做任何投资，企业只需支付相对较少的租金即可得到仓储空间。但是在一定租赁期内，租赁的仓储面积是一定的，不会随企业库存量的改变而改变。

自建仓库可以更大程度地控制仓储。由于企业对仓库拥有所有权，所以企业作为货主能够对仓储实施更大程度的控制，而且有助于与其他系统进行协调。储位管理更具灵活性。由于企业是仓库的所有者，所以可以按照企业要求和产品的特点对仓库进行设计和布局。自建仓库也可以表现企业实力。当企业将产品储存在自有仓库中，会给客户一种企业长期持续经营的良好印象，客户会认为企业实力强、经营十分稳定、可靠，但是自建仓库初期投资较多。

目前仓库的自动化、信息化水平在不断提高。例如全新的苏宁云仓，就像科幻电影一样，大中小件的商品在各种机器间繁忙地自动流转，以“黑科技”一词来形容，毫不为过。作为国内电商行业第一家规模化应用的“货到人系统”，苏宁云仓日处理包裹 181 万件，是行业同类仓库处理能力的 4.5 倍以上；拣选效率每人每小时 1200 件，是传统拣选方式的 10 倍以上，超行业同类仓库的 5 倍以上；订单最快 30 分钟内出库，是行业同类仓库最快处理速度的 5 倍以上，重新定义了电商物流的速度；仓库作业人员工作效率大幅提高，同等订单量作业人员减少 60%。

当然，此次启用的苏宁云仓并不是唯一的“黑科技仓库”，2016 年 10 月，上海苏宁奉贤物流基地和北京苏宁通州物流基地相继进行了全流程自动化升级的第一步。未来，苏宁将构建起一张覆盖全国的智能云仓体系，以南京为范本，将北京、上海、广州、成都、沈阳、武汉、西安、深圳、杭州、重庆、天津等 12 个中心城市的全国级大仓，都升级为“智慧物流”。

企业在决定采用哪一类仓库时，需考虑以下因素：周转量、需求的稳定性、市场密度，可采用净现值法、现值指数法等方法选择方案。

2. 控制流动资金占用成本

（1）采用现代化库存计划技术来控制合理库存量。例如，采用物料需求计划、

制造资源计划以及准时制生产和供应系统等，来合理地确定原材料、在产品、半成品和产成品等每个物流环节最佳的库存量，在现代物流理念下指导物流系统的运行，使存货水平最低、浪费最小、空间占用最小。

（2）选择恰当的订货方式控制库存成本。企业应根据实际需要，选择恰当的订货方式。因为订货方式的不同将直接影响到企业的库存成本的高低。订货方式主要有定量订货方式、定期订货方式及定期定量混合订货方式。定期订货方式是指事先确定订货时间，例如每月、每季、每旬订购一次，到了订货日就组织订货。至于订货数量，则根据下次到货前所需数量，减去现有库存加以确定。定期订货方式的特点是订货时间固定，订货数量不固定。定期订货方式适用于企业消耗量大或比较贵重的物资。采用定期定货方式，要求按时检查实际库存，根据库存决定订货数量。因此，它既能保证正常生产需要，又能避免物资超储，可节省流动资金。

定量订货法是指当库存量下降到预定的最低库存量（订货点）时，按规定数量（一般以经济批量EOQ为标准）进行订货补充的一种库存控制方法，如图 9.1 所示。

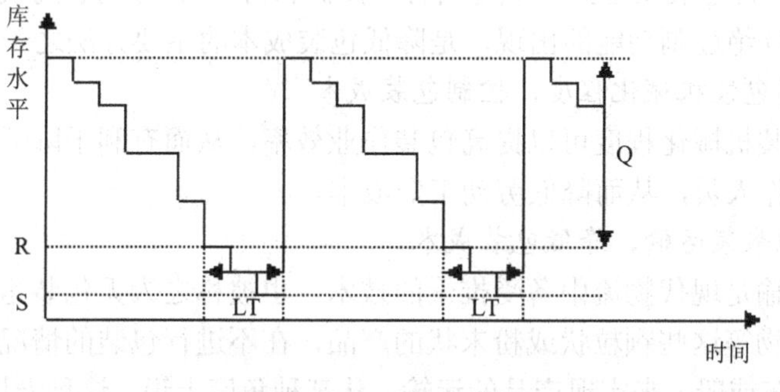

图 9.1　定量订货方式

定期定量混合订货方式具有定量订货和定期订货两种方式的特点。它规定了一个最高库存量和一个最低库存量，定期进行检查，实际盘点库存量等于或低于订购点及时订购，高于订购点就不订购。

3. *在库存管理中采用 ABC 法*

ABC 法符合“抓住关键少数”“突出重点”的原则，是库存成本控制中一种比较经济合理的常用方法。对于品种少但占用资金额高的 A 类货物，应作为重点控制对象，必须严格逐项控制；而 B 类货物则作为一般控制对象，可分不同情况采取不同的措施；而对于 C 类货物，则不作为控制的主要对象，一般只需要采取一些简单的控制方法即可。

9.2.3 包装成本的控制

包装是指在流通过程中保护产品、方便储运、促进销售，按一定技术方法而采用的容器、材料及辅助物等的总体名称。也指为了达到上述目的而采用容器、材料和辅助物的过程中施加一定技术方法等的操作活动（GB/T 18354－2006）。据统计，包装成本一般约占物流成本的10%，但有些产品（特别是生活消费品）包装成本却高达50%左右。包装成本包括：材料费用、设备相关费用、人工费用、其他费用四部分。

1. 优化包装设计，降低包装成本

包装设计首先要考虑的一个关键问题是包装对货物的保护程度。包装可起到保护货物的作用，包装设计决定了对货物的保护程度。有时会出现包装设计不仅满足了对产品的保护功能，而且出现了过分保护的情况，从而导致了包装成本的上升。包装设计要考虑的另一个关键问题就是包装同时也担负着营销的功能，有时为了满足营销的要求，包装成本也会攀升。当出现包装已经完全能够满足营销要求，且出现了过剩时，也导致了成本的浪费。

因此，根据包装要达到的既定目标（保护和营销），对包装的设计进行仔细分析与研究，杜绝过剩功能的出现，是降低包装成本的主要方法之一。

2. 提高包装机械化程度，控制包装成本

提供包装机械化程度可以提高包装作业效率，从而有利于降低包装成本；也可以减少工作人员，从而降低劳动工资成本。

3. 组织散装运输，降低包装成本

散装运输是现代物流中备受推崇的技术，也被称之为无包装运输。散装是指对水泥、谷物等这些颗粒状或粉末状的产品，在不进行包装的情况下，运用专门的散装设（车或船）来实现产品的运输。从某种角度上说，这种专用的散装设备，实际上本身是一种扩大了的包装。显然，无包装运输从理论上可使包装成本为零，因此，组织散装运输和无包装运输应引起经营者的高度重视，加以推广。

4. 包装物的回收和旧包装利用

产品包装回收是将使用过的产品包装和其他辅助包装材料，通过各种渠道和各种方式进行回收，然后由有关部门进行修复、净化、改造以供再次使用。包装物的回收使用可以相对节省包装材料，节省加工劳动，节省因包装而造成的能源、电力的消耗等。目前各个国家都对环保工作十分重视。例如2020年东京奥运会上的金银铜牌，将会由旧手机制成。在日本设置了收集箱，人们可以将自己的各种陈旧部件放进里面，然后它们会被转交用于生产奖牌。日本当局希望能收集大约8吨金属，以此为即将到来的奥运会制作奖牌。

5. 实现包装规格的标准化

包装规格的标准化，可以保证包装质量，并使包装的外部尺寸与运输工具、装卸机械设备相配合，从而降低运输作业的成本。标准包装同时还提高了堆垛效率，降低了仓库的拥挤程度，节约了仓储空间和仓储成本。

6. 集装化和集合包装

集装化和集合包装在现代物流系统中，日益显示出它的优越性，发挥出越来越大的作用，主要表现在可以降低物流成本、提高物流运作效率、保证产品的储运安全、促进包装标准化、规格化、系列化的实现等方面。

9.3 以物流成本活动范围为对象的物流成本控制

9.3.1 供应物流成本控制

供应阶段是物流成本发生的直接阶段，这也是物流成本控制的重要环节。供应物流成本是指指经过采购活动，将企业所需原材料（生产资料）从供给者的仓库运回企业仓库为止的物流过程中所发生的物流费用。

1. 合理选择供应商

企业要综合考虑产品质量、供货能力、价格、交货时间、信誉、供应商实力、售后服务等因素，合理选择供应商，建立相对稳定的供求关系，以有效地降低企业的物流成本，确保企业利益的最大化。

2. 运用现代化的采购管理方式

JIT 采购和供应是一种有效降低物流成本的物流管理方式，它可以减少供应库存量，降低库存成本，而库存成本是供应物流成本的一个重要组成部分。另外 MRP 采购、供应链采购、招标采购、全球采购等采购管理方式的运用，也可以有效地加强采购供应管理工作。对于集团企业或连锁经营企业来说，集中采购也是一种有效的采购管理模式。这些现代化采购管理方式的运用，对于降低供应物流成本是十分重要的。

3. 控制采购批量和再订货点

每次采购批量的大小，对订货成本与库存成本有着重要的影响，采购批量大，则采购次数减少，总的订货成本就可以降低，但会引起库存成本的增加，反之亦然。因此，企业在采购管理中，对订货批量的控制是很重要的。企业可以通过相关数据分析，估算其主要采购物资的最佳经济订货批量和再订货点，从而使得订货成本与库存成本之和最小。

4. 提高运输及仓储作业的效率

企业应优化运输及仓储方案，合理选择运输工具，提高仓储、装卸搬运机械化水平，提高作业效率，降低物流成本。此外，企业信息化水平的提高，也将有助于各项作业效率的提高，物流成本水平的降低。

为了提高车辆的实载率，在实际工作中可以将销售和供应物流统筹考虑，采取共同装货、集中发送的方式，把产品的运输与采购的物流结合起来，利用回程车辆运输的方法，提高货物运输车辆的使用效率。

5. 减少采购途中损耗

供应采购过程中往往会发生一些途中损耗，运输途耗也是构成企业供应物流成本的一个组成部分。运输中应采取严格的预防保护措施尽量减少途耗，避免损失、浪费，降低物流成本。

9.3.2 销售物流成本控制

销售物流成本是指为了进行销售，产品从成品仓库运动开始，经过流通环节的加工制造，直到运输至中间商的仓库或消费者手中的物流活动过程中所发生的物流费用。销售物流的起点一般情况下是生产企业的产成品仓库，经过分销物流，完成长距离、干线的物流活动，再经过配送完成市内和区域范围的物流活动，到达企业、商业用户或最终消费者。控制销售物流成本除了需要采取降低干线运输成本、仓储成本等措施外，还需要控制配送成本。

《中华人民共和国国家标准物流术语》（GB/T 18354－2001）中配送的定义为“在经济合理区域范围内，根据客户要求，对物品进行拣选、加工、包装、分割、组配等作业，并按时送达指定地点的物流活动。”城市配送是指服务于城区以及市近郊的货物配送活动。城市配送又被称为“最后一公里”，是面向城镇居民以及各类企业的终端物流活动，同时也是现代社会连接消费、实现商品交换的关键物流活动。城市配送业可以有效促进各类制造业、流通服务业和电子商务产业的发展。近年来我国的城市配送发展迅速，作为一种新兴的物流服务方式，构建合理高效的城市配送体系对于缓解城市道路拥堵，提高城市道路的通行能力、构建现代化的物流系统具有积极的意义。控制城市配送成本可采取建立共同配送体系、合理规划城市内物流运输、加强配送信息化平台建设等措施。

1. 建立共同配送体系

共同配送是指多个客户联合起来共同由一个第三方物流服务公司来提供配送服务。它是在配送中心的统一计划、统一调度下展开的。共同配送是由多个企业联合组织实施的配送活动。共同配送的本质是通过作业活动的规模化降低作业成本，提高物流资源的利用效率。

共同配送效果如图 9.2 所示。

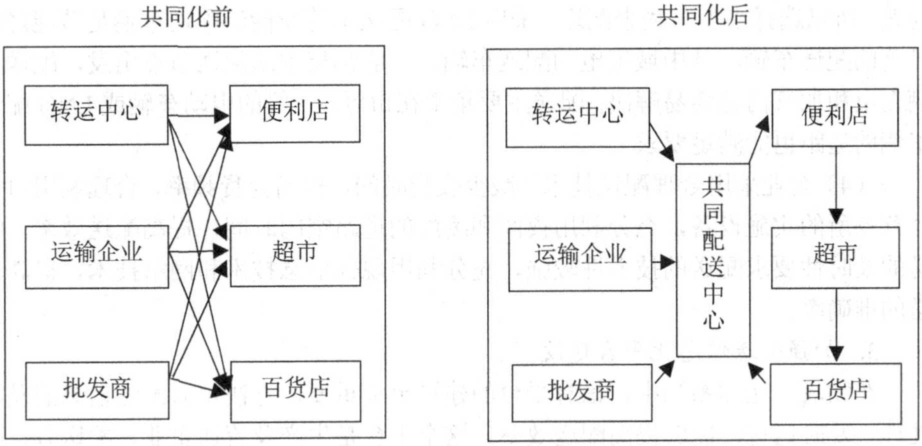

图 9.2　共同配送效果图

2. 合理规划城市内物流运输

合理规划物流路线、尽量提高配送车辆的配送效率就是降低物流成本的一项重要措施。运输规划主要是对配送线路、配送人员车辆、城市自提点进行规划，在保证顾客服务水平的前提下，尽可能降低货物在配送过程中的配送成本。

（1）城市自提点的规划。以便利店或配送网点为配送对象，既可以实现集中配货来降低配送成本，也可以给予顾客极大的自由度。当然，这种模式是以覆盖全面的配送网络为前提的，企业可以协议邀请遍布各地的连锁店、便利店、花店等门店有偿加盟配送系统的构建，通过加盟或特许经营等方式广泛与便利店开展合作，使得自提点的网点布局数量能够形成网络优势，同时做好自提点的营销宣传作业，在承揽业务的同时，提升物流配送的品牌效益。

（2）合理规划运输线路。城市内的配送运输面对的是众多的客户，配送路线多种选择，在配送一定订单量的前提下，保证运费最省、消耗时间最短、空载率最低是线路规划的首要内容，合理的规划配送路线对节省成本的影响很大，因此必须在全面规划的基础上，制定出高效率的运输路线。确定影响配送路线规划的因素有很多，主要因素有运输距离、运输环节、运输工具、运输时间、运输费用等。合理规划配送路线的目标就是用最少的动力，走最短的里程，花最少的费用，经最少的环节，以最快的速度把货物送达顾客手中。同时可以根据城市交通的具体特点制定有效的配送路线，减少物流堵塞现象的发生。

（3）正确选择配送人员和车辆。合理的选择配送人员和配送车辆也是配送网络优化的关键内容。正确的选择配送车辆和配送人员对于降低物流配送成本有着至关重要的影响，由于配送时间是车辆高峰期，所以存在城市内大型车辆限行的问题，所以选择小型车辆来配送。采用 LNG 配送车等新能源配送车辆是节能降耗显著的配送车辆，其中城市电动配送车辆，一般都集中从配送节点出发，配送车辆充电和加气问题容易解决；配送主要集中在市区，一般的电动车辆或 LNG 配送车辆的运距也能满足要求

（4）企业采用合理配送技术。减少收货时间，提高验货频率，合理利用自由经营场所的实施设备，充分利用夜间和凌晨的道路空闲时间，提高配送效率。配送的及时性要求配送的技术性较强，充分利用现代信息技术和网络技术，提高配送的准确率。

3. 加强配送信息化平台建设

在物流配送体系当中，信息平台的建设至关重要，它决定着配送信息的及时处理、及时送达，能够提高配送效率。这个平台是生产及流通企业、配送方、顾客及时进行信息交流和业务往来的窗口。顾客通过信息化平台将订单传递给配送企业，订单信息就要通过信息平台及时传递给各部门进行处理，信息平台是实现对顾客快速响应的保障。订单处理后进入运输环节，这其中的在途状态、货物预计抵达时间、对配送服务的咨询和投诉等信息必须便于顾客登录网站查询。配送体系的成功构建背后都有信息技术的支撑。总之，信息流的畅通与否，直接影响到商流、物流、资金流的畅通。

很多电商企业非常重视物流信息化水平的提高。例如位于上海市嘉定区的亚洲一号仓储中心是京东推动仓储自动化、智能化的一个代表，探访过它的人最大的感受便是“满眼都是自动化、智能化”。目前投入运行的亚洲一号一期工程，建筑面积约为 10 万平方米，分为立体库区、多层阁楼拣货区、生产作业区和出货分拣区。亚洲一号的仓库管理系统、仓库控制系统、分拣和配送系统等整个信息系统均由京东自主开发，自动化、智能化技术的采用大大提升了效率，减少了人为因素对商品品质的影响。以出货分拣区为例，因为采用了自动化的输送系统和代表目前全球最高水平的分拣系统，分拣处理能力达 16000 件/小时，分拣准确率高达 99.99%。

京东自主研发的仓储管理系统（WMS）智能化和数据化的特征非常明显：供应链预测系统可以在促销信息出来前进行重点商品信息提示，以便工作人员将重点商品放置到离传送线最近的位置，订单一来货物就可以快速出仓；自动补货系统能根据货物的出货频率提示货物的调库、补货情况，并将货物送到离传送线最近的位置；利用 RFID 技术的储位探测系统可以定位每一件商品的储位，自动判断这个货物的传送位置，订单下来它会告诉检货员最佳的检货路径。据悉，这个

系统未来还能做到用大数据预测某个区域的销售情况，自动下发采购订单，采购入库以后与卫星库之间自动进行仓间调拨，从预测、补货到仓间调拨全部实现数据驱动，实现更高水平的智能化。

京东通过更合理的仓库布局打造出一张有形的物理网络，又通过持续优化的作业流程和自动化、智能化手段打造出一张无形的网络。两网层叠，京东仓储体系在“京东品质”和“京东效率”中发挥了举足轻重的支撑作用。

第 10 章　电子商务企业供应链成本管理

10.1　供应链成本管理

10.1.1　供应链及供应链管理的概念

1．供应链的概念

《中华人民共和国国家标准物流术语》（GB/T 18354－2006）对供应链的定义是："供应链是生产及流通过程中，涉及将产品或服务提供给最终用户活动的上游与下游企业所形成的网链结构。"供应链是围绕核心企业，通过对信息流、物流、资金流的控制，从采购原材料开始，制成中间产品以及最终产品．最后由销售网络把产品送到消费者手中的将供应商、制造商、分销商、零售商直到最终用户连成一个整体的功能网链结构模式。根据供应链的定义，其基本结构可以简单地归纳为图 10.1 的模型。

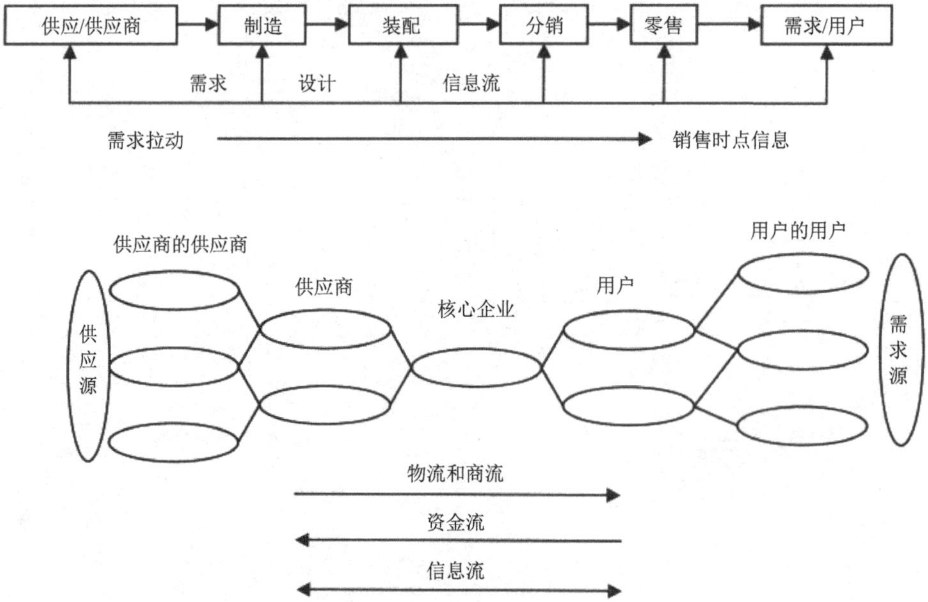

图 11.1　供应链结构模型

2. 供应链管理的概念

供应链管理产生于20世纪90年代，是一种战略性的企业间协作管理技术。它被认为是面向21世纪的先进管理思想和管理模式，也是近年来理论界和实务界研究和应用的一个新的热点。供应链管理是市场渠道各层之间的一个连接，是控制供应链中从原材料通过各制造和分销层直到最终用户的一种管理思想和技术。供应链管理强调供应链上各个参与成员及其活动的整体集成，使企业能够打破边界，将视角延伸到整个供应链上，从而获得竞争优势。

供应链管理的出发点是：通过协调供应链上各个成员之间的关系，高效优化配置企业内外资源，有效地控制供应链上的物流、资金流、价值流、工作流和信息流，既保持稳定和灵活的供需关系，又从整体上加快产品的响应。它已成为当代各种企业开展全球市场竞争的重要战略思想。通过供应链管理，一个企业不仅可以利用自身内部的资源，还可以有效地利用其他企业的资源，以保持其核心竞争力。面对激烈竞争的市场要求，管理信息集成必须向企业外部供需市场两个方面延伸和扩张，企业管理信息系统的总体规划，再也不能局限于企业内部。

我国发布实施的《中华人民共和国国家标准物流术语》（GB/T 18354－2006）将供应链管理定义为：供应链管理（Supply Chain Management）是指对供应链涉及的全部活动进行计划、组织、协调与控制。

10.1.2 供应链成本及供应链物流成本管理的概念

1. 供应链成本的概念

供应链成本是在供应链运转过程中由商流、物流、信息流和资金流所引起的成本，由物流成本和交易成本两部分构成。其中由物流引起的成本是供应链物流成本，而由商流、信息流和资金流引起的成本是供应链交易成本。

供应链交易成本主要包括信息费用、交易谈判费用、签约费用、监督履约费用、交易变更费用。

供应链物流成本是指货物在供应链体系中流动所消耗的物化劳动和活劳动的货币表现，包括货物在运输、仓储、包装、装卸搬运、流通加工、物流信息、物流管理等过程中所耗费的人力、物力和财力的总和以及与存货有关的流动资金占用成本、存货风险成本和存货保险成本。

2. 供应链成本的特点

传统的成本分析方法在分析供应链成本时显得力不从心，因为多数传统方法只是关注企业内部成本，而如今的供应链已经跨越企业的边界，供应链管理转变为跨组织的协作和管理。因此，进行供应链成本分析必须超越企业原有的边界限制，关注供应链的整体结构，全局考虑各种因素，从更高的层次进行把握。从空间的视角来考察，供应链成本表现出以下四个方面的特点。

（1）对象空间的变化。传统视角下，成本对象空间局限于企业生产经营活动中发生的成本。而在供应链视角下，强调并在客观上建立新型的供需关系，制造商、供应商、分销商之间构成“风险共担、利益共享”的利益共同体，每一个环节的表现都将直接或间接地影响到整个共同体的利益。因此，制造商、供应商、采购方之间的关系发生了根本性改变，在“选择－被选择”或“接受－被接受”的制约关系基础上增加了“共同协商、共同制定成本目标、共同解决成本问题”的协作关系，形成了“制约+协作”的新型关系。

（2）组织空间的变化。传统视角下的成本管理所面对的企业组织结构是一种基于分工与专业化原则所建立的“金字塔形”体系结构，而且该体系结构在一定时期内具有结构上的相对稳定性。而在供应链视角下，为适应敏捷性的要求，企业的组织结构由传统的“金字塔形”体系结构转化为具有明显动态特性的“可重组扁平状网络化”体系结构，与之相应的成本管理也应该突破传统思维框架，探索新的组织结构模型。

（3）地理分布空间的变化。就地理位置而言，供应链视角下的企业具有地域分布特征，参与企业联盟的各企业往往分布在全球各地，因而供应链视角下的观察成本发生所需要面对的可能是一个跨地域的地理分布空间。

（4）响应空间的变化。供应链视角下，企业面对的是动态多变的、调整频繁的企业内部环境和外部环境，因而对成本发生的认识需要有敏锐的感知能力、敏捷的动态响应能力和持续的动态适应能力，从传统的被动响应空间跃升到自觉、自为的敏捷响应空间。

3. 供应链成本管理的概念

供应链成本包括企业在采购、生产、销售过程中为支撑供应链运作所发生的一切物料成本、劳动成本、运输成本、设备成本等。供应链成本管理可以说是以成本为手段的供应链管理方法，也是有效管理供应链的一种新思路。供应链成本管理是一种跨企业的成本管理，其视野超越了企业内部，将成本的含义延伸到了整个供应链上企业的作业成本和企业之间的交易成本，其目标是优化、降低整个供应链上的总成本。

近年来，供应链成本管理引起了足够的重视，主要原因在于两个方面：一是企业之间的竞争越来越被供应链间的竞争所取代；二是成本优化潜力只能通过管理整个供应链成本来实现。加强供应链成本管理对降低整个供应链成本和提高整个供应链及其各成员企业的竞争力具有重要意义。

4. 供应链成本管理的特点

供应链成本管理是供应链管理的一部分，是一种跨企业成本管理，它拓展了成本管理思想到整个供应链，意味着成本管理方法跨越了组织边界。与传统成本管理相比，供应链成本管理具有以下四个方面的特点。

（1）需求拉动性。与传统的生产推动型成本管理不同，供应链成本管理是一种需求拉动型的模式。在需求拉动型成本管理模式下，将顾客需求以及客户订单作为生产、采购的拉动力，控制资金流，最终协调资金成本。供应链节点企业在市场需求下组织生产，其经济活动适时、适地、适量地进行，从而减少了存货资金占用费用、仓储费用以及存货损失和时间价值损失。

（2）协同性。传统成本理论认为，存在着绝对的效益背反原理，即经济活动的若干要素之间存在着绝对的损益矛盾。提高客户服务水平几乎就绝对会导致成本上升，保证顾客随时满意就必须依靠大量库存。因此，这种成本管理的目标只是单纯追求企业成本与服务水平在一定程度上的平衡。然而，在供应链系统中，改善服务和降低成本这两个目标是具有兼容性的，通过战略合作伙伴间密切合作，把市场风险均衡到整个供应链中，加强供应链整合成本与机会成本的控制、建立协同性运作。这样，绝对的效益背反就可以转化为相对的可控的效益关系。

（3）延展性。供应链成本管理的范围由生产领域向开发、设计、供应、销售领域扩展。传统的成本管理比较重视生产领域成本的控制，而将其他环节的成本视为生产和销售产品所发生的额外费用。然而，随着信息时代的到来，生产成本所占的比重逐渐下降，其他相关成本所占的比重逐渐上升，甚至超过了生产成本。供应链成本管理在遵循一体化的基础上，通过企业流程再造和物流体系设计来达到降低成本的目的。

（4）整体性。供应链成本管理的整体性体现在节点企业自身流通环节的整合和与上下游企业之间的整合两个方面。它要求企业必须在 3 个层次上权衡成本：战略层次．主要包括合作伙伴的评价选择、仓储能力设计以及材料在物流网络中的流动等决策；战术层次，包括采购和生产决策，库存和运输策略；作业层次，如安排运输路线等日常决策。

10.2 供应链成本的管理策略

10.2.1 供应链成本管理的基础理论

供应链成本管理虽然是 20 世纪 90 年代提出的一种新的成本管理模式，但追溯其理论渊源，与前人关于成本管理的各种研究理论是分不开的。供应链成本管理理论基础主要包括价值链理论、委托代理理论、交易成本理论和组织间成本管理等。

1. 价值链理论

价值链概念由迈克尔·波特于1985年在其《竞争优势》一书中首先提出，倡导运用价值链进行战略规划和管理，以帮助企业获取并维持竞争优势。价值链分析思想认为，每一个企业所从事的在经济上和技术上有明确界限的各项活动都是价值活动，这些相互联系的价值活动共同作用为企业创造价值，从而形成企业的价值链。比如，每一种产品从最初的原材料投入到最终消费者手中，要经历无数个相互联系的作业环节——作业链。这种作业链既是一种产品的生产过程，也是价值创造和增值的过程，从而形成竞争战略上的价值链。

企业内部在运作过程中可以分解为多个单元价值链，每个单元价值链既会产生价值，也会消耗成本。某一个价值链单元是否创造价值，关键看它是否提供了后续价值链单元的需要，是否降低了后续价值链单元的成本。同时，任何一个企业均处于某行业价值链的某一段，价值链的上游是它的原材料或产品的供应商，下游是其分销商或最终顾客。这种价值链的相互联系成为降低价值链单元的成本及最终成本的重要因素，而价值链中各个环节的成本降低则是企业竞争优势的来源。价值链分析对于成本管理理论的最大贡献就在于它拓展了成本管理的视角，将成本管理的重心延伸到了组织边界，不只是局限于企业内部，而且包括了价值链伙伴。

2. 委托代理理论

委托代理理论的核心是在解决利益相冲突和信息不对称情况下，委托人对代理人的激励问题，即代理问题，包括提高代理效果和降低代理成本。从广义上说，存在合作的地方就存在委托代理关系，而供应链成本管理强调的就是关系管理，也就是合作与协调，因此委托代理理论为其提供了分析的理论基础和方法框架。

根据委托代理理论来分析处于供应链中的企业，处于上游的企业所扮演的是代理方的角色，而下游企业是委托方角色。存在委托代理关系就必然要发生代理成本，包括激励成本、协调成本和代理人问题成本等。供应链成本管理就需要对这些成本进行分析，以期降低代理成本，优化代理效果，使链条间企业的关系成本最低的同时达到良好的合作效果。

3. 交易成本理论

交易成本又称交易费用，最早由英国经济学家罗纳德·哈里·科斯（Ronald Harry Coase）在研究企业性质时提出，是指交易过程中产生的成本。交易成本包括“发现相对价格的工作”、谈判、签约、激励、监督履约等的费用。毫无疑问，利用外部资源将带来大量的交易成本。这就需要一种“围绕核心企业，通过信息流、物流、资金流的控制，从采购原材料开始，制成中间产品以及最终产品，最后由销售网络把产品送到消费者手中的，将供应商、分销商、零售商，直到最终用户连成一个整体的功能性网链结构模式”，这就是供应链，根据交易成本理论对供应链成本进行分析，可以发现供应链企业之间的交易成本大致包括以下内容：寻找价格的费用；识别产品部件的信息费用；考核费用；贡献测度费用。

另外，供应链企业之间的长期合作建立在利益共享的基础上，利益共享的一个重要依据是各企业在供应链整体运作中的贡献。由于分解和考核各企业的贡献是困难的，这时会存在索取价格超过应得价格的情况，以至于代理人的仲裁是必不可少的，这也是供应链交易成本的内容之一。因此，为了降低整个供应链的交易成本，企业之间应该建立紧密的合作伙伴关系，彼此信任，通过信息网络技术实现信息共享。

4. 组织间成本管理

组织间成本管理是对供应链中有合作关系的相关企业进行的一种成本管理方法，其目标是通过共同的努力来降低成本。为了完成这个目标，所有参与的企业应该认同这个观点，“我们同坐一条船”，并且要鼓励他们增加整个供应链的效率而不是他们自身的效率。如果整个供应链变得更加有效率，那么他们分得的利润也就更多。因此，组织间成本管理是一种增加整个供应链利润的方法。由于它在很大程度上依赖于协调，所以它只适用于精细型供应链，因为在精细型供应链中，买卖双方互相影响，信息共享程度也很高。为了使组织间成本管理行之有效，任何改进措施取得的超额利润应该让所有参与的企业共享。这种共享可以刺激所有参与企业更好地合作。在供应链中，企业可以有 3 种应用组织间成本管理来协调降低成本的途径：①它可以帮助企业、它的顾客和它的供应商寻求到新的方法来设计产品，以使得它可以在较低的成本下生产产品；②它可以帮助企业和它的供应商寻求方法，在生产的过程中进一步地降低产品成本；③它可以帮助企业寻求方法，使得企业间的交接更有效率。

此外，供应链成本管理理论基础除了上述的理论之外，还包括博弈论、约束理论、生命周期成本理论等。

10.2.2 供应链成本管理模式

1. 供应链成本预算管理模式

供应链管理的目的是要使整个供应链产生的价值最大，也就是要通过对供应链各成员企业之间信息流、物流、资金流的管理来获得最大的供应链利润，而目标的完成需要在方案实施过程中进行有效控制。控制包括事前、事中、事后控制，系统要能发挥协同化带来的优势，就必须在控制的过程中加强与预算的结合。在供应链成本管理中加强预算管理，是保证企业沿正确供应链总体目标方向运动的重要因素，有助于实现供应链运作中所追求的增值作业最大和非增值作业最小的管理思想。

供应链是一个链状结构，任何一个企业都是其中的一个节点。通过实行工作协调和并行化经营，来追求供应链利润最大化这个目标。对供应链成本进行预算管理就是让预算的作用内化到各个节点之中，把每个节点企业内化成一个综合性的责任中心，改进节点企业之间成本存在的问题，增加供应链成本流动过程中的可视性。由于同时处于不同的供应链之中，成本可视性的增加可以让节点企业充分发挥所在供应链中的的作用、增加竞争优势的稳定性。

在供应链中，一个企业的生产计划与库存控制不但要考虑该企业内部的业务流程，更要从供应链的整体出发进行全面优化控制，跳出以单个企业资源需求为中心的管理界限，以最终的顾客化需求驱动顾客化运作，从而获得敏捷的市场响应能力。供应链管理的基本概念是建立在这样一个合作理念之上的，即通过分享信息和共同计划使整体目标与竞争优势得到提高。供应链成本管理环境下的预算制定过程是纵向和横向预算的集成过程，纵向指供应链由下游向上游的预算信息集成，横向指生产同类或类似产品的节点企业之间的预算信息集成，预算信息的纵横结合可以产生统筹兼顾的效应。因而，要建立分步的、透明的成本管理预算信息集成系统，采用并行化的信息传递方式，保持成本信息渠道的畅通和透明，从而保证节点企业之间成本工作的同步化。

由此可见，在供应链成本控制的全过程加强预算管理模式的运用，并找准切入点，将两者有机结合起来，是建立新型供应链成本预算管理控制模式、完善供应链成本控制的必由之路，这也就成为未来企业竞争优势增强的重要途径。

2. 供应链无形成本动因管理模式

供应链无形成本动因管理模式对于成本降低更加倾向于追求最小化支出这个直接目标，任何经济活动的产生都伴随着不同程度的资源消耗，从而产生成本。在供应链中要降低成本，就必须将非效用性成本尽量压缩，分析成本产生的原因并有目的地加强管理。

20 世纪 80 年代后期，美国芝加哥大学的青年学者罗宾·库柏（Robin cooper）和哈佛大学教授罗伯特·S.卡普兰（Robert S. Kaplan）在对美国公司进行调查研究之后，提出了著名的“成本驱动因素”理论。所谓成本驱动因素，就是成本动因，即导致成本发生的各种原因。根据成本动因的基本含义，成本动因可以分为两个层次：一是微观层次的与单一节点企业自身具体生产运作相关的成本功因，如要完成的作业量，生产所消耗物料等经营性成本动因；二是宏观层次的成本动因，如外界存在的各种环境影响，上下游节点企业相关经济活动等。微观层次的成本，其产生大多具有相关的物质载体，比较容易识别和掌握。相反，宏观层次产生的成本动因，不能在财务报表中得到反映，兼之相对比较模糊，往往比较难以把握，因而也往往被忽视。理论上我们将前者称为有形成本动因，将后者称为无形成本动因。

无形成本动因包括结构性无形成本动因和执行性无形成本动因两个方面。

（1）结构性无形成本动因，也就是决定供应链基础经济结构的成本动因。结构性无形成本动因表现在供应链整体中包括规模经济（即增加使用供应链中共享资源的规模可以降低成本）、整合程度（加强供应链上端与下端的整合，保持高效运作、学习与溢出（供应链可以通过学习提高运作效率从而使整体成本下降，学习成果还可以通过供应链从一个企业流向另一个企业，这对保持供应链间的相对成本优势至关重要）。对结构性无形成本动因而言，并非程度越高越好，对结构性无形成本动因分析就是分析以上各项成本驱动因素对供应链活动成本的直接影响以及它们之间的相互作用对供应链成本的影响，也就是怎样选择并建立供应链中成本的“地位”问题。

（2）执行性无形成本动因，也就是与供应链执行程序相关的成本驱动因素，它是在结构性成本动因决定以后才成立的。执行性无形成本动因反映出整个供应链是如何运用信息流、物流、资金流等系统资源去完成供应链战略目标的。

综上可以看出，分析结构性无形成本动因，就是要解决怎样选择才是建立“最小化”供应链成本的问题，而执行性无形成本动因就是如何强化“最小化”的效果目标。前者可以解决供应链资源成本优化问题，是夯实成本的结构基础；后者则解决供应链成本整体绩效的持续提高问题，是追求更大程度的成本降低。供应链无形成本动因不仅是解决供应链成本降低的理论基础，而且对如何作出供应链管理目标决策有重大启示。

对这两类无形成本动因进行管理，要认识到它们可能会产生的结果：相互加强或相互对抗。例如，规模经济或学习效应可以强化供应链在时机选择上的优势，纵向整合的优势也有可能会被某个环节生产能力的不足所抵消。因此，对于上述两种成本动因的相互作用要进行策略性引导，以避免两者之间的抵触，并充分利用成本动因之间加强效果来架构持续性的比较优势。

3. 供应链总成本管理模式

总成本管理模式是适用于供应链成本管理的一种战略性管理模式，它主要是通过技术、人力资源和管理策略的融合，提供一条削减成本的途径。因而，它是从有形成本动因和无形成本动因的“全动因”角度进行供应链成本降低的管理模式。

总成本管理降低成本以“全局性”为目标进行供应链成本管理，要求不仅局部性地降低成本，而且要全局性地降低成本。供应链各节点企业以系统理论和信息技术为基础，运用作业成本管理的思想，对供应链的过程进行更新和重点控制。

总成本管理模式注重考虑成本的“全动因性”，而传统企业内部制造成本的控制往往只考虑材料、人力和间接费用。总成本管理模式除考虑上述成本项目外，还考虑时间、资源及与可持续经营相关的因素。例如，企业形象与名誉、企业文化氛围、企业职工的良好素质、与客户的良好关系等。总成本管理是以系统理论和信息技术为基础，运用网络计划技术为供应链运作进行时间优化、资源优化，进而达到成本优化的目的。

供应链管理的产生和发展有其必然性，现代企业要顺应潮流，抓住供应链管理的核心理念，采用先进的供应链管理模式，进行企业业务流程的重组，充分利用一切可以利用的资源，不仅是企业的内部资源，还包括企业外部可以利用的资源，突出自身的核心产业，采用合理的供应链成本管理模式，有效地进行供应链成本管理，不断提高企业的核心竞争力，使自身在企业间的竞争中获取先机，掌握主动，立于不败之地。例如戴尔基于顾客价值最大化的供应链成本管理 ，通过供应链优化设计实现目标，消除非增值作业链，致力于开发增值的价值链，不断降低供应链成本同时实现顾客价值最大化，从而在竞争激烈的计算机行业领域立于不败之地，获得了核心竞争优势。

戴尔的基本供应链模型是面向顾客的直销，戴尔的供应链只有三个阶段：顾客、制造商、供应商。由于戴尔直接与顾客接触，因而有能力很好地对顾客进行分类，分析每个顾客群的需求以及盈利空间，与顾客保持密切接触并理解顾客的需求，从而能够更好地对消费需求作出预测。

首先，充分利用信息技术降低成本。信息技术的应用不仅可以节省人力，降低劳动成本，更重要的是提高了产品和服务质量，降低了废品和材料损耗，缩短了对用户需求的响应时间。其中最重要的是强化供应链上的信息流通速度和透明度，戴尔高度运用信息科技，架构连结客户、管理生产线和联络供货商的基本骨干。其次，戴尔从顾客的角度出发，生产符合顾客需求的产品。戴尔的用户提到：戴尔的产品并不一定是最先进的，但却是最好用的，价格也是最合适的。有些公司为了多赚钱，拼命推销一些新产品和附加产品，高配置的计算机虽然先进，但却并不好用，有的功能用户根本用不上，安装后也是闲置，不能为顾客创造价值。最后，戴尔注重建立供应链合作伙伴关系。戴尔用“供货商关系管理”系统来管理全球各地不同供货商，便于评鉴供货商，并以此作为选择成为长期伙伴的依据。戴尔的优良供应链管理目标主要体现在：顾客下单到出货时间为 4 天；每人每小时的生产效率，提升 160%；订单处理效率提高 50%；订单错误率降低 50%；每座工厂零件存货空间 100 平方英尺（约 9.3 平方米）；每座工厂成品存货空间为零。

10.3 供应链成本管理方法

应用于供应链管理的成本管理方法有很多，其中最为广泛的几种方法分别是：目标成本法、作业成本法、生命周期成本法和改善成本法。

1. 目标成本法

目标成本法是丰田公司在20世纪60年代开发出来的成本管理方法，这一方法目前已经得到了广泛采用。目标成本法的目的在于将用户需求转化为所有相关流程的强制性竞争约束，以此来保证将来的产品能够创造出利润。

目标成本法的流程主要包括三个部分：在第一个部分，市场驱动型成本核算是确定产品的准许成本。这是产品在预期销售价格下销售，并且保证一定利润水平时所能发生的最高成本。标准成本是由目标销售价格减去目标利润得到的。第二个部分就是确定可完成的产品层次的目标成本。第三部分就是设定产品包含的每个组件的目标成本。

购货方的组建层次的目标成本决定了供应商的销售价格，从而就将它面临的市场竞争压力转嫁给了供应商。因为这种压力是通过组件转移的，因此为供应商成本降低工作的重点指明了方向。其结果就是购货方与供应商共同合作、进行成本管理工作。正是因为这种携手合作对于目标成本法效果的重要性，导致了目标成本法真正成为一种跨企业成本管理的技术。其跨企业含义主要体现在以下三个方面：第一，购货方必须设定可完成的组件层次的目标成本。如果供应商认为组件层次的目标成本无法完成，那么会降低他们努力的积极性。第二，购货方必须选择适当的方法对供应商应用目标成本法。这个的核心在于他们在设置成本降低目标和如何完成它们时是否给予供应商足够的自由空间。第三，购货方可以设置激励系统来激发供应商的创新能力和提高成本降低率。

2. 作业成本法

作业成本法以作业为成本核算对象，基于这样的理念：作业消耗资源，产品和服务耗费作业。其目标是将成本动因引起的资源消耗更合理地分配到产品或服务中去。企业可以通过作业成本法识别出那些与最终用户的效用无关的作业，并通过减少或完全剔除这类无增值作业来降低成本，这样企业就可以更好地对市场需求做出反应并增强自身的竞争力。

供应链成本主要包括企业内部发生的直接成本、间接成本以及企业间的交易成本。因此，供应链作业成本法应该站在供应链的视角上，以作业和交易为基础间接费用来优化产品或服务的总成本。企业内部的间接成本以作业为成本动因进行分析，而企业间的间接成本（交易成本）就需要以企业间发生的各种交易行为，如谈判、买卖等为基础进行分析。

3. 生命周期成本法

目前，对于生命周期成本法还没有达成统一的理解，大多是依据 Blanchard 和 Fabrycky 的定义："生命周期成本是指在系统的生命周期中与该系统相关的所有成本。"在生命周期成本法系统中，产品使用者承担的成本（包括使用成本和周期结束成本）负责补充传统上由产品生产商所承担的成本，并且除了考虑实物流程及其相关物资和能源流动（LCI）的成本外，还要考虑劳动力和使用知识（如专利）的成本以及交易成本（如信息流）。例如，在生命周期中需要考虑产品的开发成本。

在采用生命周期成本法时，就可以确定产品开发、生产、使用、周期结束所产生的所有成本，并据此识别生命周期和供应链中的成本驱动因素及其悖反关系，以开发和生产最小总成本的产品。

4. 改善成本法

改善成本法是供应链上各企业在产品生产阶段最主要的成本约束机制。改善成本法也是一种前馈型的成本管理方法，它是根据预期的成本降低需要来制订产品成本的降低目标，而不是当成本超标已经发生后才做出反应。并且，通过改善成本法的实施，可以使成本降低压力持续于整个产品生命周期。将改善成本法局限于某个企业内部，将忽视供应链上游和下游企业进一步节约成本的潜力。改善成本法在供应链上各企业间的跨组织应用是通过大量的信息共享和合作机制，挖掘所有的成本降低机会。改善成本法可以看做是目标成本法在产品生产阶段的延伸，它在跨组织成本管理中的应用与目标成本法有一些相似之处。

首先，改善成本法同样是一种需要购货商和供应商共同合作的成本管理方法。在产品生产过程中，供应链上的所有成员企业都将共同实施改善成本法。这种合作使得企业可以实现在单独进行成本管理时所不能达到的成本节约。改善成本法的跨组织应用既可以由购货商发起，也可以由供应商发起。例如，购货商可以向供应商委派设计工程师或提供技术支持，供应商可以在购货商的配合下寻求新的部件设计方法。

其次，价格传递机制在改善成本法中依然有效。购货商的改善成本管理体系同样可以通过确定供应商的改善成本降低目标，将市场压力传递给它的供应商。所以，制订合理的改善成本降低目标是至关重要的，否则价格传递机制将失去效用。

第 11 章　电子商务企业物流成本管理绩效评价

11.1　物流成本管理绩效评价的作用及实施步骤

11.1.1　物流成本管理绩效评价的概念及作用

物流成本管理绩效评价是指为达到降低企业物流成本的目的，运用特定的企业物流成本绩效评价指标、制定统一的物流评价标准，采用定量和定性相结合的方法，对企业物流成本管理系统状况进行的综合评价。物流成本管理绩效评价是物流管理系统绩效评价的重要组成部分，是物流系统决策的重要依据。企业通过对其物流成本管理绩效的纵向比较，有助于提高企业物流系统的运行效率与经济效益；企业通过与同行业其他企业物流成本管理绩效的横向比较，可以认清自身物流成本管理的优势和不足，为进一步完善企业物流系统提供依据。

1. 完善企业物流成本管理方法

物流成本管理绩效评价是企业物流管理的基础性工作。通过对物流成本各项指标的分析，结合绩效评价指标体系的构建原则和企业物流成本管理的具体特点，构建了企业物流成本管理绩效评价指标体系，可以为企业物流成本管理提供系统的控制方法。

2. 为企业物流成本决策提供依据

企业通过对其自身物流成本管理系统的评价和行业物流成本管理系统的综合评价，将物流成本管理主要绩效指标应用于同行业不同企业的物流成本管理效率、效益的比较，及时发现物流成本管理中存在的问题，以便采取适当措施进行控制和完善，提高企业物流系统的效率和收益提供决策依据。

3. 进一步完善企业物流管理绩效评价体系

企业物流管理绩效在现代企业中受到越来越多的重视，物流成本管理绩效评价是企业物流管理绩效评价的重要组成部分，物流成本管理绩效评价可以进一步完善企业物流管理绩效评价系统，形成更为全面的企业物流管理绩效评价体系。

11.1.2 物流成本管理绩效评价的实施步骤

1. 建立绩效评价组织机构

绩效评价组织机构直接负责组织实施绩效评价活动，包括制定计划、选择评价方法、确定人员等工作。评价组织机构还可选聘有关专家作为绩效评价工作的咨询顾问。参加绩效评价工作的成员应具备以下基本条件：具有较丰富的物流成本管理、财务会计等专业知识，熟悉物流成本管理绩效评价业务，有较强的综合分析与判断能力。绩效评价工作负责人应有较长时间的经济管理工作经历，并能坚持原则，秉公办事。

2. 制定绩效评价工作方案

绩效评价工作方案包括以下内容：

（1）评价对象。不同的企业可能具有不同的物流活动，因此必须首先确定企业的具体物流环节，明确评价工作的对象。当对物流企业进行成本绩效评价时，评价对象就是整个物流企业。

（2）评价目标。物流成本绩效评价目标是整个评价工作的指南和目的。不同的评价目标决定了不同的评价指标、评价标准和评价方法的选择，其报告形式也不相同。

（3）评价指标。评价指标是评价对象对应于评价目标的具体考核内容，是评价方案的重点和关键。评价指标包括定量指标与定性指标两部分。

（4）评价标准：物流成本绩效评价标准取决于它的评价目标，常用的评价标准有年度预算标准、竞争对手标准等。

（5）评价方法：有了评价指标和评价标准，还需要科学的方法对评价指标和标准进行实际运用，以取得公正合理的评价结果。在物流成本管理绩效评价中常采用平衡记分卡、目标管理、层次分析法等方法。

绩效报告的形式可根据评价目标来确定，如成本一服务报告、趋势报告等。

3. 收集和整理基础资料和数据

根据评价工作方案的要求及评价需要收集、核实和整理基础资料和数据，包括各项具体物流作业成本的基础数据；其他企业的评价方法及评价标准；企业历年物流成本绩效评价的报告资料等。

4. 评价计分

这是绩效评价过程的关键步骤。根据评价工作方案确定的评价方法，利用收集整理的资料数据计算评价指标的实际值。

5. 编制报告

按绩效评价工作方案确定的报告形式，填写相应的评价指标值，并对评价指标数据进行分析，结合相关资料，得出评价结论。

11.1.3 物流成本管理绩效评价的原则

1. 系统性原则

系统是具有一定功能、一定目的、并且相对独立的有机整体，它是由同类或相关事物按照一定的内在联系所构成的，即由内部相互作用和相互依赖的若干部分（或称为子系统）所组成，具有特定功能的有机整体。系统具有输入、转化、输出三大功能。

物流系统就是为实现物资的空间效用、时间效用和形质效用而设计的，由运输、仓储、包装、装卸、搬运、配送、流通加工、信息处理等基本功能要素（子系统）结合起来构成的有机整体。由于物流系统存在着效益背反的现象，例如要使企业物流系统的服务水平得到提高，就会增加物流成本；为了降低采购成本和运输费用而采用批量采购和批量运输，必然增大库存压力，增加库存成本；为了降低包装成本而采用简易包装，却增大了运输、装卸搬运和仓储的难度等。因此物流成本管理绩效评价应注重从总体上进行系统分析，而不仅仅考虑某项物流功能成本的降低。

2. 可比性原则

企业物流成本管理绩效评价指标应具有纵向和横向可比性。通过对企业物流系统绩效进行纵向的比较，可客观的了解企业现行物流系统发展状况和在历史时期中所处的位置，有助于企业提高其物流系统的运行效率与经济效益；通过将企业物流系统绩效与市场中同行其他企业的物流系统综合评价值相比较，可了解企业物流系统现状在同行业中的位置，发现自己的优势与不足，以便于对企业物流系统进行改进。

3. 定性与定量相结合原则

企业物流系统绩效评价指标体系的设计应当满足定性指标与定量指标相结合的原则，单纯依靠定量指标并不能够科学、客观地评价企业的物流系统绩效，因为在影响企业物流系统绩效的因素中有很多是难以量化的定性因素，例如物流信息化程度、从事物流工作员工的水平等，而这些指标往往对企业物流系统的可持续发展能力有着重要影响。因此，在对企业物流系统绩效进行评价时必须将定量与定性指标结合起来，才能得出客观的结果。

11.2 物流成本管理绩效评价指标体系的构成

物流成本管理绩效评价指标体系由定量评价指标与定性评价指标两部分构成。

11.2.1 定量评价指标

1. 单位销售收入物流成本率

单位销售收入物流成本率=物流成本总额/销售收入×100%

物流成本率是物流成本考核最直接的衡量指标，一般而言，企业的物流成本包括运输成本、库存成本、装卸搬运成本、包装成本、流通加工成本、配送成本、物流信息成本等。物流成本率越低，说明单位销售额所消耗的物流成本越低，该企业物流系统运转流畅。

2. 物流成本利润率

物流成本利润率=利润总额/物流成本总额×100%

物流成本利润率主要反映单位物流成本所获取的利润额，物流成本利润率越高，企业的盈利能力越强。

3. 物流成本占企业总成本的比率

物流成本占企业总成本的比率=物流成本/企业总成本

物流成本占企业总成本的比率主要反映物流成本占企业总成本的比例，这项指标越高说明企业在物流成本管理方面改进的空间越大。

4. 货损货差赔偿费率

货损货差赔偿费率=报告期货损货差赔偿费总额报告期销售收入总额×100%

货损货差赔偿费率反映仓储及运输系统的服务质量，该指标越高，表明出库仓储作业精度越高，货差越小；运输子系统服务质量越高，货损数量越小。

5. 客户满意率

客户满意率=客户满意次数/企业物流服务总次数×100%

客户满意率是指顾客对某一产品在满足其需要与欲望方面实际的与期望的程度的比较与评价。客户满意度是指客户对企业所提供的物流服务的满意程度。企业物流成本管理绩效评价的目的是在保证服务质量的前提下，提高物流系统运作效率，降低物流成本。物流服务的及时性、质量、市场需求的响应程度等诸多因素都能影响客户满意度，因此衡量难度较大，可以通过客户对企业提供的物流服务投诉率等指标间接反映客户的满意程度。客户忠诚是指顾客购买产品满意后所产生的对某一产品品牌或公司的信赖、维护和希望重购的心理倾向。开发一个新客户的成本一般比维系一个老客户的成本要高出5～10倍，而维系一位老客户给企业带来的价值比开发一个新客户的价值要大得多。据统计：

一个满意的客户会告诉1～5人；

100个满意的客户会带来25个新客户；

一个不满的客户会把他糟糕的经历告诉10～20人；

一个投诉不满的客户背后有25个不满的客户；

投诉者的问题得到解决，会有60%的客户愿意与公司保持联系；投诉者的问题得到迅速解决，会有90%的客户愿意与公司保持联系；

投诉者比不投诉者更愿意与公司保持联系。

很多企业在提高客户满意度方面采取了很多措施。例如顾客在海底捞就餐过程中会感受到贴心而周到的服务：包括到达餐厅（代客泊车）、引入、等位、点菜和就餐等全过程；海底捞开辟了较大的等位区，等位顾客可以在等位期间享受小吃、上网、涂指甲、下跳棋等免费服务；就餐过程中服务员会提供餐巾、手机套、衣服套和及时周到与发自内心的服务；安全、新鲜和足量的菜品和分餐等；就餐完毕后的送客等。海底捞服务水平大幅领先于竞争对手，甚至因此获得“变态服务”的美誉。不仅如此，海底捞的菜品质量和就餐环境也在行业中处于中上水平，其价格则处于中等水平，这使得海底捞针对城市中青年及家庭顾客具有“高性价比”优势。中国餐饮业的平均员工流动率为28.6%，而海底捞低于10%，海底捞的顾客回头率高达50%。顾客满意度和口碑明显优于竞争对手，单店的日翻台次数为7次，新店从开业到回本盈利的周期为6 个月，种种数据显示其经营业绩整体优于竞争对手。

11.2.2 定性评价指标体系

物流成本管理定性评价指标体系由物流创新发展能力、物流标准化管理、物流信息化程度等方面内容构成。

1. 物流信息化程度

物流信息化是指企业运用现代信息技术对物流过程中产生的全部或部分信息进行采集、分类、传递、汇总、识别、跟踪、查询等一系列处理活动，以实现对货物流动过程的控制，从而降低成本、提高效益的管理活动。物流信息化是现代物流的灵魂，是企业物流系统发展的基石。物流信息化程度越高，越能准确、及时的提供信息，指导物流系统更有效的运作及发展。

2. 物流创新发展能力

创新是最有效的竞争，也是企业生存与发展最核心的问题。物流创新发展能力主要包括运营模式、激励机制、技术研发、营销能力等方面的创新。

3. 物流标准化管理

只有实现了物流标准化，才能在国际经济一体化的条件下有效地实施物流系统的科学管理，加快物流系统建设，促进物流系统与国际系统和其他系统的衔接，有效地降低物流费用，提高物流系统的经济效益和社会效益。物流标准大致可分为物流基础标准、物流技术标准和工作标准及作业规范三大类。

（1）物流基础标准。包括专业计量单位标准、物流基础模数尺寸标准 、物流建筑基础模数尺寸、集装模数尺寸、物流专业名词标准、物流标志、图示和识别标准等。

（2）物流技术标准。包括运输车船标准作业车辆标准传输机具标准仓库技术标准站场技术标准托盘集装箱标准、货架和储罐标准、信息标准等。

（3）工作标准及作业规范，是指对各项工作制定的统一要求及规范化规定。包括岗位责任及权限范围、岗位交接程序及作业流程、车船运行时刻表、物流设施、建筑等的检查验收规范等。

11.2.3 物流成本管理绩效的控制与改进

物流成本管理绩效是物流运输、仓储、装卸搬运等各个子系统成本管理状况的综合反映。持续地控制与改进物流成本管理绩效是企业生存和发展的保证。用于物流成本管理绩效控制和改进的方法有很多，最常见的包括平衡计分卡、精益管理、标杆分析、物流战略成本管理等。

11.3 平衡计分卡

20 世纪 90 年代，随着知识经济和信息技术的兴起，无形资产的重要性日益凸显，人们对以财务指标为主的传统企业绩效评价模式提出了质疑。在此背景下，美国哈佛大学商学院教授罗伯特·S.卡普兰和复兴国际方案公司总裁戴维·P.诺顿针对企业组织的绩效评价创建了平衡计分卡。

11.3.1 平衡计分法的基本思想

平衡计分卡是从财务、客户、内部运营、学习与成长四个角度，将组织的战略落实为可操作的衡量指标和目标值的一种新型绩效管理体系。在这财务、客户、内部运营、学习与成长四个维度中，财务维度是最终目标，顾客维度是关键，企业内部经营流程维度是基础，学习与成长维度是核心。设计平衡计分卡的目的就是要建立“实现战略制导”的绩效管理系统，从而保证企业战略得到有效的执行。因此，人们通常称平衡计分卡是加强企业战略执行力的最有效的战略管理工具。平衡计分卡评价指标体系具体内容如下：

1. 财务评价指标

财务业绩指标可以显示企业的战略及其实施和执行是否对改善企业盈利做出贡献。从物流成本管理角度出发，主要的物流成本控制指标有：单位销售收入物流成本率、物流成本利润率、物流成本占企业总成本的比率等指标。

2. 客户评价指标

众所周知，客户已经成为了当今企业经营发展的一个重心，客户的维持和开发也已经成为实现企业战略的最重要的基石之一。企业应以目标顾客和目标市场为导向，应当专注于是否满足核心顾客需求。客户最关心的不外于五个方面：时间，质量，性能，服务和成本。企业必须为这五个方面树立清晰的目标，然后将这些目标细化为具体的指标。客户面指标衡量的主要内容：市场份额、老客户挽留率、新客户获得率、顾客满意度、从客户处获得的利润率等。

3. 内部营运指标

建立平衡计分卡的顺序，通常是先制定财务和客户方面的目标与指标后，再制定企业内部流程方面的目标与指标，这个顺序使企业能够抓住重点，专心衡量那些与股东和客户目标息息相关的流程。内部运营绩效考核应以对客户满意度和实现财务目标影响最大的业务流程为核心。内部运营指标既包括短期的现有业务的改善，又涉及长远的产品和服务的革新。内部运营面指标涉及企业的创新过程、经营过程和售后服务过程。

4. 学习与成长指标

学习与成长的目标和指标为其他三个方面提供了基础架构，是上述计分卡三个方面获得卓越成果的动力。面对激烈的全球竞争，企业今天的技术和能力已无法确保其实现未来的业务目标。削减对企业学习和成长能力的投资虽然能在短期内增加财务收入，但由此造成的不利影响将在未来对企业带来沉重打击。学习和成长面指标涉及员工的能力、信息系统的能力与激励、授权与相互配合。

11.3.2 平衡计分卡在物流成本管理绩效评价中的意义

1. 从战略角度评价物流成本管理的绩效

平衡计分卡主要是通过 CSF（物流成本管理的关键成功因素）和 KPI（关键绩效指标）相结合来设置绩效评价体系，并通过财务、客户、内部经营过程、学习与成长四方面指标之间相互作用的因果关系链来表现物流成本管理和控制的轨迹，从而实现绩效评价与绩效改进以及战略实施与战略修订的目的。

2. 全面地评价物流成本管理的绩效

企业物流管理肩负着“降低物流成本”和“提高服务水平”两大任务。平衡计分卡在吸收原有绩效管理系统的优点的基础上又增加了客户、内部经营过程及学习与成长等非财务指标来补充财务指标以弥补其不足。

11.3.3 平衡计分卡的实施步骤

平衡计分卡的实施主要可分为制订企业远景目标与发展战略、把组织经营战略转化为一系列的衡量指标、将战略与企业、部门、个人的短期目标挂钩、战略的具体实施、反馈和中期调整、修正、建立健全的考核体系，根据平衡计分卡的完成情况进行奖惩等步骤，具体如下：

1. 制定企业远景目标与发展战略

平衡计分卡贯穿于企业战略管理的全过程。由于应用平衡计分卡时，是把组织经营战略转化为一系列的目标和衡量指标。因此，平衡计分卡对企业战略有较高的要求，企业应在符合和保证实现企业使命的条件下，在充分利用环境中存在的各种机会和创造机会的基础上，确定企业同环境的关系，规定企业从事经营范围、成长方向和竞争对策，合理地调动企业结构和分配企业的全部资源，从而使企业获得竞争优势，制订出适合本企业成长与发展的企业远景目标与发展战略。

2. 把组织经营战略转化为一系列的衡量指标

平衡计分卡是一个战略实施机制，它把组织的战略和一整套的衡量指标相联系，弥补了制订战略和实施战略间的差距，能使企业战略有效的实施。为了使企业战略有效实施，可逐步把组织战略转化为财务、客户、内部业务流程、学习与成长四个方面的衡量指标。

3. 将战略与企业、部门、个人的短期目标挂钩

平衡计分卡中的目标和衡量指标是相互联系的，这种联系不仅包括因果关系，最终反映了企业战略。绩效考核指标选定后，则需要确定每一指标的所对应的具体目标，进行战略目标分解。在战略分解过程中，要求在保证企业目标实现的前提下层层分解，并在分解过程中上下沟通，达到共识，从而形成上下一致、左右协调的绩效考核目标。目标分解过程是员工和上级协商制定考核目标，然后以这些目标作为绩效考核的基础。

4. 战略的具体实施、反馈和中期调整、修正

在计划的实施过程中，上级要及时有效的检查监督，并根据内外情况的变化，作出合理的调整。为了计划有效的实施，企业应建立畅通的反馈渠道，使员工在实施过程中所遇到的问题能够及时解决。

5. 建立健全考核体系

建立健全考核体系，将员工奖金、晋升、教育培训等与员工所完成平衡计分卡的情况直接挂钩，对平衡计分卡完成好的员工进行奖励，对完成不佳的员工提出改进措施；在晋升方面，建立优胜劣汰、能上能下的机制，激发员工的热情和潜力，最大限度地开发和利用企业的人力资源，从而提高整个企业的绩效水平。

11.4 标杆分析

11.4.1 标杆分析法的概念及作用

标杆分析法是将本企业各项活动与从事该项活动最佳者进行比较，从而提出改进方案，以弥补自身的不足。它是将本企业经营的各方面状况与竞争对手或行业内外一流的企业进行对照分析的过程，是一种评价自身企业和研究其他组织的手段，是将外部企业的持久业绩作为自身企业的内部发展目标并将外界的最佳做法移植到本企业的经营中去的一种方法。

标杆分析在成本控制中的用途是多重的。首先，它是企业进行优势与弱点分析的有效手段，能确定竞争者中最佳实务及其成功因素，并且通过价值链和成本动因分析后，能认识企业自身的优势与威胁，是SWOT分析方法的基础。其次，标杆分析可以改进企业实务，通过与最佳实务相比，明确企业需改进的方面，并提供方法与手段。第三，标杆分析为业绩计量提供了一个新基础，它以合适的成本指标为标准计量业绩，使各部门目标确定在先进合理水平的基础上，成本绩效考核具有科学性。

11.4.2 标杆分析法的实施步骤

1. 确定实施标杆分析活动的对象

企业的资源和时间是有限的，因此开展标杆分析活动应当集中于那些对于改进影响物流成本的关键因素。因为物流是一个大系统，是由各个子系统所构成，影响物流成本的因素很多，因此要找出影响物流成本的关键因素，并加以改进。

2. 明确物流成本的现状

标杆分析主要通过调查、观察和内部数据分析，真正了解现状，在这一步骤中，必须绘制出详细的流程图，将本企业物流成本当前状况反映出来，这项工作对于标杆分析活动的成功是至关重要的，一张详细的流程图有助于小组就当前过程的运行方式、所需的时间和成本、存在的缺点和失误等达成共识，这一步工作做不好，即使同所学标杆的先进过程进行比较，也难以揭示出自身过程中所存在的不足。

3. 选择标杆分析的标杆

选择标杆分析的标杆要根据各方面的信息来确定，通常可以有四种类型的标杆，即本企业内部的不同部门、直接的竞争对手、同行企业以及全球范围内的领先者。许多企业在刚开始推行标杆分析活动时，通常都是从内部的标杆开始的，这样有利于积蓄经验，锻炼队伍，面向全球领先者的标杆分析是开展这一活动的最高境界。

4. 确定并实施改进方案

通过收集和分析所选定的标杆信息，形成能反映其优势的完整资料，并找出自己所存在的差距，由项目小组有关人员提出物流成本改进方案，在企业内部达成共识，推动方案的有效实施。

11.5 企业战略成本管理

战略成本管理是成本管理与战略管理有机结合的产物，是传统成本管理对竞争环境变化所做出的一种适应性变革。所谓战略成本管理就是以战略的眼光从成本的源头识别成本驱动因素，对价值链进行成本管理，即运用成本数据和信息，为战略管理的每一个关键步骤提供战略性成本信息，以利于企业竞争优势的形成和核心竞争力的创造。

11.5.1 企业实施战略成本管理的意义

1. 战略成本管理的形成和发展，有利于企业参与市场竞争

由于全球性竞争日益激烈，传统的成本管理已不再适应经济的发展，而战略管理的产生和发展很好的适应了经济发展的需求。成本是战略决策的关键，是决定企业产品或劳务在竞争中能否取得份额以及占有多少份额的关键因素，而影响竞争的成本是企业的战略成本，而非传统的经营成本。

2. 战略成本管理是建立和完善企业现代成本管理体系，加强企业成本管理的必然要求

现代成本管理是企业全员管理、全过程管理、全环节管理和全方位管理，是商品使用价值和商品价值结合的管理，是经济和技术结合的管理。在现代成本管理中，战略成本管理占有十分重要的地位，它突破了我国传统成本管理把成本局限在微观层面上的研究领域，把重心转向企业整体战略这一更为广阔的研究领域。

3. 战略成本管理的有效应用和实施，有利于更新我国企业成本管理的观念

在传统成本管理中，成本管理的目的被归结为降低成本，节约成了降低成本的基本手段。不可否认，在成本管理中，节约作为一种手段是不容置疑的，但它不是唯一的手段，现代成本管理的目的“应该是以尽可能少的成本支出，获得尽可能多的使用价值，从而为赚取利润提供尽可能好的基础”，从而提高成本效益。从战略成本管理的视角出发来分析成本管理的这一目标，不难发现，成本降低是有条件和有限度的。另外，如果企业以较低的成本升幅，而取得更高的使用价值，

从而大大提高企业的经济效益，这样的方案也是有价值的方案。企业采用何种成本战略，取决于企业的经营战略和竞争战略，成本管理必须为企业经营管理服务。

4. 战略成本管理的有效应用和实施，有利于加强企业的经营管理，改善企业的经营业绩

战略成本管理是战略管理顺利实施的基石，应用战略成本管理有助于企业从战略的角度把握企业的成本管理。通过战略定位、价值链分析、成本动因分、作业成本法等各种方法，将我国成本管理从仅限于企业内部扩展到企业外部，利用不同的成本管理重点来支持企业不同的竞争战略。

11.5.2 战略成本管理与传统成本管理的关系

传统的成本管理是要实现简单的“降低成本”，强调以企业内部价值链耗费为基础，通过管理手段对现实生产活动加以指导、规范和约束，最大限度地降低企业各种经营活动成本，以实现成本最小化和利润最大化。其弊端突出表现为缺乏对企业外部环境分析，丧失了成本管理前瞻性，约束了成本管理创新，难以与战略管理协调，不能为企业战略管理提供决策有用的成本信息。

战略成本管理的首要任务是要关注企业在不同战略下如何组织成本管理，即将成本信息贯穿于战略管理整个循环之中，通过对公司成本结构、成本行为的全面了解、控制与改善，寻求长久的竞争优势，正如波特所讲的取得“成本优势”，成本优势是战略成本管理的核心，主要是指企业以较低的成本提供相同的使用价值，或者使成本小幅升高，而使产品使用价值大幅提高，进而产生相对于竞争对手的优势。其不仅拓宽了成本管理空间范围，将成本管理对象从单纯地关注企业内部活动延伸到企业外部活动，而且拓宽了成本管理时间范围，将成本管理的时间跨度从日常管理的层次提升到战略管理层次，同时也创新成本管理的方法和手段，更好地满足了战略管理对成本信息的需求。

战略成本管理是对传统成本管理的发展，战略成本的提出基于战略管理需要，是将成本信息的分析利用贯穿于战略管理循环，以有利于企业优势的形成和核心竞争力的创造。

11.5.3 战略成本管理的基本框架

1. 价值链分析

每一种最终产品从其最初的原材料投入至到达最终消费者手中，要经过无数个相互联系的作业环节，这就是作业链。这种作业链既是一种产品的生产过程，同时又是一种价值形成和增值的过程，从而形成竞争战略竞争上的价值链。

（1）行业价值链分析与企业价值链分析。由作业特性决定，价值链一般按行

业构成，相关行业之间有交叉价值链。任何一个企业均位于某行业价值链中的某一段，企业内部也可分解为许多单元价值链。每个价值链既会产生价值，同时也要消耗资源。进行企业价值链分析，可以确定单元价值链上的成本与效益。根据企业的战略目标而进行价值作业之间的权衡、取舍，调整各价值链之间的关系。如果企业价值链上的所有活动的累计总成本小于竞争对手时，就具有了战略成本优势。在战略成本管理中，往往突破企业自身价值链，把企业置身于行业价值链中，从战略高度进行分析，是否可以利用上、下游价值链进一步降低成本，或调整企业在行业价值链中的位置及范围，以取得成本优势。

（2）竞争对手价值链分析。是指在行业中往往存在生产同类产品的竞争者。竞争对手的价值链和本企业价值链在行业价值链中处于平行位置。通过对竞争对手价值链的分析，测算出竞争对手的成本与之进行比较，根据企业的不同战略，确定扬长避短的策略争取成本优势。

2. 成本动因分析

作业影响成本，动因影响作业，因此动因是引起成本发生的根本原因。成本动因可分为两个层次：一是微观层次的与企业的具体生产作业相关的成本动因，如物资消耗、作业量等；二是战略层次上的成本动因，如规模、技术多样性质量管理等。成本动因分析超出了传统成本分析的狭隘范围（企业内部、责任中心）和少量因素（产量、产品制造成本要素），而代之以更宽广、与战略相结合的方式来分析成本。战略成本动因对成本的影响比重比较大，可塑性也大，从战略成本动因来考虑成本管理，可以控制住企业日常经营中的大量潜在的成本问题。战略成本动因又可大体分为结构性成本动因和执行性成本动因两大类。

结构性成本动因是指与组织企业基础经济结构和影响战略成本整势相关的成本驱动因素，通常包括：在研究开发、制造、营销等方面的投资规模；企业价值链的纵向长度和横向宽度，前者与业务范围有关，后者与规模相关；熟练程度的积累，通常与企业目前作业的重复次数相关；指企业在每一个价值链活动中所运用的技术处理方式；提供给客户的产品、服务的种类。结构性成本动因分析就是分析以上成本驱动因素对价值链活动成本的直接影响以及它们之间的相互作用对价值链活动成本的影响，最终可归纳为一个“选择”问题：企业采用何等规模和范围，如何设定目标和总结学习经验，如何选择技术和多样性等，这种选择能够决定企业的“成本地位”。结构性成本动因分析根据其属性无疑是企业在经济结构层面的战略选择。

执行性成本动因分析：执行性成本动因是指与企业执行作业程序相关的成本驱动因素，通常包括：劳动力对企业投入的向心力；全面质量管理；能力利用；企业的各种价值链活动之间是相互联系。执行成本动因与结构性成本动因有着不同的性质，在企业基础经济结构既定的条件下，通过执行性成本动因分析，可以提高各种生产执行性因素的能动性及优化它们之间的组合，从而使价值链活动达到最优化而降低价值链总成本。

3. 战略定位分析

（1）成本领先战略。成本领先战略是诸战略中最为明确的一种。在这种战略指导下，企业的目标是要成为其产业中的低成本生产（服务）厂商，也就是在提供的产品（或服务）的功能、质量差别不大的条件下，努力降低成本来取得竞争优势。如果企业能够创造和维持全面的成本领先地位。那它只要将价格控制在产业平均或接近平均的水平，就能获取优于平均水平的经营业绩。在与对手相当或相对较低的价位上，成本领先者的低成本优势将转化为高收益。成本领先战略的逻辑要求企业就是成本领先者，而不是成为竞争这一地位的几个企业之一，所以，成本领先是一种格外强调先发制人策略的一种战略。成本领先战略可通过大规模生产，学习曲线效应，严格的成本控制来实现，企业必须发现和开发所有成本优势资源。

（2）差异化战略。当一个企业能够为买方提供一些独特的、对买方来说不仅仅是价格低廉的产品时，这个企业就具有了区别其他竞争对手的经营差异性。差异化战略要求企业就客户广泛重视的一些方面在产业内独树一帜，或在成本差距难以进一步扩大的情况下，生产比竞争对手功能更强、质量更优、服务更好的产品以显示经营差异。当然，这种差异应是买方所希望的或乐意接受的。如能获得差异领先的地位，就可以得到价格溢价的报酬，或在一定的价格下出售更多的产品，或在周期性、季节性市场萎缩期间获得诸如买方忠诚等相应的利益。差异化战略的逻辑要求企业选择那些有利于竞争的并能使自己的经营独具特色的性质，重在创新。

虽然经营差异包括了质量，但其含义要广阔得多，经营差异领先战略是通过价值链全方位为买方创造价值。

经营差异的代价一般较高，它不能直接降低成本，但可以通过价格溢价或增加销售量相对降低总成本。只要企业获得的总收益超过为经营差异而追加的成本，经营差异就会使企业获得竞争优势。

（3）目标集聚战略。目标集聚战略是主攻某个特定的顾客群，某种产品系列的一个细分区段或某一个细分市场，以取得在某个目标市场上的竞争优势。这种战略的前提是：企业能够集中有限的资源以更高的效率和更好的效果为某一狭窄的战略对象服务，从而超过在更广阔范围的竞争对手。目标集聚战略有两种形式，成本领先目标集聚战略寻求在目标市场上的成本优势，差异领先目标集聚战略则追求目标市场上的差异优势。目标集聚战略通常选择对替代品最具抵抗力或竞争对手最弱之处作为企业的战略目标。采用目标集聚战略的企业同样具有取得超过产业平均收益的能力，如果企业能够在某个目标市场上获得成本领先或差异领先的地位，并且这一目标市场的产业结构很有吸引力，那么实施该战略的企业将会获得超过其产业平均水平的收益。

（4）生命周期战略。产品生命周期理论认为，任何产品从导入市场到最终退出市场都是一个有限的生命周期，这个周期可由几个明显的阶段加以区分，分别为产品的导入期、成长期、成熟期和衰退期。在不同的阶段，企业会面临不同的机会和挑战，因而需采取不同的阶段策略。产品生命周期战略可以很好地指导企业的战略成本管理。在导入期和成长期，可采取发展战略，以提高市场份额为战略目标，加大投入，重视差异领先，甚至不惜牺牲短期收益和现金流量；在成熟期，可采取固守战略，以巩固现有市场份额和维持现有竞争地位为目标，重视和保持成本领先，尽可能延长本期间；在衰退期，可采取收获与撤退战略，以预期收益和现金流量最大化为战略目标，甚至不惜牺牲（有时是主动退出）市场份额。产品生命周期战略充分体现了战略成本管理的长远性思想，不仅适用于产品的生命周期，同样也适用于企业的生命周期直至产业的生命周期。

（5）整合战略。整合可以扩张企业的价值链活动。横向整合扩大企业业务规模，纵向整合则往往超越企业的业务范围，沿行业价值链方向向前或向后延伸整合。运用整合战略，调整（增加或解除）整合程度，可以重构企业价值链，提高企业整体盈利水平。

一项价值活动的成本常受制于规模经济或规模的不经济。规模经济产生于以不同的方式和更高的效率来进行更大范围的活动能力，意味着满负荷运行的活动在较大的规模上效率更高。横向整合扩大规模。规模与经济并不是正比例直线相关，随着规模的扩大，协调的复杂性和非直接成本的跳跃式增力。可能导致某项价值活动中规模的不经济。正确运用横向整合战略，控制规模适度，可取得成本优势及最佳成本效益比。

一项价值活动的纵向整合的程度也会影响其成本，如有关自制还是购买的战略决策就涉及到前后整合的选择问题。纵向整合可以避免利用市场成本回避强有力的竞争供方或买方，也可以带来联合作业的经济性等，从多方面降低成本。纵向整合不可避免地有成本支出，也不言而喻地有利益期望，在任何战略成本决策中，成本和利益都是必须同时考虑的。当由于资源条件的限制，或更加有利可图、更加容易实现时，也可采用有限整合或准整合战略。有限整合对供应商与顾客设立了严格的限制。可以避免为抵消侃价实力而进行完全整合的必要性。准整合是指在纵向相关的业务间建立一种关系（介于长期合同和完全拥有所有权之间），可以在不发生全面成本的情况下取得纵向整合的一些或许多利益。

当内外部环境变化，企业进行战略目标调整，根据企业现有内部职能，若解除（或部分解除）整合时能够降低价值链活动成本而又很少影响企业收益时，解除（或部分解除）整合也是一种可选的方案。整合战略充分体现了战略成本管理的全局性思想。

4. 战略管理的基本步骤

环境分析是战略成本管理（初始或循环）的逻辑起点。通过对企业战略成本管理内部资源和外部环境的考察、评判企业现行战略成本的竞争地位——强项、弱点、机会、威胁等以决定企业是否进入、发展、固守或是撤出某一行业的某一段价值链活动。环境分析的基本方法是价值链分析，通过对行业价值链分析以了解企业在行业价值链中所处的位置；对企业内部分析以了解自身的价值链；对竞争对手分析以了解竞争对手的价值链，从而达到知己知彼，洞察全局，以确定战略成本管理的方向。

（1）制订战略规划。经过环境分析，确定企业是否进入、发展、固守或撤出某一行业某一段价值链活动后，下一步就是进行战略规划以确定企业如何进入、发展、固守或撤出该价值链活动。战略规划首先在明确战略成本管理方向的基础上确定战略成本管理的目标，包括总目标（全面的、长期的目标）和一系列具体目标。各目标之间须保持一致性和层次性，组成目标网络。准确的目标有助于战略的制订、实施和控制。为了实现所确定的目标，根据企业内部资源、外部环境及目标要求，制订相应的基本战略、策略及实施计划。

（2）战略实施与控制。战略实施按实施计划中的要求与进度进行。在战略实施过程中，由于内部资源，外部环境的变化，会使实施过程产生偏差，因此须进行战略控制。战略控制包括确立预期工作成效的标准，对照标准，衡量偏差、辨析与纠正偏差，从而控制成本动因。企业只有控制成本动因，特别是主要价值链活动的成本动因，才能真正控制成本，保证战略成本管理目标的实现。战略控制的基本方式有前馈控制和反馈控制，控制过程包含研究控制因子，确定控制标准、及时处理与传送控制信息等。战略控制系统应由企业层次、业务单元层次、作业层次组成一体化的控制系统，实行全面的，全过程的控制。当战略目标已实现或内、外部条件发生重大变化，超过了控制能力时，则需进行战略调整，即重新开始进行战略环境分析、战略规划等进入新一轮循环。

（3）战略业绩计量与评价。战略业绩计量与评价是战略成本管理的重要组成部分。业绩计量与评价通常包括业绩指标的设置、考核、评价、控制、反馈、调整、激励等。传统的业绩指标主要是面向作业的。缺少与战略方向和目标的相关性，有些被企业鼓励的行为其实与企业战略并不具有一致性。因此，须将战略思想贯穿于战略成本管理的整个业绩评价之中，以竞争地位变化带来的报酬取代传统的投资报酬指标。

战略业绩指标应当具有以下基本特征：

①全面体现企业的长远利益；

②集中反映与战略决策密切相关的内外部因素；

③重视企业内部跨部门合作的特点；

④综合运用不同层次的业绩指标；

⑤充分利用企业内、外部的各种（货币的、非货币的）业绩指标；

⑥业绩的可控性；

⑦将战略业绩指标的执行贯穿于计划过程和评价过程。

战略业绩计量与评估需在财务指标与非财务指标之间求得平衡，它既要能肯定内部业绩的改进，又借助外部标准衡量企业的竞争能力，它既要比较成本管理战略的执行结果与最初目标，又要评价取得这一结果的业务过程。具体方法是比较“不采取战略行动”和“采取战略行动”条件下企业竞争地位的变化而带来的相对收益或损失。

11.6 精益物流

精益物流是起源于日本丰田汽车公司的一种物流管理思想，其核心是追求消灭包括库存在内的一切浪费，并围绕此目标发展的一系列具体方法。它是从精益生产的理念中蜕变而来的，是精益思想在物流管理中的应用。

精益思想的核心就是以越来越少的投入——较少的人力、较少的设备、较短的时间和较小的场地创造出尽可能多的价值，同时也越来越接近用户，提供他们确实要的东西。精确地定义价值是精益思想关键性的第一步；确定每个产品（或在某些情况下确定每一产品系列）的全部价值流是精益思想的第二步；紧接着就是要使保留下来的、创造价值的各个步骤流动起来，使需要若干天才能办完的订货手续，在几小时内办完，使传统的物资生产完成时间由几个月或几周减少到几天或几分钟；随后就要及时跟上不断变化着的顾客需求，因为一旦具备了在用户真正需要的时候就能设计、安排生产和制造出用户真正需要的产品的能力，就意味着可以抛开销售，直接按用户告知的实际要求进行生产，这就是说，可以按用户需要拉动产品，而不是把用户不想要的产品硬推给用户。

精益思想的理论诞生后，物流管理学研究者则从物流管理的角度对比进行了大量的借鉴工作，并与供应链管理的思想密切融合起来，提出了精益物流的新概念。精益物流理论的产生，为我国的传统物流企业提供了一种新的发展思路，为这些企业在新经济中生存和发展提供了机会。精益物流理论符合现代物流的发展趋势，该理论所强调的消除浪费，连续改善是传统物流企业继续生存和发展必须具备的根本思想，它使得传统物流企业的经营观念转变为以顾客需求为中心，通过准时化、自动化生产，不断谋求成本节约，谋求物流服务价值增值的现代经营管理理念。可以说，基于成本和时间的精益物流服务将成为中国物流业发展的驱动力。

11.6.1 精益物流的基本内容

1. 以客户需求为中心

在精益物流系统中，顾客需求是驱动生产的源动力，是价值流的出发点。价值流的流动要靠下游顾客来拉动，而不是依靠上游的推动，当顾客没有发出需求指令时，上游的任何部分不提供服务，而当顾客需求指令发出后，则快速提供服务。系统的生产是通过顾客需求拉动的。

2. 准时

在精益物流系统中，电子化的信息流保证了信息流动的迅速、准确无误，还可有效减少冗余信息传递，减少作业环节，消除操作延迟，这使得物流服务准时、准确、快速，具备高质量的特性。

货品在流通中能够顺畅，有节奏的流动是物流系统的目标。而保证货品的顺畅流动最关键的是准时。准时的概念包括物品在流动中的各个环节按计划按时完成，包括交货，运输，中转，分拣，配送等各个环节。物流服务的准时概念是与快速同样重要的方面，也是保证货品在流动中的各个环节以最低成本完成的必要条件，同时也是满足客户要求的重要方面之一。准时也是保证物流系统整体优化方案能得以实现的必要条件。

3. 准确

准确包括准确的信息传递，准确的库存，准确的客户需求预测，准确的送货数量等，准确是保证物流精益化的重要条件之一。

4. 快速

精益物流系统的快速包括两方面含义：第一是物流系统对客户需求反映速度，第二是货品在流通过程中的速度。物流系统对客户个性需求的反映速度取决于系统的功能和流程。当客户提出需求时，系统应能对客户的需求进行快速识别，分类，并制订出与客户要求相适应的物流方案。客户历史信息的统计，积累会帮助制订快速的物流服务方案。

货品在物流链中的快速性包括，货物停留的节点最少，流通所经路经最短，仓储时间最合理，并达到整体物流的快速。速度体现在产品和服务上是影响成本和价值重要因素，特别是市场竞争日趋激烈的今天，速度也是竞争的强有力手段。

快速的物流系统是实现货品在流通中增加价值的重要保证。

5. 降低成本

降低成本、提高效率精益物流系统通过合理配置基本资源，以需定产，充分合理地运用优势和实力；通过电子化的信息流，进行快速反应、准时化生产，从而消除诸如设施设备空耗、人员冗余、操作延迟和资源等浪费，保证其物流服务的低成本。

6. 系统集成

精益系统是由资源、信息流和能够使企业实现“精益”效益的决策规则组成的系统。精益物流系统则是由提供物流服务的基本资源、电子化信息和使物流系统实现“精益”效益的决策规则所组成的系统。

具有能够提供物流服务的基本资源是建立精益物流系统的基本前提。在此基础上，需要对这些资源进行最佳配置，资源配置的范围包括设施设备共享、信息共享、利益共享等。只有这样才可以最充分地调动优势和实力，合理运用这些资源，消除浪费，最经济合理地提供满足客户要求的优质服务。

7. 信息化

高质量的物流服务有赖于信息的电子化。物流服务是一个复杂的系统项目，涉及大量繁杂的信息。电子化的信息便于传递，这使得信息流动迅速、准确无误，保证物流服务的准时和高效；电子化信息便于存贮和统计，可以有效减少冗余信息传递，减少作业环节，降低人力浪费。此外，传统的物流运作方式已不适应全球化、知识化的物流业市场竞争，必须实现信息的电子化，不断改进传统业务项目，寻找传统物流产业与新经济的结合点，提供增值物流服务。使系统实现精益效益的决策规则包括使领导者和全体员工共同理解并接受精益思想，即消除浪费和连续改善，用这种思想方法思考问题，分析问题，制定和执行能够使系统实现精益效益的决策。

11.6.2 精益物流的实施步骤

中国企业发展精益物流，应当分步骤实施，一般应分为企业系统的精益化和提供精益物流服务两步。

1. 企业系统的精益化

(1)组织结构的精益化。由于我国的大多数企业在计划经济中所形成的组织结构，制约着企业的变革。因此，企业要发展物流，应当利用精益化思想减少中间组织结构，实施扁平化管理。

(2)系统资源的精益化。我国的传统企业存在着众多计划经济下遗留的资源，但如果不进行整合、资源重组，则很难与其他大型物流企业进行竞争，将有可能把自己的优势变为劣势。

（3）信息网络的精益化。信息网络系统是实现精益物流的关键，因此，建立精益化的网络系统是先决条件。

（4）业务系统的精益化。实现精益物流的首先要对当前企业的业务流程进行重组与改造，删除不合理的因素，使之适应精益物流的要求。

（5）服务内容及对象的精益化。由于物流本身的特征，不直接创造利润，所以，在进行精益物流服务时应选择适合本企业体系及设施的对象及商品，这样才能使企业产生核心竞争力。

（6）不断的完善与鼓励创新。不断完善就是不断发现问题，不断改进，寻找原因，提出改进措施，改变工作方法，使工作质量不断提高。鼓励创新是建立一种鼓励创新的机制，形成一种鼓励创新的氛围，在不断完善的基础上有一个跨越式的提高。物流的实现过程中，人的因素发挥着决定性的作用，任何先进的物流设施，物流系统都要人来完成。并且物流形式的差别，客户个性化的趋势和对物流期望越来越高的要求也必然需要物流各具体岗位的人员具有不断创新精神。

2. 提供精益物流服务

精益物流服务是精益物流的核心。企业应树立用户第一的思想，明确客户服务需求，统一服务标准，规范服务流程、明确服务目标、细化服务内容、优化服务质量，不断提高精准化、定制化服务能力。提供精益物流服务的具体内容有：以客户需求为中心，提供准时化服务，提供快速服务，提供低成本高效率服务，提供使顾客增值的服务。

总之，精益物流作为一种全新的管理思想，势必会对物流行业产生深远的影响，它的出现将改变企业粗放式的管理观念，提高企业的核心竞争力。

参考文献

[1] 戴君艳．电子商务企业物流成本管理与控制研究[D]．合肥：安徽财经大学，2015．
[2] 陈丹萍．B2C 电子商务企业物流成本控制探析[D]．南昌：江西财经大学，2014．
[3] 张琳．B2C 电子商务企业降低物流成本途径探析实践思考[J]．中国战略新兴产业，2017，（04）：19-22．
[4] 吴建新．电子商务企业物流成本管理的问题及对策[J]．中国商论，2015，（25）：106-109．
[5] Laudon, Kenneth C. E-commerce: business, technology, society. Addison Wesley, 2002.
[6] 孙颖，张磊．电子商务企业物流成本控制探讨[J]．中外企业家，2013，（24）：171+180．
[7] 王坚．电子商务企业物流成本控制研究[J]．商，2013，（04）：200-201．
[8] 王玉勤，胡一波．B2C 电子商务企业降低物流成本途径探析[J]．物流技术，2012，（15）：204-206．
[9] 蔡嵚博．我国电子商务企业成本控制问题探讨[D]．南昌：江西财经大学，2012．
[10] 陈力．电子商务企业成本控制探析[D]．南昌：江西财经大学，2010．
[11] 马巾英，扶乐婷．电子商务企业成本控制探讨[J]．国际商务财会，2016，（12）：43-46．
[12] 汪芃芃．现代电子商务企业的成本管理策略[J]．企业改革与管理，2016，（17）：61+68．
[13] G. T. Lumpkin,Gregory G. Dess. E－Business Strategies and Internet Business Models. Organizational Dynamics，2004.
[14] 李艳芳，李晓爽．现代成本管理在电子商务企业中的应用[J]．价格月刊，2013，（03）：43-45．
[15] 张安榕．我国电子商务企业成本控制问题与对策探析[J]．科技广场，2011，（04）：50-54．
[16] 曾平华．电子商务环境下基于供应链视角的企业成本控制研究[D]．长沙：

湖南大学，2008.
[17] 张方．我国电子商务物流模式选择研究[D]．大连：东北财经大学，2007.
[18] 彭强．企业物流成本控制探析[J]．物流技术，2013（7）.
[19] 李婷，宋志兰．基于作业成本法的农产品冷链物流成本核算[J]．物流工程与管理，2014，（10）.
[20] 张夏恒，马天山．中国跨境电商物流困境及对策建议[J]．当代经济管理，2015，37（5）：51-54.
[21] 李向阳．促进跨境电子商务物流发展的路径[J]．中国流通经济，2014（10）：107-112.
[22] 李玥．大型 B2C 电子商务企业物流模式选择[D]．太原：山西大学，2013（06）.
[23] 董林飞．电子商务物流概念机模型研究[J]．重庆科技学院学报，2011（08）.
[24] 丁怡，胡昊．电子商务企业的自营物流模式[J]．物流工程与管理，2011（1）．90-91.
[25] 宁明志．B2C 电子商务环境下物流配送模式研究[J]．物流技术，2011（07）.
[26] 陈金华．我国大型 B2C 电子商务企业自建物流的 SWOT 分析[J]．经济管理，2012（04）.
[27] 孙晓燕．我国电子商务企业自建物流现状及对策——基于企业边界视角[J]．企业管理，2012（08）.
[28] 费小燕．基于解释结构模型的电子商务项目风险分析[J]．中国管理信息化，2010（12）.
[29] Kent N. Global logistics management: a competitive advantage for the new millennium[M]. Wiley— Blackwel, 2001.